2013
中国林业产业重大问题调查研究报告

中国林业产业重大问题调研组 主编

中国林业出版社

图书在版编目(CIP)数据

2013年中国林业产业重大问题调查研究报告／中国林业产业重大问题调研组主编.
—北京：中国林业出版社，2014.11
ISBN 978-7-5038-7702-5

Ⅰ.①2… Ⅱ.①中… Ⅲ.①林业经济-经济发展-研究报告-中国-2013
Ⅳ.①F326.23

中国版本图书馆CIP数据核字(2014)第253719号

出版 中国林业出版社(100009 北京西城区刘海胡同7号)
电话 010-83229512
发行 中国林业出版社
印刷 中国农业出版社印刷厂
版次 2014年11月第1版
印次 2014年11月第1次
开本 889mm×1194mm，1/16
印张 16.75
字数 360千字
定价 90.00元

中国林业产业重大问题调研报告课题组

指导委员会

主　任：贾治邦　赵树丛
副主任：张建龙
委　员：（按姓氏笔划排序）

王永海　王祝雄　刘东生　刘永范　孙　建　闫文彬
宋维明　刘　拓　张守功　张齐生　张希武　金　旻
张鸿文　宋权礼　李向阳　封加平　柏广新　厉建祝
祝列克　郝燕湘　郭青俊　高金芳　寇文正　彭有冬
程　红　雷加富

编辑委员会

主　任：王　满
副主任：石　峰　王欲飞　陈圣林　张森林　曹效军　叶克林
陈绍志
编　委：（按姓氏笔画排序）

于　英　马志伟　马　奥　孔东宁　尹江苹　王　敏
王伟英　王　浩　王　瑞　邓　晶　付建全　甘　明
田思雨　田　禾　田治威　白会学　石　焱　龙新毛
刘世勤　刘建杰　刘洪存　刘自远　吕永来　吕光辉
吕　斌　孙志刚　孙致甜　吴红军　吴盛富　曲海东
朱永杰　张存莉　张秋岭　张历燕　张日清　张东升
张东彪　张越姣　孙致甜　李志伟　李广龙　李凤梅
李文军　李建安　李怒云　杨燕南　沈守云　肖永青
贡克奇　辛相宇　杨　武　杨晓松　沈家弘　邵　岚
陈岳龙　陈　霞　周洁敏　周捍东　奉国强　孟百生
孟宪平　姜喜麟　洪　彬　祝远虹　赵占阁　饶日光

代序 PREFACE

林业产业是极具发展潜力的绿色富民产业，具有市场空间广、产业链条长、就业容量大等优势，既事关生态文明建设，又事关民生福祉改善。近10多年来，我国林业产业快速发展，2013年全国林业产业总产值达4.73万亿元，林产品进出口总额达1260亿美元，为保障市场供给、促进就业增收和促进经济社会发展作出了重要贡献。总的来看，我国林业产业发展有着巨大的资源、劳动力和市场潜力。特别是当前我国正处在城镇化快速发展的时期，人民生活水平和消费能力不断提高，对木材、木地板、木制家具等林产品的需求日益增长。据统计，2000—2012年，我国城市新增住房7000万套，目前每年新增1000万套以上，也就是说全世界每年新增新建的住房，大约有一半以上在中国。建设住房需要木材，装修住房也需要木材和家具。林产品在老百姓的日常生活中发挥着越来越重要的作用，已经成为人民群众提高生活质量的一个新期待。我们从中可以看到林业产业发展的市场潜力。可以预见，今后相当长一个时期，我国林业产业仍将保持强劲发展势头。预计到2020年全国林业产业总产值将达到10万亿元，相当于在现在的基础上再翻一番。

但是，我们也清楚地看到，当前我国林业产业发展，还存在森林资源相对不足、产业同质化严重、质量效益不高等问题。根据第八次全国森林资源清查结果，我国森林面积达31.15亿亩，森林蓄积达151.37亿立方米，分别居世界第5位和第6位。但是，对于13亿人口的大国来说，我国是一个森林资源十分短缺的国家，人均森林面积只有世界人均的1/4，人均森林蓄积只有世界人均的1/7。我国是世界上木材及木制品生产大国和消费大国，2012年全国木材消费近5亿立方米，其中45%需要依靠进口，供需矛盾突出。近年来，许多国家已经严格限制木材出口，长期依靠进口木材来解决国内木材缺口的做法已经难以为继。

注：本文根据2014年4月22日国家林业局党组书记、局长赵树丛在中国林业产业联合会换届大会上的讲话《行业组织要为生态文明和美丽中国建设作出贡献》录音整理而成。

从我国林业产业管理水平来看，还存在着产业管理粗放、质量效益低下和产业结构不合理等问题。目前，国际市场木材及木制品贸易摩擦、反倾销等问题频发，我国与美国经常有贸易摩擦和木地板、人造板、松香反倾销等问题。这不是单纯的地缘政治和意识形态问题，更重要的是一个利益博弈问题。中国既是一个大市场，又是一个大工厂，往往会因为产业结构的雷同导致卖什么、什么便宜，买什么、什么就贵。我国林业企业众多，但产业结构不合理，产品基本雷同，所以企业的比较效益低、利润空间小、抗风险能力弱。木材出口国家的关税等政策稍有变化，都会使我国一些林业企业倒闭。这就需要中国林业产业联合会和林业企业密切关注并妥善应对这些问题。此外，当前社会上还存在追捧红木等珍稀木材的风气，太注重木材的奢侈性，而忽视木材的实用性。这种消费理念不值得提倡，需要我们把更多的节约资源、简便实用的木制产品介绍给消费者，引导公众健康消费、科学消费，减少森林资源消耗和浪费。

打击木材非法采伐和贸易也是当前的一个敏感的热点问题，已经受到国际社会的广泛关注，每年的中美战略与经济对话都有这个议题，其中美国的一些观点我们是不认同的。美国认为，现在亚洲和南美洲热带雨林的消失主要责任在中国，这既不符合事实，也不符合趋势。中国的确是世界上木材消耗量最大的国家，但有相当一部分林产品卖到了美国，是美国人最终在享受和消费这些木制林产品。但是，我们进口的木材多是一个事实，现在有很多国内林业企业走出去了，到了非洲、南美洲，以及俄罗斯、新西兰等国家和地区。这些企业都需要遵守所在国家的法律法规，积极推动森林经营和木材基地建设，科学地经营管理企业，这样企业才能受到当地欢迎并不断发展壮大。

中国林业产业联合会囊括了所有的产业门类，既有木材加工业，也有家具制造业，还有森林旅游业、花卉苗木业，等等。提高企业经营管理水平，加快林业产业转型升级和提质增效，一方面要更好地发挥政府的作用，加强宏观指导和政策扶持；另一方面要充分发挥市场的决定性作用，坚持以市场需求为导向推动林业产业发展，切实增强林业产业发展活力和资源配置效率。在这方面，中国林业产业联合会提出了许多好的意见和建议，国家林业局将积极研究推动，争取制定出台相关的产业扶持政策，为林业产业健康发展创造更好的环境和条件。

中国林业产业联合会作为国家林业局主管的全国性社团组织，是联系企业的桥梁和纽带，是发展产业的参谋和助手。特别是协会汇集了林业产业界的龙头企业和行业精英，在引领林业产业转型升级的过程中，完全有条件有能力发挥更大的作用。希望中国林业产业联合会以本次换届为新的起点，紧紧围绕建设生态文明的国家大局和发展林业产业的中心工作，充分利用自身独特优势和条件，在承接政府转移职能、完善产业政策、加强行业自律、发展绿色产业、服务会员企业等方面发挥更大的作用，为推动我国林业产业转型升级、提升生态林业和民生林业发展水平、促进生态文明和美丽中国建设作出新的更大贡献。国家林业局将进一步加强对协会的指导和支持，帮助解决协会在自身建设和业务发展过程中遇到的困难和问题，为协会更好地发挥作用和发展壮大创造有利条件。

2014 年 8 月

目录 CONTENTS

第一部分 综　述

21 世纪以来林业产业保持了强劲的发展势头，我国林业产业保持年均 **20%** 以上的增长速度，林业产业已经成为生态林业、民生林业的基础和根本。

2013年中国林业产业发展综述

2013年，按照党中央和国务院的统一部署，全国林业系统深入贯彻落实党的十八大和十八届三中全会精神，坚持以建设生态文明为总目标，以改善生态改善民生为总任务，以全面深化林业改革为总动力，生态建设与保护得到进一步加强，林业产业持续快速发展，林产品进出口贸易稳步增长。生态林业、民生林业建设取得了明显成效，为改善生态环境、促进经济社会发展做出了重要贡献。

一、生态建设与保护

2013年国家编制实施了《推进生态文明建设规划纲要》，科学划定生态红线。生态建设与保护工作取得明显成效，造林规模和质量达到自2008年实施扩大内需政策以来的又一历史最高最好水平，森林经营力度加大，生态防护功能增强。

(一)营造林总体状况

2013年造林面积稳步增长，全国共完成造林面积610.39万公顷(9156万亩)，比2012年增长9.08%。其中人工造林421.05万公顷，飞播造林15.44万公顷，无林地和疏林地新封山育林173.90万公顷，其中人工造林占全部造林面积的68.98%，人工措施开展生态建设继续成为造林的主导方式。西部12个省份(含新疆兵团)共完成造林面积318.37万公顷，占全部造林面积的52.16%(图1)。

森林抚育和改造是提高森林质量的重要手段。2013年，中央财政森林抚育补贴政策得到认真落实。全年共完成中幼龄林抚育面积784.72万公顷(1.18亿亩)，比2012年增长2.42%；完成低产低效林改造面积75.83万公顷，比2012年增长7.18%；完成有林地造林面积68.78万公顷；更新造林30.40万公顷；四旁(零星)植树23.57亿株。林木种苗是保证造林生产活动的首要环节，全年林木种子采收量、苗木产量和育苗面积分别为2.67万吨、600.41亿株和107.15万公顷，林木种子和苗木抽查合格率稳定在90%以上。

2013年生态建设更加注重优化造林方式，混交林、乡土树种和珍贵树种都保持较高比重，生态防护功能进一步增强。

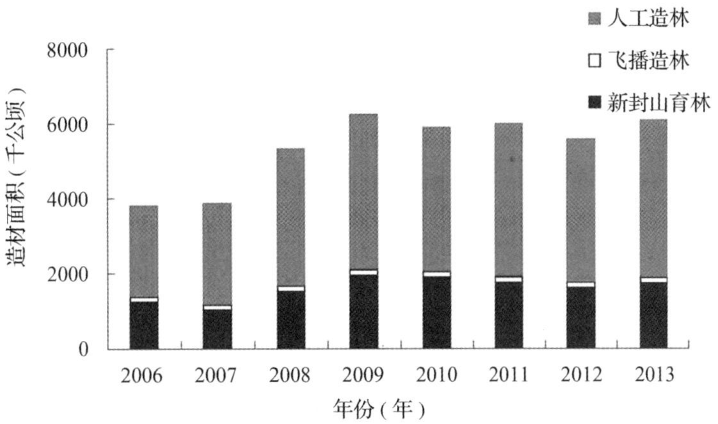

图 1 2006－2013 年全国造林面积

1. 防护林造林比重占 60%以上

从林种用途看，在全部造林面积中，用材林 106.14 万公顷、经济林 123.37 万公顷、防护林 374.84 万公顷、薪炭林 2.49 万公顷、特种用途林 3.55 万公顷，占全部造林面积的比重分别为 17.39%、20.21%、61.41%、0.41% 和 0.58%。生态公益林(防护林和特种用途林)占全部造林面积的比重为 61.99%。

2. 乡土树种造林保持较高比重

从树种类型看，乡土树种的造林面积为 373.58 万公顷，占全部造林面积的比重为 61.20%，保持较高比例。珍贵树种的造林面积为 9.42 万公顷。

3. 混交林造林比重有所提高

从结构类型看，混交林面积为 259.14 万公顷，占全部造林面积的比重为 42.46%，比 2012 年提高近 3 个百分点。

(二)国家林业重点生态工程

2013 年国家林业重点生态工程深入实施，共完成造林面积 256.90 万公顷，占全部造林面积的 42.09%。其中天然林资源保护工程、退耕还林工程(不含京津工程退耕)、京津风沙源治理工程和三北及长江流域等重点防护林体系工程分别为 46.03 万公顷、62.98 万公顷、62.61 万公顷和 85.37 万公顷，占全部造林面积的比重分别为 7.54%、10.30%、10.26% 和 13.99%。各级地方政府造林、企业造林、大户造林等其他造林面积 353.50 万公顷，占全部造林面积的比重达到 57.91%。其他造林面积已经明显超出国家林业重点生态工程造林面积

(三)集体林权制度改革

2012 年，各地认真贯彻落实《中共中央 国务院关于全面推进集体林权制度改革的意见》，不断加大工作力度，着力深化改革，取得了明显成效。截至 2012 年底，全国除上海和西藏以外 29 个省(自治区、直辖市)已确权面积 27.02 亿亩，占各地纳入集体林权制度改革面积的 99.05%，明晰产权的任务已经完成，其中 2012 年新确权 2541 万

亩。截至2012年底，全国已经发放林权证1.00亿本，发证面积累积达26.04亿亩，占已确权林地总面积的96.37%。林改以来，共有8981.25万农户领到了林权证，占涉及林改的1.50亿农户的60.01%。有26个省(自治区、直辖市)开展了林权抵押贷款工作，累积抵押贷款面积达5780.49万亩，累计抵押贷款金额792.31亿元，平均每亩贷款1370.66元。各地建立经编办批准成立的林权管理服务机构1296个，其中2013年新增林权管理服务机构86个。全国累计发生集体林地流转面积1.92亿亩，占已确权林地的7.12%。全国共建立林业专业合作组织11.15万个，加入合作组织的农户1356.32万户，占林改涉及农户的9.06%。

二、林业产业发展和林业民生工程

林业在改善民生方面的作用越来越大。林业产业链条长、类别多，特别是林业为社会和人们提供了丰富的生态建设产品、生活用品和美化产品。2013年，我国林业产业快速发展的势头不减，产业规模不断扩大，全年林业产业总产值达到4.73万亿元，产业结构进一步优化，各类经济林产品和木竹加工产品产量稳定增长。林业棚户区(危旧房)改造是林业的惠民工程，近年来在国家相关扶持政策的推动下，林业棚户区(危旧房)改造进展顺利。

(一)林业产业发展

1. 林业产业总产值

2013年林业产业总产值达到4.73万亿元(按现价计算)，比2012年增长19.93%，产业规模不断扩大。自2001年以来，林业产业总产值的平均增速达到22.63%(图2)。

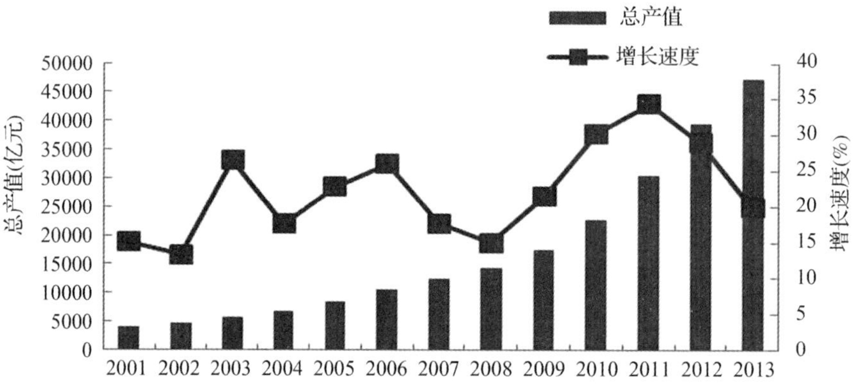

图2　2001－2013年全国林业产业总产值及其增长速度

分产业看，第一产业产值16373.79亿元，占全部林业产业总产值的34.60%，同比增长19.09%；第二产业产值24976.16亿元，占全部林业产业总产值的52.79%，同比增长19.51%；第三产业产值5965.48亿元，占全部林业产业总产值的12.61%，同比增长24.18%。林业三次产业的产值结构已由“十一五”末期的39:52:9，调整为目前的34:53:13，林业二、三产业所占比重逐年增大，产业结构逐步优化。

第一产业中，包括干鲜果品、茶、中药材以及森林食品等在内的经济林产品种植与采集业产值为9240.37亿元，所占比重最大，为56.43%；第二产业中，包括锯材、人造板、地板等在内的木材加工及木竹制品制造业产值为9973.33亿元，所占比重最大，为39.93%。其次为木竹浆造纸业产值为5197.43亿元，木竹家具制造业产值为3736.13亿元；第三产业中，林业旅游与休闲服务业产值为4249.65亿元，所占比重最大，为71.24%，全年涉林旅游和休闲的人数达到16.07亿人次。

分地区看①，东部地区林业产业总产值为23992.56亿元；中部地区林业产业总产值为9505.44亿元；西部地区林业产业总产值为9329.32亿元；东北地区林业产业总产值为4488.12亿元。东部地区林业产业总产值所占比重最大，占全部林业产业总产值的50.71%，西部地区受干鲜果品产业和森林旅游业快速发展影响，林业产业总产值增长最快，增速达到26.15%。林业产业总产值超过3000亿元的省份共有6个，分别是广东、山东、福建、江苏、浙江和广西。

2. 木材安全保障

2013年，为保障木材安全，国家将"加强国家木材战略储备基地建设"写入中央一号文件，同时《全国木材战略储备生产基地建设规划(2013－2020年)》颁布实施。全国木材战略储备基地建设稳步推进，划定国家储备林5.83万公顷，探索建立了国家储备林制度，成立了木材储备战备联盟。全年营造用材林106.14万公顷，比2012年增长37.06%。速生丰产用材林基地建设共完成各地类造林38.98万公顷，其中荒山荒地造林26.96万公顷，更新造林8.64万公顷，非林业用地造林3.38万公顷。另外完成改培面积1.87万公顷。

3. 木材生产及林产工业

木材产量 2013年，全国商品材总产量略有增长，为8438.50万立方米，为国家建设、人民生活和下游产业的加工提供了宝贵资源。在全部木材产量中，原木产量7836.90万立方米，薪材产量601.60万立方米。由于东北、内蒙古等重点国有林区木材产量持续调减，商品材产量较大的省份都集中在我国集体林区，分别是广西、广东、福建、山东、安徽、湖南、云南，这些省份的商品材产量都超过400万立方米。此外，全国农民自用材采伐量901.03万立方米，农民烧材采伐量2222.79万立方米(图3)。

锯材与木片、木粒加工产品产量 2013年，锯材产量为6297.60万立方米，比2012年增长13.10%。木片、木粒加工产品3935.53万实积立方米，比2012年增长35.38%。

人造板产量 2013年，全国人造板总产量为25559.91万立方米，比2012年增长14.43%。

在全部人造板产量中，胶合板13725.19万立方米，比2012年增长24.99%，占全

① 本分析报告采用国家四大区域的分类方法，即将全国划分为东部、中部、西部和东北四大区域。东部地区包括：北京、天津、河北、上海、江苏、浙江、福建、山东、广东、海南10个省(直辖市)；中部地区包括：山西、安徽、江西、河南、湖北、湖南6个省；西部地区包括：内蒙古、广西、重庆、四川、贵州、云南、西藏、陕西、甘肃、青海、宁夏、新疆12个省(自治区、直辖市)；东北地区包括：辽宁、吉林、黑龙江3个省和大兴安岭地区。

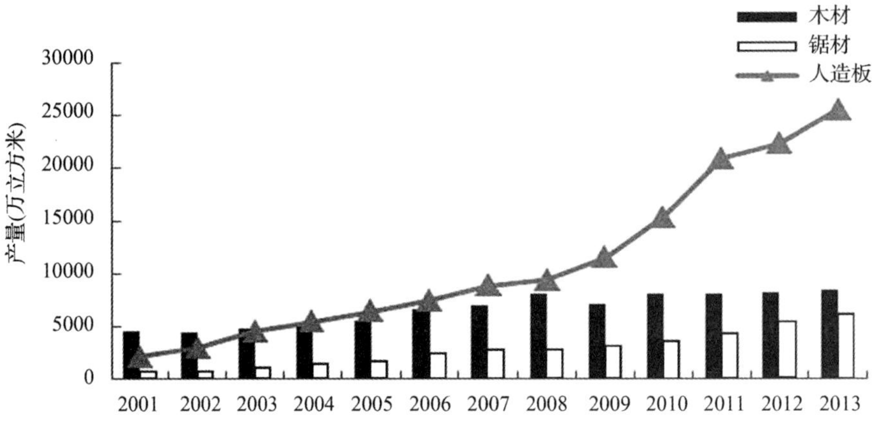

图 3　2001－2013 年全国木材及主要林产工业产品产量

部人造板产量的 53.70%；纤维板 6402.10 万立方米，比 2012 年增长 10.37%，占全部人造板产量的 25.05%，其中中密度纤维板产量为 5394.53 万立方米；刨花板产量 1884.95 万立方米，比 2012 年减少 19.77%，占全部人造板产量的 7.37%；其他人造板 3547.67 万立方米(细木工板占 59.71%)，比 2012 年增长 10.70%，占全部人造板产量的 13.88%。

从分省情况看，山东、江苏、广西、安徽、河南、河北 6 省份产量均超过 1000 万立方米，6 省份人造板产量共计 18773.87 万立方米，占全国人造板总产量的 73.45%(图 4)。

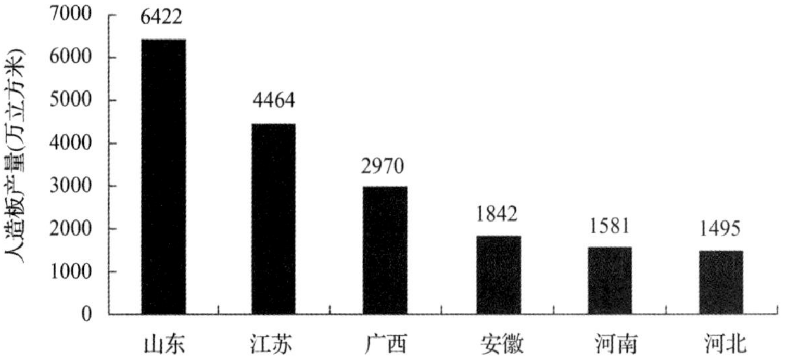

图 4　2013 年人造板产量位列前 6 名的省份

木竹地板产量　2013 年木竹地板产量为 6.89 亿平方米，比 2012 年增长 14.06%。在木竹地板产量中，实木地板 1.31 亿平方米，占全部木竹地板产量的 19.06%；实木复合地板 2.58 亿平方米，占全部木竹地板产量的 37.45%；强化木地板(浸渍纸层压木质地板)1.70 亿平方米，占全部木竹地板产量的 24.68%；竹地板 0.81 亿平方米，占全部木竹地板产量的 11.80%；包括软木地板、集成材地板等其他木地板 0.48 亿平方米。江苏和浙江两省是木竹地板产量最大的省份，产量分别达到 1.55 亿和 1.28 亿平方米，江苏省主要以强化木地板为主，而浙江省主要以实木及实木复合地板为主。

林产化工产品产量　2013 年，全国松香类产品产量 164.23 万吨，比 2012 年增长

16.48%。松节油类产品产量 26.65 万吨，比 2012 年增长 42.22%。樟脑产量 1.77 万吨，冰片产量 1662 吨，栲胶类产品产量 8403 吨，紫胶类产品产量 5764 吨。

4. 经济林、竹、油茶、花卉产业

2013 年，经济林产品产量稳定增长，各类经济林产品总量达到 1.48 亿吨，比 2012 年增长 4.10%。从产品类别看，水果产量为 12661 万吨，比 2012 年增长 3.55%；干果产量为 1089 万吨，比 2012 年增长 10.34%；毛茶等林产饮料产品的产量为 185 万吨；花椒、八角等林产调料产品的产量为 60 万吨；竹笋干、食用菌等森林食品产量为 328 万吨；杜仲、枸杞等木本药材的产量为 139 万吨；油茶等木本油料产量为 185 万吨；松脂、油桐等林产工业原料产量 187 万吨。

2013 年大径竹产量为 18.77 亿根，比 2012 年增长 14.16%，其中毛竹 11.46 亿根，其他直径在 5 厘米以上的大径竹 7.31 亿根。竹产业产值达 1671 亿元。

油茶作为我国特有的木本食用油料树种，近年来通过《全国油茶产业发展规划(2009－2020 年)》的实施，油茶产业得到迅猛发展。2013 年，油茶种植面积达到 353 万公顷，当年新造油茶林 18.20 万公顷，低产林改造 16.80 万公顷。繁殖圃 516 个，苗木产量 13.11 亿株，油茶籽产量为 178 万吨，比 2012 年增长 2.82%。从事油茶良种苗木培育、种植、茶油以及其他副产品生产加工的企业有 1682 个，油茶产业产值达 420 亿元。

2013 年，花卉种植面积 104.25 万公顷，比 2012 年增长 7.58%，花卉种植业产值达到 1627 亿元。切花切叶 182 亿支；盆栽植物 54 亿盆；观赏苗木 124 亿株；草坪 4.73 亿平方米。具有一定规模的花卉市场近 4200 个，花卉企业 4.49 万个，其中大中型花卉企业 9000 多个；花卉从业人员 432 万人，花农 137 万户；控温温室面积和日光温室面积分别为 5997 万平方米和 19066 万平方米。

5. 林业主要产品销售价格

2013 年全国主要林业产品综合平均价格基本保持平稳。木材综合平均价格为每立方米 742 元，比 2012 年略有下降，竹材综合平均价格为每根 9 元，比 2012 年略有增长；主要木材加工产品综合平均价格与 2012 年基本持平，锯材综合平均价格为每立方米 1266 元，木片综合平均价格为每实积立方米 765 元，木地板综合平均价格为每平方米 160 元，胶合板综合平均价格为每立方米 1896 元，硬质纤维板综合平均价格为每立方米 1372 元，中密度纤维板综合平均价格为每立方米 1581 元，刨花板综合平均价格为每立方米 953 元；主要林化产品中，松香和紫胶综合平均价格分别为每吨 12595 元和 48373 元，分别比 2012 年增长 12.62% 和 13.53%。栲胶综合平均价格为每吨 9572 元，比 2012 年有所下降。

(二)林业民生工程

林业棚户区(危旧房)改造是国家保障性安居工程建设重要内容，具体包括国有林区棚户区改造和国有林场危旧房改造。截至 2013 年底，林业棚户区(危旧房)改造已累计安排中央投资 201.2 亿元，安排改造任务 140.8 万户，已竣工入住近 90 万户。其中，2013 年安排改造任务 41.95 万户，中央投资 66.24 亿元。自 2008 年以来，林业棚户区

(危旧房)改造工作取得巨大成绩，一是极大改善了林区民生，使林业职工告别了潮湿阴暗的棚户区，住进宽敞明亮、配套设施齐全的新楼房；二是有力促进了林业改革，各地撤并、整合了一批林场(所)，推进生产区和生活区逐步分离，推动了国有林区和国有林场改革；三是切实推进了城镇化进程，林业部门不断调整优化林区生产生活布局，积极融入国家城镇化建设战略，形成了许多新的林业小区和小城镇。

(三)主要林产品进出口贸易

2013 年，受欧盟、日本市场需求不振和国内房地产市场调控的影响，我国传统的优势林产品如木家具、胶合板、纸产品等出口显著下滑，一些主要用于建筑业的针叶材进口也显著减少，林产品出口增速持续放缓，进口呈现负增长。但是受美国整体经济温和复苏的影响和带动，新兴市场国家的需求进一步企稳，整体向好迹象显著。根据海关统计数据汇总分析，2013 年全国林产品进出口总值为 1188. 3 亿美元，比 2011 年减少 1. 1%。其中，出口额 575. 7 亿美元，比 2011 年增长 5. 0%；进口额 612. 6 亿美元，比 2011 年减少 6. 3%。

1. 主要林产品进口情况

2013 年原木进口量 4515. 9 万立方米，金额 93. 2 亿美元，分别比 2012 年增长 19. 2% 和 28. 5%；锯材进口量 2404. 3 万立方米，金额 68. 3 亿美元，分别比 2012 年增长 16. 3% 和 23. 6%；纸、纸板及纸制品进口量 297. 1 万吨，金额 43. 7 亿美元，分别比 2012 年减少 8. 7% 和 4. 9%；纸浆进口量 1685. 2 万吨，金额 113. 7 亿美元，分别比 2012 年增长 2. 4% 和 3. 7%；木家具进口量 738. 5 万件，金额 7. 1 亿美元，分别比 2012 年增长 16. 0% 和 18. 8%；木片进口量 915. 9 万吨，金额 15. 5 亿美元，分别比 2012 年增长 20. 6% 和 16. 6%。

2. 主要林产品出口情况

2013 年木家具出口量 2. 9 亿件，金额 194. 4 亿美元，分别比 2012 年增长 0. 2% 和 6. 1%；纸、纸板及纸制品出口量 692. 9 万吨，金额 127. 9 亿美元，分别比 2012 年增长 14. 3% 和 16. 5%；木制品出口额 48. 0 亿美元，增长 6. 1%；胶合板出口量 1026. 3 万立方米，金额 50. 3 亿美元，分别比 2012 年增长 2. 3% 和 5. 0%；干鲜水果和坚果出口量 292. 2 万吨，金额 38. 9 亿美元，分别比 2012 年下降 2. 6% 和增长 11. 1%。

(本文由国家林业局发展规划与资金管理司统计处提供)

加强进口木材监管　促进我国林产工业健康持续发展

殷亚方　尹江苹　张历燕

摘要： 随着我国经济的持续快速增长，对木材的需求也呈现膨胀性的发展态势。相关资料显示，我国木材的进口依存度达到44.8%，已成为全世界最大的原木进口国。在继续加强我国森林资源管理，确保国产木材合法合规的基础上，如何进一步加强对进口木材的监管，也为了在参与相关领域的国际谈判和博弈中争取主动，进而最大程度地维护好国家利益，本文在调研的基础上，对近年来我国木材进口状况进行了分析和研究，并就今后如何进一步采取有效措施，切实加强对木材进口的管理进行了讨论。

随着我国经济的持续快速增长，对木材的需求也呈现膨胀性的发展态势。而我国又是一个木材资源相对稀缺的国家，充分利用两种资源，通过进口来满足国内消费和加工业对木材日益增长的需求，已成为我国经济发展的重要选择。相关资料显示，我国木材的进口依存度已达到44.8%，并已成为全世界最大的原木进口国。在此背景下，国际社会对我国木材进口的关注程度甚至质疑和诟病也在不断增加。在继续加强我国森林资源管理，确保国产木材合法合规的基础上，如何进一步加强对进口木材的监管，也为了在参与相关领域的国际谈判和博弈中争取主动，进而最大程度地维护好国家利益，我们在调研的基础上，对近年来我国木材进口状况进行了分析和研究，并就今后如何进一步采取有效措施，切实加强对木材进口的管理进行了讨论。

一、世界木材进出口政策概述

（一）重要的木材贸易国际政策

1.《濒危野生动植物种国际贸易公约》

为了解决日益增长的野生动植物国际贸易对其野生资源造成的威胁，1973 年 3 月 3 日，有 21 个国家的全权代表受命在华盛顿签署了《濒危野生动植物种国际贸易公约》

(以下称 CITES)，又称华盛顿公约。1975 年 7 月 1 日 CITES 正式生效。至今共有 180 个缔约国加入 CITES。

CITES 通过制定管制物种的附录、实行进出口许可管理制度、促进国家履约立法和执法、对违约方实施制裁等措施，来规范野生动植物国际贸易活动，以达到保护野生动植物资源和实现可持续发展的目的。CITES 公约包含三个不同管理级别的附录，列入附录Ⅰ的物种禁止商业性国际贸易；列入附录Ⅱ和附录Ⅲ的物种虽然允许其国际贸易，但要受到允许进出口许可证或证明书的严格管理。目前列入 CITES 公约管制的野生动物有 5000 多种，野生植物 30000 多种。

在 CITES 管制的野生动植物种中，木材物种近年来越来越受到国际社会高度关注，CITES 也不断将其管制范围向各种木材特别是热带木材树种的延伸。截至 2014 年 8 月，CITES 管制的木材物种大约有 250 种，其中附录Ⅰ有 7 种，附录Ⅱ有 231 种(包括 48 种黄檀属和 84 种柿属树种的马达加斯加种群)，附录Ⅲ有 12 种。对于深受国人喜爱的红木树种，在我国国家标准《红木》(GB18107－2000)中共列入的 33 种，现已有 7 种被列入 CITES 公约管制，其中巴西黑黄檀被列入附录Ⅰ，檀香紫檀、交趾黄檀、中美洲黄檀、微凹黄檀、伯利兹黄檀和卢氏黑黄檀被列入附录Ⅱ，这些树种均须有进出口许可证或者再出口证明书，方可进行国际贸易。

2.《雷斯法案修正案》

《雷斯法案》是美国第一部联邦环境保护法案，1900 年签署通过，目的是防止野生动物的非法交易。2008 年进行了修订，《雷斯法案修正案》将涉及的产品范围拓宽至植物及其制品(林产品)贸易，并把对植物的界定扩展到植物界任何野外品种的任何部分或者其衍生产品，因此涵盖了所有木质产品，包括来自天然林与人工林的林木以及由木材及植物纤维制成的各种木材加工产品如纸浆、纸张、家具等制品。根据该修正案，无论在木材供应链的哪个环节违反了相关法律，修正案都视其为非法，禁止其进入美国市场。《雷斯法案修正案》适用于任何从事植物的进口、运输、销售、接收、获取或购买等交易活动并受美国联邦法律管辖的企事业单位或个人；如果企业或个人违反世界任何一国野生动植物资源保护及其贸易方面的法律等，都视为违反《雷斯法案修正案》。《雷斯法案修正案》要求美国进口企业承诺或声明不进口非法来源的木材及其产品，并要求在进口产品时在美国海关强制申报，政府进行抽查或根据举报进行核查，如果有充足证据证明产品是非法来源，运输船只和货物可以被扣押。

3. 欧盟《森林执法、施政和贸易行动计划》

欧盟《森林执法、施政和贸易行动计划》(FLEGT)是一个自愿性的计划，它保证同意实施该计划的国家只向欧盟出口合法采伐的木材。欧盟与许多国家签署了 FLEGT 双边自愿合作伙伴协议(VPA)，一旦协议生效，协议双方就有责任采取实际行动，阻止非法采伐木材的贸易。很明显，协议的合作方就获得了许可，表明它们出口到欧盟市场木材的合法性。正式签订协议的第一个国家是加纳，刚果(布)和喀麦隆加入到认证过程中。进行谈判的国家还有利比亚、加蓬、刚果(金)、中非共和国、马来西亚、印度尼西亚及越南等。

4.《欧盟木材法案》

《欧盟木材法案》是在欧盟 27 个成员国基础上经过数年酝酿而共同建立的邦联性质的区域法律，于 2013 年 3 月 3 日起在其成员国内生效。该强制性法规明确了木材和木制品进口商的义务，要求输入欧盟的木材及木制品，其生产加工、销售链条上的所有厂商，必须提交木材来源地、国家及森林（林场）、木材体积和重量、原木供应商的名称和地址等证明木材来源合法性的基本资料。向欧盟出口木材和木制品的所有外国供应商、加工商都必须配合提供相关信息和文件，因此也间接地受到法案的约束。

《欧盟木材法案》是在《森林执法、施政和贸易行动计划》（FLEGT）基础上建立的，欧盟和各木材生产和林产品加工国建立自愿合作伙伴关系协议，对达成自愿合作伙伴关系协议（VPA）的国家进行区别对待：对于 VPA 国家的木材则自动成为 FELGT 证书的木材；对于没有达成 VPA 的国家，欧盟进口商或将木材和木材加工制品出口至欧盟市场的企业或个人，主要是运营商，必须要建立"尽职尽责调查体系"，提供指定的信息，并根据该体系进行风险评估和风险规避。该法规主张企业提供木材合法性和可追溯性的证明文件，为下一步的风险评估做基础。

在国际规章和相关国际公约前提下，《欧盟木材法案》合法性定义参照原产国法律法规，即合法采伐指依据采伐国适用法规进行的采伐。此法规适用于欧盟内部生产以及进口的木材和木制品，法规还指出持有 FLEGT 和 CITES 许可证的木材及木制品均被认定为符合此法规规定的合法采伐木材。

《欧盟木材法案》是由欧盟指定的成员国内第三方监管认可机构执行，该认可的第三方机构是专门设置的监督机构，是执行该法律的官方机构的市场代表。《欧盟木材法案》从国家之间沟通开始，先从自愿伙伴贸易协议开始谈，要求做到以阻止非法采伐为目的而改进立法、加强管理、政务透明，对发现的问题进行自我举证等。

《雷斯法案修正案》与《欧盟木材法案》，两部法律均引进木材合法性和可追溯性概念，它对林产工业企业的管理、经营带来更大难度和不确定性，同时也要求企业在内部加强管理的同时，提高企业社会责任，要求企业合法经营、诚信经营，并提高木材来源和经营透明度。

（二）主要木材出口地区贸易政策

1. 亚洲

亚洲主要的木材出口国家有印度、马来西亚、印度尼西亚、越南和缅甸等。

印度鼓励增加木材出口，已颁布的 2009—2014 年木材出口对外贸易政策，计划在 2010—2011 年期间实现木材年出口增长 15%，到 2011 年 3 月，已实现出口 2000 亿美元。此外，还取消 4000 多种产品在东南亚市场的进口关税。为扩大区域贸易并促进经济发展，也加大了胶合板、中密度纤维板和刨花板的出口量，但对原材料出口量有所限制。特别指出的是，在我国红木国标中确定的红木树种檀香紫檀（俗称小叶紫檀）主要产于印度。在 2008 年第 17 届植物委员会上，檀香紫檀被纳入大宗贸易回顾名单，由于印度提交的回顾报告多次未获，2012 年 9 月 10 日，公约对印度的野生檀香紫檀实施了禁贸，直到 2013 年 7 月 13 日檀香紫檀才从禁贸名单中移除。印度政府从 2012 年 7

月 20 日起对檀香紫檀的出口实行限额管理，野生檀香紫檀出口限额为 0，人工培植的檀香紫檀的出口限额每年为 310 吨。

马来西亚出台了严格的木材控制政策，严禁绝大部分原木出口，只能以板材的形式出口。自 2013 年开始，欧美等国有意与马来西亚签订相关协议，协议签订之后，马来西亚的木材将可直接出口到欧美地区，但是必须保证木材来源的合法性。2013 年 3 月，根据马来西亚最新修订的木材产品出口法规，马来西亚家具出口商必须提供马来西亚木材理事会颁发的木材产品出口许可证。该法规旨在响应《欧盟木材法案》对木材产品进口商提出的有关尽职调查的要求。由于马来西亚木材出口商对新规定的出口程序需要一个熟悉的过程，预计马来西亚向欧盟市场的木材出口量短期内会下降。

2013 年印度尼西亚林业部撤销已实施 12 年的木材出口禁令。据印度尼西亚林业部统计，出口禁令颁布前，印度尼西亚森林砍伐曾达每年 350 万公顷，近年来则锐减至每年 450 公顷。这一禁令有效避免印度尼西亚国内对林业资源的非法开采。为成为世界级林木产品生产贸易大国，印度尼西亚设定了八项指导准则，严格贯彻实行木材来源的合法性及其认证体系。该政策于 2009 年起正式实施，主要用于木材的监管链认证，保证木材采集、运输和加工环节的合法性，最终实现可持续性森林认证(SFM)。

越南政府为阻止因工业采伐导致的森林急剧减少，1990 年初政府禁止了原木与锯材的出口，1997 年永久禁止对特种用途林的木材采伐，并对天然林的商业采伐规定了采伐配额。政府在木材原料合理使用和林产保护管理方面也有明文规定。为了鼓励出口高品质木制品，政府于 2007 年 8 月 22 日颁发文件允许高品质木制品出口。由于越南农业与农村发展部依据采伐配额制度限制天然林的开采，目前所采伐的木材几乎都来自人工林。

从缅甸环保与林业部处获悉，缅甸将从 2014 年 4 月 1 日开始停止原木的出口。根据正在制定中的林业发展规划，原木出口 2015 年开始将全部停止，木材必须经加工提高其价值后方可出口。此外，2012—2016 年，将逐年递减 15% 的缅甸柚木和 20% 的硬木采伐量，勃固山脉的柚木和硬木采伐量将分别减少 75% 和 22%。

2. 非洲

非洲中西部的加蓬、坦桑尼亚、加纳及莫桑比克等国家是非洲主要木材出口国家。

2009 年，加蓬联合新加坡，在恩科共同组建了多产品经济特区，旨在停止出口未加工的原木资源，鼓励在经济特区内完成主要木材产品的加工。2010 年 1 月，加蓬政府颁布了禁止原木出口的法令，禁止原木出口。

坦桑尼亚政府对木材及其加工产品出口有一套完整的手续和规定。允许出口的木材及加工产品包括：仅限于柚木和一些紫檀属的原木；松木和柏木等针叶材锯材；所有阔叶材和针叶材的地板制品；特殊用于乐器制造的木材，如一些柿属木材；木雕、工艺品、家具、门窗和桌椅等半加工和加工成品。禁止出口的木材及加工产品包括：除柚木、紫檀属木材和针叶材外的其它阔叶材原木及其粗加工产品。目前，坦桑尼亚对林业投资并无特殊的鼓励政策。

加纳的木材产业开发局负责审批木材进出口企业全部买卖合同，并征收部分出口税。加纳对出口木材征收的出口税为离岸价的 10% -30%，征收比例因树种及木材产品种类不同有所不同。在原木出口方面，基于对加纳木材企业的振兴和对生态环境问题的担忧，从1995年起禁止了原木出口，但2006年又再次开放出口。不过目前允许出口的原木仅限于人工林原木（主要是柚木），而且远未达到1990年前后的原木出口量。单板及胶合板等木材加工产品的出口量在禁止原木出口后出现了增长。倾斜的关税比例和禁止原木出口的政策对促进加纳国内木材企业的发展产生了重要影响。目前，加纳还没有关于非法采伐的准确数据，所以很难估计其木材非法贸易规模。但需要特别强调的是，加纳作为重要的非洲木材生产国，根据欧盟《森林执法、施政与贸易行动计划》，于2008年与欧盟签署了自愿伙伴关系协议，成为第一个签署该协议的国家。加纳在签订自愿伙伴关系协议时，重新确定了本国的生产和交易木材的"合法性定义"及"合法性原则和标准"。2014年1月起，加纳禁止出口红木类木材。

2011年莫桑比克出台木材出口新法规，对未加工木材和木材加工半成品征收出口附加税，不鼓励未加工木材出口。其中对于未加工的原木，其出口附加税高达20%；只进行了极少量加工、以锯材形式出口的木材附加税率为15%；其他形式木材加工半成品的出口附加税率为3%或5%；而木材加工成品如家具等出口免征附加税。

此外，科特迪瓦于2013年7月起全面禁止砍伐和出口科特迪瓦紫檀类木材（包括科特迪瓦榄仁木、双雄苏木、铁木豆和光亮杂色豆木等）。2014年1月刚果（布）全面限制原木出口，原木出口量不得超过采伐量的15%。

3. 欧洲

欧洲主要木材生产与出口国家有俄罗斯、瑞典等。

俄罗斯原木出口量占世界工业用原木出口量的20%以上，而我国是俄罗斯原木的最大进口国。俄罗斯限制原木出口，而对板材出口实行零关税。为提高本国木材深加工能力，促进高附加值木制品出口，振兴本国木材工业，俄罗斯政府决定自2007年2月起分阶段调高原木出口税。2007年7月将针叶树原木出口税从6.5%调高至20%，2008年4月再调高至25%。原定于2009年1月调高至80%，但因2008年世界金融危机影响和俄罗斯国内对木材工业投资放缓，调税延期。受加入世贸的影响，在2012年7月21日签署加入世贸文件的当天，俄罗斯政府就出台了法令，对几个原木材种规定了阻断性的出口税率。其税率为海关出口价格的80%，但不少于55欧元/立方米。与此同时，为完成加入世贸后需要承担的责任，在2012年7月30日出台法令，对一些其他出口木材规定了优惠的出口税率。特别是针对普通类云杉和欧洲白冷杉，出口税率为13%，普通类樟子松为15%。俄罗斯还对一些木材实行出口限额管理，从2013年开始，普通云杉的配额数量为6246200立方米，普通樟子松数量为16038200立方米。

瑞典鼓励出口锯材。瑞典是世界锯材主要出口国，出口的主要对象为欧洲国家和日本。

4. 北美洲

在北美地区，美国和加拿大均属目前世界上的木材资源出口大国。美国的原木年出口总量排名世界第二，加拿大则是锯材和人造板出口总量位居榜首的国家。

加拿大政府为了保护本国的林业、就业和政府财政收入，严格限制原木出口，对原木出口实行许可制，鼓励锯材出口。加拿大是继俄罗斯之后的我国第二大木材供应国，2011年其原木和锯材对我国出口总量占我国进口原木和锯材总量的17%。

美国木材出口管理制度更加严格完备。在原木政策方面，对采伐的森林进行FSC森林认证，必须通过《雷斯法案修正案》规定，木材从采伐、解锯到分等都经过了相关程序的审核，尽可能避免各种政策所带来的制约，将出口贸易的风险降至最低。美国阔叶材锯材对中国出口稳步上升，2012年达到150万立方米，占全国阔叶材锯材进口总量的20%以上，特别是栎木、白蜡木、枫木、樱桃木、黑胡桃木，占同树种锯材进口量的80%以上。

5. 南美洲

南美洲的主要木材出口国家有厄瓜多尔、秘鲁、圭亚那和阿根廷等。

厄瓜多尔的木材出口到世界70多个国家和地区，主要出口市场包括美国、拉美各国以及部分欧亚国家和地区。1982年厄瓜多尔颁布的《森林法》规定，除用于科学和实验目的等特殊情况下数量有限的原木可出口外，禁止未经加工的原木出口；经加工后的板材、方材和胶合板等加工半成品的出口须经厄瓜多尔环境部和外贸部的审批。

一直以来，秘鲁木材主要出口国是美国和墨西哥。近年来秘鲁对我国的木材出口量迅速增加。目前，我国已成为秘鲁木材的第三大进口国。因此，已有部分我国生产木质家具企业在秘鲁设立工厂，在当地进行木材加工生产，并利用美国对秘鲁木质家具零关税等优惠政策来维护我国企业在美国既有的木质家具市场。

圭亚那林业委员会坚持限制原木出口政策，并进一步加大对林业出口企业的监督和管理力度，禁止无林业特许经营权的企业从事林业相关产品的生产和销售。与此同时，圭亚那政府还鼓励企业改变生产模式，发展林业加工，扩大板材和家具等高附加值木制品的出口。2009年1月圭亚那颁布实施了《国家原木出口政策》。根据该政策，出口可用于高附加值生产的圭亚那本地主要树种原木的代理佣金将提高。目前，这些树种的原木出口代理佣金为2%。新政策促进了原木在圭亚那国内进行高附加值加工，并使下游加工企业获得足够的原材料供应，同时还促进了圭亚那欠知名树种的开发利用。新实施的木材出口代理佣金仍按照离岸价收取，所有出口原木都要进行检查。此外，没有森林特许采伐权的公司不得出口原木。

6. 大洋洲

大洋洲的主要木材出口国家有新西兰和澳大利亚等国家。

1993年新西兰通过的《森林法修正案》强调了维护天然林长期可持续经营的思想，并把天然林原木出口视为非法，新西兰停止天然林原木出口。但对人工林原木的出口并无限制。

澳大利亚鼓励出口人工林辐射松和桉树原木，以保持和扩大木材出口市场，限制非法采伐木材的进口。并2012年11月通过了一项类似《欧盟木材法案》的禁止木材非法采伐法案，成为第三个通过制定法律禁止非法木材进入本国市场的国家。

二、我国近五年木材进口状况

随着我国经济的进一步持续稳定发展，人民生活水平不断提高，对木材产品的需求增长迅速。我国已成为世界上木材生产和消费大国。为弥补国内木材资源供应不足，保障国民经济建设和人民生活需要，我国每年都需进口大量木材。

（一）2008 年木材进口情况

1. 进口量与进口金额

2008 年，我国进口的木材及木制品涉及原木、锯材、单板、胶合板、纤维板、刨花板和枕木（表 3-1）。2008 年的原木进口量与进口金额比上年度分别减少了 20.28% 和 3.14%。其中，针叶材原木及阔叶材原木进口量均同比下降了约 20%；针叶材原木的进口金额与上年度基本持平，略有增加；而阔叶材原木的进口金额降低 6%，呈现出量减价升的趋势。

相比原木进口量的下降，锯材进口量和进口金额均呈现增长趋势，同比分别增长 8.67% 和 13.46%。锯材进口量和进口金额的增加，主要是因为针叶锯材进口量和进口金额的较大幅增长所带动，同比增幅分别达到约 30% 和 40%；而阔叶锯材进口量则减少 7% 左右，尽管进口量略有下降，但阔叶锯材的进口金额同比略增 2.45%。

与上年度相比，各类人造板产品的进口量均有不同程度降低，除胶合板的降幅较小（约 4%）以外，单板、纤维板及刨花板进口量的降幅均超过 25%。枕木进口量变化趋势正好与人造板产品相反，虽然总量不大，但从上年度的 5 万多立方米增加到 9 万多立方米，增幅达 74%。

表 3-1　2008 年我国木材及木制品的进口状况

品种	进口数量			进口金额			进口单价		
	2008 年（万立方米）	上年（万立方米）	同比增长（%）	2008 年（万美元）	上年（万美元）	同比增长（%）	2008 年（美元/立方米）	上年（美元/立方米）	同比增长（%）
1. 原木	2957.00	3709.08	-20.28	518241	535061	-3.14	175.26	144.26	21.49
针叶原木	1854.23	2321.74	-20.14	240604	239685	0.38	129.76	103.24	25.69
阔叶原木	1102.77	1387.34	-20.51	277637	295376	-6.01	251.76	212.91	18.25
2. 锯材 >6mm	705.30	649.05	8.67	199912	176198	13.46	283.44	271.47	4.41
针叶锯材	364.51	280.43	29.98	72199	51540	40.08	198.07	183.79	7.77
阔叶锯材	340.79	368.62	-7.55	127713	124658	2.45	374.76	338.17	10.82
3. 单板	6.89	9.76	-29.41	9846	13548	-27.33	1429.03	1388.11	2.95
4. 胶合板	29.39	30.60	-3.95	16745	17041	-1.74	569.75	556.89	2.31
5. 纤维板*	33.62	45.10	-25.45	15515	18138	-14.46	461.48	402.17	14.75
6. 刨花板*	24.32	34.12	-28.72	9185	10635	-13.63	377.67	311.69	21.17
7. 枕木	9.05	5.46	73.99	1554	679	128.86	171.71	124.36	38.08

注：纤维板、刨花板的计量单位为万吨和美元/吨。以下同。

2. 进口国别

2008 年我国原木和锯材进口来源国家主要有俄罗斯、巴布亚新几内亚、加拿大、新西兰和美国等（表 3-2）。俄罗斯是我国进口原木量最大的国家，我国从俄罗斯进口的原木量占原木进口总量的 60% 以上，排在其后的其它 9 个进口国家，各自所占比例均不足10%。

锯材进口国家排名中俄罗斯亦居首位，占我国锯材进口总量的近28%；其次为加拿大，约占16%；美国和泰国分居第三和第四位，其他6个国家的进口量均在5%以下。

表3-2　2008年我国原木和锯材的主要进口国

原木				锯材			
排名	国别	数量(万立方米)	比例(%)	排名	国别	数量(万立方米)	比例(%)
1	俄罗斯	1866.51	63.12	1	俄罗斯	196.82	27.91
2	巴布亚新几内亚	222.97	7.54	2	加拿大	113.36	16.07
3	新西兰	190.86	6.45	3	美国	104.25	14.78
4	所罗门群岛	115.89	3.92	4	泰国	79.07	11.21
5	加蓬	107.68	3.64	5	马来西亚	25.28	3.58
6	马来西亚	81.67	2.76	6	新西兰	23.91	3.39
7	缅甸	49.03	1.66	7	印度尼西亚	22.46	3.18
8	澳大利亚	42.95	1.45	8	菲律宾	18.11	2.57
9	美国	39.75	1.34	9	巴西	16.15	2.29
10	刚果	39.48	1.34	10	智利	16.04	2.27
原木进口总量		2957.00		锯材进口总量		705.30	

(二)2009年木材进口情况

1. 进口量与进口金额

2009年我国进口木材及木制品的主要种类仍为原木、锯材、单板、胶合板、纤维板、刨花板和枕木(表3-3)。2009年原木进口量和进口金额同比分别下降约5%和21%。其中阔叶材原木进口量大幅下降，同比降低近30%，进口金额降低近33%，而针叶材原木进口量同比呈现约9%的增长，进口金额降低7.2%。2009年阔叶材原木单价基本保持不变，而针叶材原木单价呈降低趋势。

锯材进口总量同比大幅增长约40%，进口金额增长15.37%。其中阔叶锯材的进口量同比增幅有限，约为3%，进口金额降低5.44%。针叶锯材进口量同比大幅增加(约74%)，进口金额也增加了52.19%。

2009年的单板、胶合板、纤维板以及枕木的进口量均呈大幅下降，其中纤维板的进口量下降最多约70%，但其单价却是2009年进口木材及木制品中唯一增加的。出于国内市场对优质刨花板的需求增加，刨花板进口量同比增加近20%，达到约29万吨，但进口金额同比降低3%左右，单价降低达18.89%。

2. 进口国别

2009年原木进口国家中仍以俄罗斯进口量最大(表3-4)，占总量的52.79%，但是同比下降20.65%；其次为新西兰，从2008年的占总量6.45%增加到15.73%。缅甸退出了我国原木进口国的前十位，加拿大取而代之。

锯材进口国家中，俄罗斯、加拿大仍排前两位，泰国略超美国成为我国锯材的第三大进口国。其余国家的进口量均不足10%。

表3-3 2009年我国木材及木制品的进口状况

品种	进口数量			进口金额			进口单价		
	2009年（万立方米）	上年（万立方米）	同比增长（%）	2009年（万美元）	上年（万美元）	同比增长（%）	2009年（美元/立方米）	上年（美元/立方米）	同比增长（%）
1. 原木	2805.93	2957.00	-5.11	408652	518241	-21.15	145.64	175.26	-16.90
针叶原木	2029.74	1854.23	9.47	223273	240604	-7.20	110.00	129.76	-15.23
阔叶原木	776.19	1102.77	-29.61	185379	277637	-33.23	238.83	251.76	-5.14
2. 锯材>6mm	986.34	705.30	39.85	230641	199912	15.37	233.84	283.44	-17.50
针叶锯材	634.41	364.51	74.04	109880	72199	52.19	173.20	198.07	-12.56
阔叶锯材	351.93	340.79	3.27	120761	127713	-5.44	343.14	374.76	-8.44
3. 单板	5.42	6.89	-21.34	6374	9846	-35.26	1176.01	1429.03	-17.71
4. 胶合板	17.96	29.39	-38.89	8894	16745	-46.89	495.21	569.75	-13.08
5. 纤维板*	10.32	33.62	-69.30	5717	15515	-63.15	553.97	461.48	20.04
6. 枕木	5.03	9.05	-44.42	859	1554	-44.72	170.78	171.71	-0.54
7. 刨花板*	29.02	24.32	19.33	8890	9185	-3.21	306.34	377.67	-18.89

表3-4 2009年我国原木和锯材的主要进口国

原木				锯材			
排名	国别	数量（万立方米）	比例（%）	排名	国别	数量（万立方米）	比例（%）
1	俄罗斯	1481.15	52.79	1	俄罗斯	312.05	31.64
2	新西兰	441.35	15.73	2	加拿大	243.70	24.71
3	巴布亚新几内亚	165.95	5.91	3	泰国	102.44	10.39
4	所罗门群岛	112.44	4.01	4	美国	92.90	9.42
5	加蓬	110.30	3.93	5	新西兰	41.78	4.24
6	美国	75.95	2.71	6	菲律宾	29.38	2.98
7	澳大利亚	73.21	2.61	7	印度尼西亚	21.16	2.15
8	马来西亚	72.17	2.57	8	马来西亚	20.47	2.08
9	刚果	43.63	1.55	9	智利	19.90	2.02
10	加拿大	37.20	1.33	10	缅甸	11.16	1.13
原木进口总量		2805.93		锯材进口总量		986.34	

（三）2010年木材进口情况

1. 进口量和进口金额

2010年我国进口木材及木制品，包括原木、锯材、单板、胶合板、纤维板、刨花板和枕木（表3-5）。2010年原木进口量与进口金额同比分别增长约22%和49%。其中针叶材原木及阔叶材原木进口量双双同比上升约20%和30%，进口金额同比分别增加约45%和53%，进口单价同比均呈增长趋势。

锯材进口量和进口金额同比分别增长约 49% 和 67%，其中针叶锯材进口量和阔叶材进口量均大幅增长，分别增加约 48% 和 52%，进口金额同比分别增加约 66% 和 67%，价格变化趋势不大。

其他木制品的进口量，除纤维板有小幅下降之外，单板、胶合板及刨花板均有不同程度的增加，其中单板的增幅达到 50% 以上。进口金额都呈增长趋势，但单板和枕木的单价有所降低。

表 3-5　2010 年我国木材及木制品的进口状况

品种	进口数量			进口金额			进口单价		
	2010 年（万立方米）	上年（万立方米）	同比增长（%）	2010 年（万美元）	上年（万美元）	同比增长（%）	2010 年（美元/立方米）	上年（美元/立方米）	同比增长（%）
1. 原木	3434.75	2805.93	22.41	607109	408652	48.56	176.75	145.64	21.36
针叶原木	2426.82	2029.74	19.56	323961	223273	45.10	133.49	110.00	21.36
阔叶原木	1007.93	776.19	29.86	283148	185379	52.74	280.92	238.83	17.62
2. 锯材 >6mm	1471.18	986.34	49.16	384327	230641	66.63	261.24	233.84	11.72
针叶锯材	937.10	634.41	47.71	182433	109880	66.03	194.68	173.20	12.40
阔叶锯材	534.08	351.93	51.76	201894	120761	67.18	378.02	343.14	10.17
3. 单板	8.21	5.42	51.48	8806	6374	38.16	1072.59	1176.01	-8.79
4. 胶合板	21.37	17.96	18.99	11604	8894	30.47	543.00	495.21	9.65
5. 纤维板*	10.26	10.32	-0.58	6679	5717	16.83	650.97	553.97	17.51
6. 枕木	5.62	5.03	11.73	958	859	11.53	170.46	170.78	-0.19
7. 刨花板*	35.01	29.02	20.64	11386	8890	28.08	325.22	306.34	6.16

2. 进口国别

从 2010 年原木进口国家排名来看（表 3-6），俄罗斯仍是我国原木进口量最大的来源国，但其进口量和市场份额均呈明显下降趋势。而新西兰原木进口大幅增长，同比增长约 35%。美国原木进口量与上年度相比，从第六位跃居第三位。

从锯材进口国家来看，仍然是从俄罗斯的进口量最大，占总进口量的 29.68%。其次为加拿大，占总进口量的 27.34%，我国从这两个国家进口锯材的比例超过 50%。从美国的锯材进口量略超泰国，美国重新成为我国第三大锯材进口国家。

表 3-6　2010 年我国原木和锯材的主要进口国

原木				锯材			
排名	国别	数量（万立方米）	比例（%）	排名	国别	数量（万立方米）	比例（%）
1	俄罗斯	1403.55	40.86	1	俄罗斯	436.69	29.68
2	新西兰	593.82	17.29	2	加拿大	402.20	27.34
3	美国	278.14	8.10	3	美国	143.23	9.74
4	巴布亚新几内亚	247.78	7.21	4	泰国	140.99	9.58
5	所罗门群岛	145.47	4.24	5	菲律宾	54.48	3.70
6	加拿大	117.84	3.43	6	新西兰	41.26	2.80
7	澳大利亚	105.62	3.08	7	印度尼西亚	40.76	2.77

（续）

原木				锯材			
排名	国别	数量（万立方米）	比例（%）	排名	国别	数量（万立方米）	比例（%）
8	马来西亚	95.54	2.78	8	智利	25.02	1.70
9	加蓬	73.86	2.15	9	德国	24.70	1.68
10	刚果	48.56	1.41	10	马来西亚	24.23	1.65
总量		3434.75		总量		1471.18	

（四）2011 年木材进口情况

1. 进口量和进口金额

2011 年我国进口木材及木制品，包括原木、锯材、单板、胶合板、纤维板、刨花板和枕木（表 3-7）。2011 年原木进口量和进口金额同比分别增长约 23% 和 36%。其中针叶材原木进口量和进口金额同比分别上升约 30% 和 50%，阔叶材原木进口量和进口金额同比分别上升约 8% 和 20%，呈现量增价升的趋势。

锯材进口总量和进口金额同比分别增长约 46% 和 48%。在进口锯材中，针叶锯材和阔叶锯材进口量分别占总进口的 69% 和 31%，而进口金额分别占总进口金额的 54% 和 46%，阔叶锯材的进口单价远远高于针叶锯材。

单板的进口量同比增加约 83%，进口金额增加约 35%，进口单价同比降低。胶合板、纤维板和枕木的进口量均呈下降趋势，进口金额变化不大，单价均有增加。刨花板的进口量增加约 2%，进口金额增加 7%。

表 3-7　2011 年我国木材及木制品的进口状况

品种	进口数量			进口金额			进口单价		
	2011 年（万立方米）	上年（万立方米）	同比增长（%）	2011 年（万美元）	上年（万美元）	同比增长（%）	2011 年（美元/立方米）	上年（美元/立方米）	同比增长（%）
1. 原木	4232.58	3434.75	23.23	827313	607109	36.27	195.46	176.75	10.59
针叶原木	3144.72	2426.82	29.58	486099	323961	50.05	154.58	133.49	15.80
阔叶原木	1087.86	1007.93	7.93	341214	283148	20.51	313.66	280.92	11.65
2. 锯材 >6mm	2151.82	1471.18	46.26	568928	384327	48.03	264.39	261.24	1.21
针叶锯材	1492.57	937.10	59.28	310061	182433	69.96	207.74	194.68	6.71
阔叶锯材	659.25	534.08	23.44	258867	201894	28.22	392.67	378.02	3.88
3. 单板	15.02	8.21	82.95	11857	8806	34.65	789.41	1072.59	-26.40
4. 胶合板	18.84	21.37	-11.84	11968	11604	3.14	635.24	543.00	16.99
5. 纤维板*	8.39	10.26	-18.23	6354	6679	-4.87	757.33	650.97	16.34
6. 枕木	5.16	5.62	-8.19	944	958	-1.46	182.95	170.46	7.32
7. 刨花板*	35.53	35.01	1.49	12199	11386	7.14	343.34	325.22	5.57

2. 进口国别

从原木进口国家排名来看（表 3-8），2011 年俄罗斯仍是我国原木进口最大的来源国，尽管原木进口量保持稳定，但是其所占市场份额呈显著下降。新西兰原木进口较

2010 年有大幅增长。

锯材进口国家排名中，加拿大已经超过俄罗斯一跃成为我国锯材进口量最大的国家，占总进口量的 31.91%。我国从加拿大和俄罗斯两个国家进口锯材的比例已超过 60%。从美国的进口量占总量的 12.46%，已经远超泰国所占的 7.41%，稳居第三的位置。

表 3-8 2011 年我国原木和锯材的主要进口国

原木				锯材			
排名	国别	数量(万立方米)	比例(%)	排名	国别	数量(万立方米)	比例(%)
1	俄罗斯	1407.09	33.24	1	加拿大	686.61	31.91
2	新西兰	824.33	19.48	2	俄罗斯	607.33	28.22
3	美国	488.59	11.54	3	美国	268.02	12.46
4	巴布亚新几内亚	279.90	6.61	4	泰国	159.41	7.41
5	加拿大	246.12	5.81	5	印度尼西亚	80.52	3.74
6	所罗门群岛	177.43	4.19	6	菲律宾	53.94	2.51
7	澳大利亚	157.64	3.72	7	智利	42.86	1.99
8	缅甸	68.76	1.62	8	新西兰	41.02	1.91
9	刚果	62.10	1.47	9	德国	25.53	1.19
10	乌克兰	56.12	1.33	10	马来西亚	23.40	1.09
总量		4232.58		总量		2151.82	

(五)2012 年木材进口情况

1. 进口量和进口金额

2012 年我国原木、锯材、单板、胶合板、纤维板、刨花板和枕木等木材及木制品进口总量、进口金额及同比变化情况(表 3-9)。2012 年我国原木进口量和进口金额相比 2011 年分别下降约 10% 和 12%，其中针叶材原木进口量同比下降约 15%，进口金额下降约 23%。而阔叶材原木进口量和进口金额均同比上升约 3%，单价基本稳定。

锯材进口总量和进口金额同比均略有下降。针叶锯材与阔叶锯材进口量均呈小幅下降，其中针叶锯材同比下降约 5%，进口金额下降约 8%，单价降低约 3%；阔叶锯材同比下降约 4%，进口金额增加约 2%，阔叶锯材的单价增加约 5%。

进口单板同比大幅增加，涨幅约 71%，进口金额同比增加约 14%，单板的单价继续走低，降低约 33%。胶合板、纤维板、刨花板以及枕木的进口量和进口金额同比均有不同程度下降，其中纤维板进口量降低最多，约 18%。胶合板和纤维板的进口金额下降幅度较小，这主要是由于这两种人造板的单价分别增加了约 5% 和 15%。

2. 进口国别

2012 年我国原木进口主要国家(表 3-10)包括俄罗斯、新西兰、美国、巴布亚新几内亚及加拿大等国家。其中俄罗斯进口量最大，为 1118.29 万立方米，占总量的 29.51%，但比 2011 年原木进口量减少了 288.8 万立方米，降幅达 20%。其次为新西兰，占总量 22.75%，较 2011 年原木进口量有小幅增加。

锯材进口主要国家与原木进口略有不同，主要有加拿大、俄罗斯、美国、泰国、印度尼西亚、智利、新西兰、菲律宾、加蓬及德国等。在锯材进口主要国家中，加拿

表 3-9 2012 年我国木材及木制品的进口状况

品种	进口数量			进口金额			进口单价		
	2012 年（万立方米）	上年（万立方米）	同比增长（%）	2012 年（万美元）	上年（万美元）	同比增长（%）	2012 年（美元/立方米）	上年（美元/立方米）	同比增长（%）
1. 原木	3789.27	4232.58	-10.47	725093	827313	-12.36	191.35	195.46	-2.10
针叶原木	2668.52	3144.72	-15.14	374511	486099	-22.96	140.34	154.58	-9.21
阔叶原木	1120.75	1087.86	3.02	350582	341214	2.75	312.81	313.66	-0.27
2. 锯材 >6mm	2056.59	2151.82	-4.43	547926	568928	-3.69	266.42	264.39	0.77
针叶锯材	1422.02	1492.57	-4.73	285234	310061	-8.01	200.58	207.74	-3.44
阔叶锯材	634.57	659.25	-3.74	262692	258867	1.48	413.97	392.67	5.42
3. 单板	25.72	15.02	71.24	13510	11857	13.94	525.27	789.41	-33.46
4. 胶合板	17.87	18.84	-5.15	11952	11968	-0.13	668.83	635.24	5.29
5. 纤维板*	6.85	8.39	-18.36	5961	6354	-6.19	870.22	757.33	14.91
6. 刨花板*	35.12	35.53	-1.15	11654	12199	-4.47	331.83	343.34	-3.35
7. 枕木	3.88	5.16	-24.81	670	944	-29.03	172.68	182.95	-5.61

表 3-10 2012 年我国原木和锯材的主要进口国

原木				锯材			
排名	国别	数量（万立方米）	比例（%）	排名	国别	数量（万立方米）	比例（%）
1	俄罗斯	1118.29	29.51	1	加拿大	644.16	31.32
2	新西兰	862.14	22.75	2	俄罗斯	621.50	30.22
3	美国	363.94	9.60	3	美国	222.56	10.82
4	巴布亚新几内亚	258.13	6.81	4	泰国	151.09	7.35
5	加拿大	244.08	6.44	5	印度尼西亚	74.44	3.62
6	所罗门群岛	191.63	5.06	6	智利	50.07	2.43
7	澳大利亚	122.12	3.22	7	新西兰	48.64	2.37
8	缅甸	61.67	1.63	8	菲律宾	47.93	2.33
9	刚果	61.43	1.62	9	加蓬	19.46	0.95
10	法国	50.11	1.32	10	德国	16.28	0.79
总量		4232.58		总量		2151.82	

大仍保持第一位，占总量的 31.32%，与 2011 年基本持平。

三、我国木材进口主要特点

近 5 年，我国的木材资源进口呈现总体增长趋势，木材进口总量（表 3-11）和进口总金额（表 3-12）持续增加。我国大量进口木材资源，不断引发世界各国对我国木材供应的担忧。全球林业产品行业供应商（RISI）预计，到 2015 年我国的木材供应缺口将从 2009 年的 1.07 亿立方米猛增到 1.82 亿立方米。

表 3-11　2008－2012 年我国木材及木制品进口量变化状况　　万立方米

类别	2008 年	2009 年	2010 年	2011 年	2012 年
原木	2957.00	2805.93	3434.75	4232.58	3789.27
锯材	705.3	986.34	1471.18	2151.82	2056.59
单板	6.89	5.42	8.21	15.02	25.72
胶合板	29.39	17.96	21.37	18.84	17.87
纤维板	33.62	10.32	10.26	8.39	6.85
刨花板	24.32	29.02	35.01	35.53	35.12

表 3-12　2008－2012 年木材及木制品进口金额变化状况　　万美元

类别	2008 年	2009 年	2010 年	2011 年	2012 年
原木	518241	408652	607109	827313	725093
锯材	199912	230641	384327	568928	547926
单板	9846	6374	8806	11857	13510
胶合板	16745	8894	11604	11968	11952
纤维板	15515	5717	6679	6354	5961
刨花板	9185	8890	11386	12199	11654

东南亚、北美洲以及俄罗斯等一直是我国传统上的主要木材进口来源地区。近5年，非洲和南美洲等热带地区逐渐成为我国新兴的木材进口重要来源地区。但在森林资源日益减少、各国木材出口政策收紧、汇率和运输费用增加等因素的共同作用下，上述主要木材资源地区的木材价格不断上涨，木材供应日趋紧张，迫使我国亟需考虑解决木材产业的原料紧张问题。

综上所述，近五年我国木材进口呈现以下主要特点：

一是有增有减。其中原木、锯材、单板和刨花板的进口量和进口金额逐年增加，而胶合板和纤维板的进口数量和金额呈逐年下降。

二是各类产品权重不一。原木和锯材进口量和进口金额约占九成，表明木材进口以原材料和粗加工产品为主。

三是锯材进口增加。锯材年均进口量增幅达40%，而原木进口量增幅为5%，锯材进口量的增加对木材总进口增幅贡献率最大。这与世界各国不断出台限制原木出口政策密切相关。

四是针叶材进口增加。针叶材比例超过进口木材的2/3，而阔叶材不到1/3。针叶材进口量年均增幅达20%，而阔叶材年均增幅仅为4%。针叶材是近年来木材进口增幅的主要贡献材种。

五是阔叶材价格远高于针叶材。针叶材与阔叶材的进口量比例约为2∶1，而进口金额比例约为1∶1，表明阔叶材进口价格约为针叶材的2倍。

六是红木进口激增。红木原木年均进口量增幅超过100%，年均进口金额增幅约为90%；而锯材进口量增幅约为15%，年均进口金额增幅约为32%。红木原木进口量和进口金额的增加对红木总进口增幅贡献率最大。红木原木的年均进口单价略有下降，而红木锯材的年均进口单价增加2倍。

四、加强管理的几点建议

1. 加强木材特别是热带木材进口管理力度，提高管理水平和效力

由于国际社会长期对我国进口木材保持高度关注，以及CITES对热带木材物种国际贸易管控的日益严格，我国作为事实上的木材主要进口国，今后将不可避免地面临各种相关的国际贸易谈判与博弈。因此，主动采取措施，加强我国木材进口尤其是热带木材进口的监管。

(1) *在思想上高度重视* 应高度重视以CITES附录所列树种为代表的热带木材的进出口管理工作，在实施木材进出口行政许可和口岸监管过程中要树立风险意识，强化风险管理。要认真分析进出口的发展趋势，及时发布风险信息，指导木材进出口管理工作。

(2) *加强部门合作* 应加强与林业主管部门和各级海关的合作，增强情报交流和信息共享。建立部门间联席会议制度，经常并及时向林业部门和海关提供热带木材进出口动向及CITES附录所列物种清单、分布国、贸易路线等情报和信息，增强海关的风险评估和监控能力。各级海关可以依据风险提示，对从特定口岸进口来自CITES附录所列树种主要分布国和地区的货物进行重点审查，实施重点查验，提高监管效率。特别是要加强与林业部门的合作，及时沟通打击非法采伐的相关信息，严厉打击走私犯罪活动。

(3) *加强和推动对进口木材的鉴定工作* 首先要同地方海关建立有关木材进出口鉴定协调机制，或在原有协作机制（协作备忘录）中增加木材进出口鉴定的相关内容；第二，国家濒管办各办事处应借助当地已有的科研院所，推动建立专业的木材鉴定机构，并尽量协助其按国家有关规定取得木材鉴定的法定资质，在鉴定机构成立后同其建立有关进出口木材鉴定的协作机制；三是国家濒管办各办事处应联合各级海关开展有关木材鉴定的培训工作，为海关现场查验人员印制鉴定手册，在有关业务现场张贴宣传画，对海关一线工作人员进行木材鉴定专业知识和技能的培训，帮助海关工作人员提高木材鉴定能力，努力提高口岸监管的查验效率。

(4) *建立企业信用评估制度* 要对木材进出口企业进行登记备案，并依据其进出口活动的合法、规范、诚信等情况建立相应的信用等级。对于信用不好的企业，应对其进出口申请从严审查，并将其违法违规情况通报海关，由海关对相应企业的信用等级做出调整，并对其进出口货物从严查验。

2. 加强对木材进口的宏观调控和市场管理

目前国内木材进口与生产企业大都盲目或重复进口，产生恶性竞争，导致国外原材料价格上涨以及国内产品竞相压价销售，致使木材相关产业利润空间不断缩小。因此，应及时规范我国木材进口秩序与进口行为。通过突出行业主管部门的调控作用，并充分发挥行业协会的力量，为木材进口企业及时提供信息支持，对推动我国木材进口的有序健康发展有着重要的现实意义。

同时，为促进木材交易管理，应协调海关、林业和运输等部门在一些重要口岸建立木材交易的全方位服务模式，为经营者提供市场需求信息，减少木材盲目进口，提高经济效益，扩大市场影响。

3. 积极采取措施，努力减缓CITES木材物种扩大化趋势

CITES已经将隶属于20科31属的近250种木材物种列入附录，并且现在试图逐步将其管制范围向各种热带木材树种延伸。仅在在2013年召开的第16届公约缔约国大会上，就将交趾黄檀、微凹黄檀、中美洲黄檀、伯利兹黄檀以及黄檀属与柿属马达加斯加种群的共计近140个木材物种列入附录II。近日，俄罗斯又把水曲柳、蒙古栎，尼加拉瓜把危地马拉黄檀列入附录III。在以后的缔约国大会上，肯定还会有把木材物种列入附录或提升附录级别的提案。

我国是一个木材资源稀缺的国家，充分利用国际和国内两种资源，通过进口来满足国内消费和加工业对木材日益增长的需求，已成为我国经济发展的重要选择。有关资料显示，我国木材的进口依存度已达到44.8%，对热带木材的进口依存度更是高达80%以上。因此，我们原则上反对将更多的木材物种列入公约附录。为此，国家濒管办等相关部门要时刻关注公约的发展动态，及时了解各方态度，协调有关缔约国之间的关系，采取有理、有利、有节的方式，尽可能地阻止或延缓此类提案在缔约国大会上通过。

4. 鼓励中国企业合理合法经营利用境外森林资源

为了进一步向国际社会表明我国促进全球森林可持续发展的决心和努力，中国在境外的企业应采取“可持续发展的方式”、“保护生物多样性的方式”、“促进社区发展的方式”在境外开展森林培育和经营活动。

一是要严格按批准的要求进行森林资源的经营利用和加工，不得超范围经营。与森林经营利用有关的承包工程、劳务合作、收购经营木材和木材产品等都应符合双边有关法律、法规的要求。

二是木材加工利用项目应符合中国与所在国产业政策、相关投资要求和许可规定，且有利于双边互利合作，鼓励企业进行木材的深加工综合利用。木材运输应符合所在国运输和检验、检疫标准。应根据当地政府要求建立森林采伐利用伐前公示咨询制度，明确公示的形式、内容、期限等。

三是要注重生态环境和生物多样性的保护，因地制宜采取科学合理的采伐方式和作业措施，尽量减少森林采伐对生物多样性、生态脆弱区、自然景观、森林流域水量与水质、林地土壤生态环境和更新幼苗幼树等的影响，保证森林生态系统功能得到快速恢复。对森林特别是高保护价值森林应采取相应的保护措施。

四是中国企业进行森林经营利用相关活动时，要充分考虑当地居民的利益，采取适当措施，避免森林经营利用活动直接或间接地侵犯、威胁和削弱当地居民的法定资源所有权或使用权。要积极参与当地公益事业活动，为林区及周边地区的居民提供就业、培训与其他社会服务的机会。要尊重当地群众的风俗习惯，建立与当地社区的协商机制，与当地居民友好相处，划定和保护对当地居民具有特定文化、生态、经济或宗教意义的林地。

5. 拓宽合作渠道，形成多元化进口模式

建议通过拓宽进口渠道，加强与非洲、南美洲等原木出口国的联系，减少与国外出口商签订协议的间接进口方式，鼓励国际间森林资源合作，建立并形成多元化木材资源进口模式。

目前中非林业合作尚处于较低水平，且多以我国进口非洲国家木材原料为主。近年来非洲国家环保意识逐渐加强，并鼓励在本国进行木材加工，以增加出口林产品的附加值，很多国家都禁止原木出口或对原木出口进行限制。1999 年喀麦隆进行林业改革，明令禁止原木出口，并对林地开采权进行公开招标，规定拥有木材开采和经营许可证的企业必须开设加工厂；赞比亚规定禁止原木出口，需加工成板材或家具等后方可出口；刚果(布)和刚果(金)也曾先后禁止原木出口。因此，未来中非林业合作的主要形式可以在前期良好的合作基础上，进一步加强合作的力度和深度。我国企业应从单纯进口非洲原木，逐步转向发展到非洲国家投资开展木材深加工。此外，在喀麦隆和赞比亚等禁止原木出口且法制较健全的非洲国家，我国企业开发非洲森林资源的形式应由采伐后直接出口原木，转向采伐、木材深加工和林产品出口等相对完整的产业链方式运行，原木出口和加工林产品出口同步进行。

除根据非洲国家法制的完善程度和森林法的相关规定进行不同的合作方式外，在非洲投资的我国企业还可以充分发挥和积极利用非洲区域经济合作组织间相互的优惠政策，扩大合作的领域和范围。例如赞比亚是东南非共同市场自由贸易区的成员，区内贸易实行零关税、无配额。我国企业可以与赞比亚企业一起在区内其他国家开发森林，运到赞比亚生产，然后再将半成品或运回国内，或出口到周边国家或欧美市场。同时，在南美洲和东南亚等地区，前往投资的我国企业也应适应所在国的法律规定，经营活动由采伐和进口原木转向木材深加工后出口。

此外，随着各国生态环保意识的不断增强，限制原木出口的措施纷纷出台。要提高我国木材进口的安全性，同时减少不必要的贸易纠纷，应注重开展跨国间的森林资源开发。通过对外合作采伐与营林方式，充分发挥我国技术劳动力优势，并与合作国家的森林资源优势结合，在资源获取与风险规避方面占据主动，实现未来木材资源的长期安全供给。

6. 加强在木材进出口管理、打击非法采伐及相关贸易等方面的双边和多边合作

木材的产销供应链条是非常复杂的，其间涉及森林经营者、木材采伐、运输、林产品加工企业、出口商、出口国海关、进口国海关、进口商、进口国林产品加工企业、零售商、最终产品经销商和消费者等多个主体和环节。对于木材进口国而言，进口的这些木材到底是否来自非法采伐的木材和禁伐的森林很难界定。比如说，木材经销商可以通过贿赂政府官员获得合法的木材出口手续后出口到国外。在这些过程中，非法来源的木材转变成具有合法手续的木材，表面上就成了合法的贸易。对于这样的木材贸易状况，进口国政府很难完全控制。因此打击非法采伐及相关贸易应当是木材生产国、消费国，乃至第三国和国际组织的共同责任，需要各方共同努力才能取得实际效果。中国政府一贯严厉打击非法采伐的立场不会改变，并将继续加强双边和多边合作，打击非法采伐木材贸易。在 CITES 领域内，我们应该：

一是在坚持木材可持续利用观点的原则基础上，积极争取欧洲、北美洲和大洋洲等发达国家和地区的理解，设法争取发展中国家的支持，劝阻发达国家拟定和提交对中国不利的有关木材问题提案或附录修正案；

二是主动地参加 CITES 事务，积极参加国际(或区域)研讨会或培训班，也可举办或承办一些 CITES 专业性会议，抓住机会，积极宣传我国履约成就，密切与相关国家或国际组织的关系，树立我国负责任大国的形象，借机宣传我国执行公约情况，消除一些发达国家和极端保护主义组织的猜疑；

三是抓住机会，增强与木材生产国的合作和交流。如我们利用赴阿根廷参加第 18 次植物委员会的机会，与阿根廷 CITES 管理机构就双方的履约交流与合作进行了会谈，增进了友谊和互信，阿根廷对我国对玉檀木进口的严格管理表示感谢，现在阿方每个自然月都向我办提供一份已签发的玉檀木出口许可证的清单，这不仅方便了我们的审批工作，更有效地防止了玉檀木非法贸易的发生。

7. 建立木材合法性认定体系

加强在林业管理、打击非法采伐及林产品贸易方面的双边或多边合作，逐步建立与国际接轨的我国木材合法性认定体系，是保持我国稳定的木材进口渠道，扩大与全球木材供应国贸易与合作的重要基础。

伴随我国木材进口贸易的快速增长和国际社会对木材资源合法性的日益关注，在木材采伐合法性问题没有形成国际共识之前，要保证我国进口木材满足合法性要求，我国政府应考虑将取得木材资源出口国的法律认证作为解决木材贸易合法性问题的第一步工作。

一般情况下，各国政府的林业主管部门是认定木材合法性的权威部门之一。因此，为了获得进口木材合法性证明，我国林业主管部门应加强与包括俄罗斯、缅甸、老挝、马来西亚、加蓬和巴布亚新几内亚等在内的木材资源主要出口国的沟通与合作，逐步建立国际或地区性木材合法性联合认定体系。通过实施这一体系，使我国每一批进口的木材都附有资源国的木材来源合法性证明。进口木材入境时经由我国林业或相关主管部门认可后，方可入境并进行境内加工和再出口。

近年来我国进口木材持续增加，引起国际社会广泛关注。建议应注重积极推动国内、国际研究者和非政府组织在我国木材贸易管理、应对非法采伐行动等方面取得的成果及时发布；支持建立中国投资和海外经营的行动准则及法律机制。

第二部分 专题报告篇

中国林业产业爆发式的发展，使得很多问题逐渐突出，市场化进程、技术和贸易壁垒、林权流转以及珍贵树种培育等成为林业产业发展进程中的关键点。本篇将对这些问题进行专题分析和研究。

关于加快推进中国林业产业市场化进程的思考

石　峰　王　敏　温亚利　揭昌亮

摘要： 市场化是一项在开放的市场中，以市场需求为导向，以竞争的优胜劣汰为手段，实现资源充分合理配制，效率最大化目标的机制。每个行业的发展，都是从市场启动开始，经历了市场化过程，逐步形成市场化比较成熟的产业，这一过程就是产业化。目前，我国林业产业市场化发展势在必行。林业要结合行业实际，对本行业改革与发展进行全面评估，特别是就推进林业产业的市场化进程做总体设计具有重大的现实意义。在此形势下研究探索林业市场化理论基础、市场化进程评价指标体系和方法，对林业市场化进程进行定量评价，找出制约我国林业市场化进程的主要制度因素，并提出促进我国林业市场化进程的政策建议，以期建立一个适合我国国情和林情的林业市场化改革进程和绩效的研究框架，对于推进我国集体林业产权制度改革和现代林业发展体制和机制创新无疑有着十分重要的理论和政策价值。

一、林业经济市场化的意义和必要性

市场运作在动态的发展变化过程中，依照客观环境的具体情况，分成不同的发展阶段。在每个发展阶段中，生产要素被组合与运用，构成不同的形态，出现不同的市场化商业运作模式。林业产业化发展应运用已成熟产业的商业运作模式，提炼已成熟产业的商业运作经验，组合已成熟产业的商业运作工具，认清林业行业的基本特性，结合中国林业现阶段客观实际，创建具有中国特色的林业产业商业化运作模式。

中国在实施改革开放国策35年之后，党的十八届三中全会又出台了《中共中央关于全面深化改革若干重大问题的决定》这一历史性文件，就全面深化改革、推进经济社会发展进行了深刻阐述和总体部署。其中，将市场在资源配置中的地位，并加快完善市场体系重新进行定位，并做重点强调。作为国民经济重要组成部分的林业行业，如何结合行业实际对本行业改革与发展进行全面评估，特别是就推进林业产业的市场化进程做总体设计十分必要，也具有重大现实意义。

党的十八届三中全会就加快完善现代市场化体系提出了明确要求。建设统一开放、竞争有序的市场体系，是使市场在资源配置中起决定性作用的基础。必须加快形成企业自主经营、公平竞争，消费者自由选择、自主消费，商品和要素自由流动、平等交换的现代市场体系，着力清除市场壁垒，提高资源配置效率和公平性。

要实现生产要素和林业资源的合理分配以及利用，市场化是必由之路。过去，有些林业部门的领导只注重营林生态，结果还是荒山越来越多。为了发展林业，落实2003年6月25日中共中央、国务院的9号文件《关于加快林业发展的决定》中，又出台了许多有利于林业产业市场化的政策，包括："放手发展非公有制林业，国家鼓励各种社会主体跨所有制、跨行业、跨地区投资发展林业。凡有能力的农户、城镇居民、科技人员、私营企业主、外国投资者等，都可单独或合伙参与林业开发，从事林业建设"。要进一步明确非公有制林业的法律地位，切实落实"谁造谁有、合造共有"的政策。"统一税费政策、资源利用政策和投融资政策，为各种林业经营主体创造公平竞争的环境"等等，这些政策都十分有利于林业的大发展。实践证明，这些市场化政策出台后，使中国的森林资源有了很大提高，虽然，我国原木产量由1983年的5232.3万立方米发展到2013年的7836.89万立方米，增长49.78%，木材产量的提高，不仅没有使中国的森林资源受到破坏，反而促进了中国林业的高速发展，使中国的森林资源各项指标有了很大提高。当前许多林业部门(单位)在重视生态发展的同时，也注重产业的发展，实现林业的生态效益、经济效益和社会效益，这样也就导致了林业经济的发展方向转向了生产率比较高的用途中，对于林业企业和林农来说，只要保证行为不违反相关法律法规，就是直接参与或者服务了我国的林业经济市场化，提高全社会的造林和护林积极性。

市场是实现林业经济市场化的主要场所，也就是把木材作为可交易商品放在市场中，并产生货币交易。在这其中，林业资源的供应者不论以何种形式存在，都是独立进入市场并自主供应、竞争和管理的主体，他们在市场竞争中的机会是均等的。我国已经在逐渐尝试林业经济的市场经济体制建设，所以说我国的林业经济市场化尚处在初步探索阶段。我国现在施行的集体林业所有权制度，只是林业经济市场化的一个小的决定因素，这个因素决定了林业市场经济的多元化和林业资源的所有者在市场中的主体地位。随着林业经济的不断发展，林业经济将会由分散逐步转变为高度集中，也就是我们所说的垄断，这是不利于林业经济发展的，所以就要改革林业经济体制，发展市场化的林业经济，打破垄断，让林业经济的发展逐渐分散开来并最终趋于平衡。考虑林业经济的市场化要从全局的角度来衡量，实现全国一盘棋思想，避免造成资源和资金的浪费，因此，市场经济发出的信号是林业经济决策的先决条件。

二、对林业推进行业市场化程度的初步评估

(一)林业行业市场化现状

新中国成立65年来，特别是改革开放以来，随着国民经济和社会的发展，我国林

业产业的发展由小到大，由缺到全，目前已形成涉及国民经济第一产业、第二产业、第三产业的多个门类、多种产品较完整的复合产业体系。

推进林业产业市场化，对正处于转型期的林业产业来讲势在必行，目前我国林业产业的发展呈现以下一些特点：产业发展迅猛，势头强劲；新兴产业迅速崛起，成为林业产业发展的亮点；非公有制经济成为林业产业发展的生力军；林业产业产品竞争力不断提升，在世界贸易中的份额不断加大。

目前，我国已成为一个林业产业大国。我国的经济林产品包括纸和纸板、木质家具、竹及竹制品、人造板、松香等主要林产品的产量居世界第一。同时，我国也是一个林产品进出口大国。2013年，我国主要林产品进出口总额达829.32亿美元，其中出口466.52亿美元，进口362.8亿美元。

我国经济社会已进入加快推进的重要时期，与此同时我国林业产业的发展与整体国民经济发展保持着高度的一致性。近10年来，我国林业产业呈现出持续高速增长的态势，全国林业产业总产值达到1万亿元用了57年，从1万亿元达到2万亿元用了4年，从2万亿元达到3万亿元仅用了1年。2013年全国林业总产值由2012年的3.95万亿元上升到4.5万亿元。林业产业的快速发展迫切要求林业产业市场化推进。

(二)林业行业市场化进程中存在的问题

我国林业产业虽然取得长足发展，但仍然属国民经济中的弱质产业，不能使有限的资源发挥最大的综合效益，新兴支柱产业尚未形成。同时，还担负着生态保护的重任，受到政策、体制、资金、技术、交通运输、能源等因素的制约，市场化进程仍存在一些问题主要表现在以下几方面。

1. 林业产业传统产业所占比重大，第二产业素质不高

第二产业素质不高的状况，主要表现在林业加工企业规模小、初级、低档产品多、精深加工产品少。木浆造纸、刨花板、中密度纤维板和定向刨花板的平均规模分别仅为世界水平的2.29%、12.98%、35%和10%。我国林业产业的比较劳动生产率和设备现代化程度等方面也比较低，导致林业产业素质低下。

2. 区域布局不合理，产业结构同质化

我国林业产业的区域分布格局虽有所调整，但重心依然在东北等重点国有林区。从木竹采运业产值结构可见，东北重点国有林区占50%，西南林区占11.5%，南方10省(自治区)占32%，其他地区仅占6.5%。布局上的不协调与“大而全”“小而全”、重复建设的现象并存，各区域林产品结构相似，同构化明显。

3. 管理体制落后，产业发展的机制不健全

我国林业产业管理体制和企业经营机制，不适应加入WTO后的新形势。表现为条块分割、政企不分，企业经营自主权不足，尚未建立起具有完全意义上的现代企业制度；林业生产者负担的原木、原竹农业特产税税率高达8.8%；对企业投入少，税费征收多，企业包袱沉重，技术改造和自我发展的能力不够；产业发展的机制不健全，参与国际市场竞争的准备和能力不足；缺乏了解国内外林产工业发展趋势及行情和及时

沟通产业信息的中介组织；金融杠杆作用不明显，财政、税收、信贷倾斜力度普遍不够，发展资金严重不足已成为产业发展中非常突出的问题。

三、林业产业推进市场化的若干实践与评价

（一）1998 年国家实施政府机构改革与职能转变以来林业产业发展分析

2001 年我国林业第一、二、三产业的产值结构比例为 66∶30.4∶3.6，2006 年为 44.2∶48.8∶7，2011 年为 36∶55∶9。10 年间，第二产业所占比例由 30.4% 提升到 55%，林业工业化进程明显加快。目前，全国规模以上林业工业企业超过 15 万家，产值占到全国林业总产值的 70% 以上。

在林产工业迅速发展的同时，特色产业也迅速崛起。统计显示，2010 年我国经济林产品产量达到 1.26 亿吨。竹产品增加到 100 多个系列，数千个种类，2011 年全国竹产业产值达到 1047 亿元。依托自然资源、具有区域特色的产业集群已逐步形成。据悉，2011 年，全国茶油产值达到 245 亿元，比 2010 年增长 75.43%。森林公园发展到 2151 处，森林旅游收入 1863 亿元，比 2010 年增长 42.18%，直接带动其他产业产值超过 3296 亿元。

（二）林业企业上市对林业产业发展的拉动与分析

我国林业资本市场涵盖资本市场之中涉及林业的所有内容，包括林业企业上市融资、林业基金、林业信托担保、林业抵押贷款和林业保险等内容，这些内容覆盖林业资本运作的各个方面，其覆盖重点不同，表现形式各有侧重，相辅相成组成我国林业产业发展资本运作的全部内容。

由于股票市场的强大资源和资本配置能力，使得林业企业对上市趋之若鹜，纷纷投入上市的浪潮之中。林业企业在股票市场中既可以筹集资金，又可以受托承担国家级重大项目，有利于优化企业内部结构，提高企业的运营效率。目前，我国一大批林业骨干企业经由股份制改造以及公开上市，取得了显著成效。吉林森工、中福实业、美克股份、宜华木业、升达林业、棕榈园林、兔宝宝、大亚科技、绿大地、景谷林业、威华股份、浙江永强、科冕木业、永安林业、东方园林、S＊ST 光明、德尔家居、晨鸣纸业、岳阳纸业等林业企业已经在各个板块上市成功，同时还有在香港上市的中国地板控股等股票（表 1）。林业产业突飞猛进的发展与林业资本市场的活跃相辅相成，在推动林业产业升级和改造、科学化管理、生产规模扩大等方面取得了明显的成效。

在林业债券市场之中，国债作用最为突出，每年中央对于林业的投资之中国债占据巨大的比重，但目前用于林业建设的国债资金主要为中短期国债，其期限结构较为单一，同时其主要投入的领域集中在生态建设和环境治理等方面，对于林业企业和林业相关产业的发展扶持性不大。而在企业债券市场之中，尽管目前不够活跃，但是已经有过成功的案例。

表1　林业上市企业营业收入

上市公司	股票代码	上市日期	主营业务收入(万元)		同比增长(%)
			2010年	2011年	
中福实业	000592	19960327	49897.10	68861.00	38.0
永安林业	000663	19961206	28117.25	38274.40	36.1
大亚科技	000910	19990630	692072.00	731266.00	5.7
吉林森工	000910	19981007	141067.00	154275.00	9.4
兔宝宝	002043	20050510	108095.00	115777.00	7.1
威华股份	002240	20080523	153558.00	189690.00	23.5
升达林业	002259	20080716	68649.00	90000.00	31.1
科冕木业	002354	20100209	30660.10	42785.50	39.5
德尔家居	002631	20111111	50938.90	51883.50	1.9
国栋建设	600321	20010524	43070.28	317660.00	-26.2
宜华木业	600978	20040824	244825.00	269320.00	10.0
丰林集团	601996	20110929	81331.60	88640.50	9.0

林权证抵押贷款在浙江、江西和福建等地开展了一系列试点工作，并积累了一定经验。中国林业产权交易所、南方林业产权交易所和华东林业产权交易所等产权交易机构现正在稳步推进林权证抵押贷款工作，拥有林业和森林资源的林业企业都可以参与到林权证抵押贷款融资活动之中，使得企业获得重组的资金补充，有利于企业扩大生产规模和转变生产方式。

林业贴息贷款的出现对于林权制度改革和林业产业结构性调整都起到了积极的作用，促进了现代林业产业的发展。2011年度，林业贴息贷款累计余额314亿元，其中，工业原料林项目累计贷款余额125亿元，占当年度林业贴息贷款累计余额总额的40%，比2010年度增长58%，中央财政予以贴息3.94亿元，林业贴息贷款有力地推进了现代林业产业的健康发展。

林业资本市场发展至今，已经由最初的计划经济时代国家掌握所有资本和投入转变为多元型的发展模式，各类投融资手段不断地为林业的发展注入新鲜血液。林业政策资本依然占据主导地位，目前我国林业的投资发展状况仍以国家投入为主，随着国家林业相关政策的不断完善，政策资本在林业发展中的地位还将不断得到巩固和加强。2011年，中央林业资金投入达到近900亿元，比“十一五”年均水平增加50.3%，涉林贷款达到1216亿元，同比增长20.7%。

同时，林业资本运作模式增多，规模呈扩大趋势。除了国家政策资本的大力投入之外，行业协会、林业金融机构和企业都在探索着更加宽阔的林业产业投融资发展渠道。林业贴息贷款、林权证抵押贷款、企业上市证券融资、企业债券、林业保险等一系列的投融资手段都在为我国现代林业的建设添砖加瓦。

2011年1~11月，南方林交所成交的林权项目就达49宗，其中成交价格超过100万元的项目有8宗。中国林业产权交易所，林权项目的交易也不断刷新历史的新高，仅在2011年11月下旬，中国林交所挂牌的林权流转项目就达到19项，包括一系列的国外项目。

林业投资主体多样化，投资热点多元化。林业资本市场投资主体从原本的单一的国家和证券市场发展到国际组织、境外资本、民营资本和民间的各类金融机构。资本投资的热点也大大拓展了林业产业的深度，从传统的单一的二产向林业产业一产和三产发展，营林育林、林下经济、森林旅游、家居一体、园林造景等各个行业都能看到林业资本的身影。

截至2010年底，我国林业共利用国际贷、赠款15亿美元，带动国内配套资金87亿元人民币，项目区累计营造各类人工林582万公顷，增加林木蓄积量约5.5亿立方米。中国林业相继与世界银行、亚洲开发银行、欧洲投资银行及全球环境基金合作实施贷、赠款项目21个。项目覆盖全国23个省(自治区、直辖市)，建设内容涵盖了改善生态环境、保护生物多样性、减缓和消除贫困、增加木材储备、巩固集体林权制度改革成果、发展林下经济等领域。

在国际社会资本融资方面，中国地板控股等企业涉足国际资本市场，在美股市场和港股市场纷纷进行融资活动，用于其国际和国内森林经营和产品生产。2010年，摩根斯坦利国际金融公司在广东大自然地板有限公司果断注资，促使其在香港上市；2004年，浙江省世友地板有限公司与美国地板巨头JOHNSON公司合资，专业生产实木地板、强化地板、仿古地板、实木复合地板等产品。

(三)未来期货、现货上市运行分析

2012年，在中国林产工业协会松香分会的支持下，天津渤海商品交易所与浙江松阳三家松香企业合作，启动松香现货交易；2013年12月，在国家林业局计财司和中国林产工业协会支持及参与下，大连商品交易所通过认真调研并经国家证监委报国务院审批，胶合板和纤维板正式上市交易；目前中国林产工业协会与华东林业产权交易所合作，正在对红木、胶合板、刨花板和纤维板进行现货上市试点探讨。与此同时，一些地区及行业机构也在做相应探讨工作。

林产品上市对产业具有作用积极，大商所农产品事业部相关人士表示，目前交易所已选择胶合板中的细木工板和纤维板中的中密度纤维板作为这两类品种的交易标的，近期调研表明两品种在现货贸易中占比较大，代表性强，完全适合作为期货交易标的和交割标准品，同时2014年来的系列调研论证为两品种合约和规则的完善提供了依据。

我国是胶合板、纤维板生产消费第一大国，2011年胶合板产量达9869.62万立方米，其中符合产业发展方向且易于标准化的为细木工板，占比近20%，因此细木工板作为期货交易标的物具有合理性；而20世纪90年代国内部分期货交易所上市交易的“进口胶合板期货”，随着我国成为胶合板的净出口国，已失去原有市场基础。在国内纤维板市场，2011年其产量达5562万立方米，其中用于家具制造的中密度纤维板占89%，国标对该类纤维板有专门标准，因此选择中密度纤维板作为期货交易标的符合现货市场实际。

胶合板与纤维板同属木材加工行业的重要产品，二者均在建筑装潢、家具制造和交通运输工具制造等基础性行业中有广泛用途，是国民经济发展中重要的基础性产业之一。上市相关林产品期货品种，将填补国内林产品期货品种空白，进一步健全大商所农产品品种序列，拓展大商所为第一产业的服务范围，对于国内林业产业发展意义重大。

（四）行业自律与品牌建设、诚信建设、社会责任担当等实践经验

中国林产工业品牌培育试点工作启动会暨林产工业专业展会座谈会5月21－22日在北京召开。会议对中国林产工业品牌培育工作进行了全面部署，对林产专业展会进行了总结推介。开展品牌培育活动，是加速工业转型升级、振兴经济的一项重要举措。我国虽已成为世界林产品生产贸易大国，但不是强国，我们还缺乏有竞争力的品牌。如不加快品牌建设，很容易在市场竞争中丧失世界领先位置。品牌培育活动给林产工业提供了一个增强产业核心竞争力，促进企业由价值链低端向高端跃升的平台。通过品牌培育活动，可以加速中国林产工业由“中国制造”向“中国创造”转化的进程。在品牌建设中，林业产业的展会在推动经济发展中的作用越来越明显，展会不仅成为企业开拓市场的重要平台，而且逐步成为提升产业整体水平的重要途径。

对于企业的诚信建设和社会责任担当，看似与企业的创利是一对天生的矛盾体，但事实并非如此。在企业可以承受的范围内，承担社会责任越多，越受尊敬，社会口碑愈佳，产品市场越宽广，为企业创造利润就越大。相反，抛弃企业社会责任，为了攫取更多利润，丧失道德底线的企业最终只会被社会唾弃淘汰，在市场中毁灭。当年轰动一时的“毒地板”事件就是企业置产品质量不顾而导致其社会责任严重缺失的典型案例。因此，作为社会的重要组成部分，林业企业应为整个社会提供物资需求和精神产品，在其生产、销售，追逐利益的过程中，创造利润、对股东承担法律责任的同时，还要承担对员工、消费者、社区和环境的责任。

（五）东北、内蒙古国有林区改革试点带来的启示与借鉴

截至目前，东北、内蒙古国有林区改革试点工作已取得了阶段性成效。一是初步建立省级以下垂直领导的森林资源管理体系。国有林管理机构设定为正处级，实行省级以下垂直领导的管理体制，分别由吉林省林业厅、内蒙古大兴安岭林业管理局、黑龙江省森工总局和大兴安岭林业管理局直接管理。二是依法赋予国有林管理机构森林资源管理职能。国有林管理机构负责辖区国有森林资源的调查、监测，审核森林经营方案；监督和管理辖区木材运输、木材经营（加工）的；征收森林植被恢复费等国家规定的费用；监督、检查辖区林下资源的开发利用；依法行使林业行政处罚权。三是合理确定人员编制，理顺经费渠道。国有林管理机构都按照履行职责的需要合理设置内部科室，合理确定人员编制，实行定岗定员、优化配置。在试点阶段，工作经费分别由吉林省林业厅、黑龙江省森工总局、内蒙古大兴安岭管理局和大兴安岭林业管理局负责安排。四是建立了科学的运转机制。在试点森工企业局，对国有森林资源实行委托经营新机制，由国有林管理机构负责委托森工企业经营，并实施监管。

改革试点给林业产业市场化推进带来一系列启示：一是森林资源管理权与经营权

分开，企业经营者认识发生了转变，企业的生态保护意识和资源保护意识进一步增强；二是分局依法保护管理森林资源的责任感明显加强，管理意识、管理手段明显提高，工作人员的积极性大大增强；三是森林经营的质量意识明显增强，两家责任明确，相互约束，形成了依法行政、守法经营、按序开发利用的森林资源管理经营格局，营造林质量和伐区作业质量有了很大提高；四是一些久治不愈的破坏森林资源的行为得到有效遏制，没有管理分局的意见和文件，林业局涉及林地和林木的生产经营活动不能进行，从程序上阻止了违法采伐林木和违法使用林地行为的发生。

（六）总体评价

林业产业化是利国利民的好事，它的发展能够在一定程度上解决资源紧张的问题，并可以解决一部分剩余劳动力的问题；林业产业市场化是市场发展的必然，是林业产业健康发展的必由之路。因此，我们要积极采取措施，努力推动其发展。近几年，我国林业产业快速发展势头不减，产业规模不断扩大，这离不开林业各部门的若干实践。

四、关于加快推进林业产业市场化建设的若干思考

（一）对林业行业推进市场化建设的总体思考

一是建立公平开放透明的市场规则。改革市场监管体系，实行统一的市场监管，反对垄断和不正当竞争。建立健全社会诚信体系，褒扬诚信，惩戒失信。健全优胜劣汰市场化退出机制，完善企业破产制度。

二是完善主要由市场决定价格的机制。凡是能由市场形成价格的都交给市场，政府不进行不当干预。完善农产品价格形成机制，注重发挥市场形成价格作用。如林业大宗产品期货和现货的上市等。

三是完善金融市场体系。在加强监管前提下，允许具备条件的民间资本依法发起设立中小型银行等金融机构。推进政策性金融机构改革。健全多层次资本市场体系。

（二）加快推进林业产业市场化进程的若干建议

1. 总体规划与战略

政府拟定产业发展总体规划和产业结构调整战略，并认定若干龙头企业与特色工业园区，并在政策上予以支持。

2. 发起与逐步适应市场经济社会的投融资机制

如建立林业产业发展基金、引入国际金融与资本进入林业产业、促进产权交易等。林业产业的发展离不开资金的投入，林业产业发展基金，作为一种资金投入的同时，不仅能从资金的数量上改善林业产业投资不足的问题，同时，作为产业资本和金融资本的结合，将有益于实现林业投资主体向多元化发展，有利于增加林业的筹资渠道。产业投资基金是目前我国投资基金领域亟待研究的重点课题，也是一种促进国民经济发展的投资形式。产业投资基金是通过发行基金受益份额，面向投资者募集资金，交

由专业投资人才组成的投资管理机构运作，基金资产分散投资于不同的实业项目，收益按投资分成的金融工具。它既具有一般意义上的投资基金所具有的集合投资，专家管理，分散风险，运作规范等优势，又具有与主要投资于证券的证券型基金不同的特点。当前在我国调整优化产业结构，促使产业结构升级和资本市场发展，特别是在帮助国有企业改革和脱困的形势下，研究实施产业投资基金恰逢其时。

3. 推进林业产业社会化和市场化

进一步推进林业企业资本上市和产品期货、现货上市，以提高产业社会化和市场化程度。

4. 利用市场手段完善林产品质量管理和树立企业信誉

(1)*抓品牌建设促进优胜劣汰* 坚持以企业为主体，发挥企业在品牌建设中的主体作用；坚持突出质量、技术、创新在品牌建设中的核心作用，加大工业产品知识产权的创造、运用、保护和管理力度，鼓励推广具有自主知识产权的技术标准；坚持以市场为导向，通过市场竞争、优胜劣汰，培育拥有较高知名度和美誉度的工业品牌；坚持政策引导，通过政策扶持、规范市场和加强公共服务体系建设，积极探索我国工业企业品牌发展道路。增强品牌意识，要把品牌培育作为林业产品质量和信誉建设的重要内容，引导企业增强以质量和信誉为核心的品牌意识。各有关部门要通过各种活动和各类媒体形式，大力宣传品牌建设的重要意义，营造有利于品牌成长的社会氛围。要鼓励企业开发切合实际的品牌管理机制和品牌塑造方法，建立品牌战略，实施品牌经营，培育品牌文化。指导林业企业重视知识产权法律尤其是商标法律制度的运用，从战略、管理、传播和资产管理各个层面推进品牌建设。

(2)*抓森林认证、木材合法性认定、以及相关的体系认证与国际接轨* 坚持实施可持续发展战略是我国的基本国策，林业可持续发展是国家可持续发展战略的重要组成部分，而森林可持续经营又是林业可持续发展的基础。现在，我国林业正面临着由以木材生产为主向以生态建设为主的历史性转变，林业承担着改善生态、发展资源、促进发展的历史重任。实现森林的可持续经营已成为中国林业发展的首要任务。实现林业可持续发展，对于实现全面建设小康社会的宏伟目标具有重要意义。全面推进现代林业建设的过程，实际上是一个不断深化林业改革，建立新型体制机制，理顺生产关系的过程；是一个改造和提升传统林业，转变增长方式，发挥多种功能，满足社会多样化需求，实现可持续经营的过程。在这一过程中森林认证是可以大有作为的。森林认证对企业发展有很大的促进作用。首先，可以促使企业建立先进的管理体系和经营体系，从而促进中国林业企业的技术进步和管理水平的提高，加快了林业企业的发展。其次，可改善认证企业在国内外消费者心目中的形象，提高认证企业在国际、国内的知名度；第三，可以促进我国林业企业把视野和目标从国内扩展到全球，可以实现国内林业产业与国际林产品市场的对接，形成外在市场需求和我国林业产业的有机衔接，从而有利于提高我国林产品的国际竞争力。目前，无论是在国际市场，还是在国内市场，消费者的环境意识都在提高，只有绿色产品在市场上才会被欢迎。在欧美市场，对FSC认证产品的需求与日俱增。在国内市场，虽然大多数消费者的环境意识还不高，但这已是一种趋势。随着社会经济的发展，人们将日益重视环境问题，环保意识将大大增强。企业为了生存和发展，产品的质量是关键，同时也应符合环境要求。对林业企业同样如此，而经认证的产品符合这一要求和趋势。开展森林认证是中国林业企业保证和开拓市场的有效工具。

(3)抓建设，企业社会责任报告、发布消费者指南等　我国林产工业企业在社会责任担当方面还属于起步阶段，还应从4个方面推进企业社会责任的履行和担当。

首先，政府要推进企业社会责任法制化进程，着力建立企业社会责任评价体系，提高企业履责的理念和水平，同时运用行政执法或委托行业协会对企业实行公开监管。

其次，行业协会作为市场和政府之外的第三种治理机构，在促进企业履行社会责任中发挥着不可替代的作用。行业协会应基于行业特点，通过建立推进机构、制定规范、开展培训咨询等措施，提升行业企业社会责任管理和实践水平。

第三，企业应将履行社会责任融入企业发展战略、组织结构和日常经营管理中，建立健全社会责任管理体系，使企业产生履行社会责任的内在动力，并通过定期发布报告等方式，加强沟通与交流，增强履责透明度。

第四，要加强社会监督。社会组织和公众应进一步增强关注度和参与度，强化对企业的社会监督，充分发挥新闻舆论、行业组织的作用，形成多层次、多渠道的监管体系，以完善企业承担社会责任的社会环境。

5. 合理定位，形成政府、协会、企业分工与合作联动机制

(1)政府定位及工作侧重点　科学的宏观调控，有效的政府治理，是发挥社会主义市场经济体制优势的内在要求。必须切实转变政府职能，深化行政体制改革，创新行政管理方式，增强政府公信力和执行力，建设法治型政府和服务型政府。政府要加强发展战略、规划、政策、标准等制定和实施，加强市场活动监管，加强各类公共服务提供。加强中央政府宏观调控职责和能力，加强地方政府公共服务、市场监管、社会管理、环境保护等职责。推广政府购买服务，凡属事务性管理服务，原则上都要引入竞争机制，通过合同、委托等方式向社会购买。建立事业单位法人治理结构，推进有条件的事业单位转为企业或社会组织。侧重点如下：

一要抓市场准入。政府对市场准入的监管，是政府市场监管活动的基础环节。主要是指政府依据国家的有关法律法规，依法对各类市场主体的资格进行审查，根据一定的标准判断其是否具备进入市场开展交易活动的资格成为合法的市场主体，从市场交易行为的源头防止不合法交易行为的发生。与西方市场经济国家大多数采取“准则主义”和“宽进严出”的低门槛市场准入政策不同，我国现行的市场准入的法律法规制度对各类不同所有制和行业的市场主体进入有着不同标准的门槛，同时要经过比较复杂的审批程序，这在一定程度上加大了市场主体的市场准入成本，限制了其自由发展的空间。加入WTO后，我国的市场准入法律制度也必须与国际规则相适应，对不符合WTO规则要求的各种市场准入的法律法规进行修改或废止，及时制定非歧视的国内外市场主体的统一的市场准入法律法规，简化对市场主体资格认证和登记审批的程序，以为各类市场主体积极参与市场交易行为提供便捷、高效的服务。同时，要根据各项市场准入的法律法规，坚持依法行政，组织各级政府市场监管职能部门依法对各类市场主体的资格和登记义务的履行进行检查和核实，坚决依法取缔一切非法市场主体及其市场交易行为，以维护规范统一的市场准入秩序，为创造良好的公平竞争环境奠定坚实的基础。

二要抓市场监管。政府的市场监管职能，最终目的是要通过对各类市场交易行为的有效监督，规范各种合法交易行为，巩固市场交易成果，使参与市场交易双方的权利与义务能够实现，以此保护各类市场主体的合法权益。政府市场监管职能部门，要根据国家有关市场交易行为的法律法规，对各类市场交易行为的过程与结果进行监督检查，尤其要加强市场交易的双方是否诚信、依法履约等行为进行监管，并依法纠正侵权行为和强制违约者履约，使得市场交易双方的合法权益能够得到切实保障。各国政府在履行市场监管职能，监督市场交易行为和保护市场主体合法权益的实践中，逐步将保护的重点移向作为市场交易行为中相对弱势的一方，即通常所指的消费者。加入WTO后，我国政府在消费者权益保护方面还有许多工作要做：一是进一步完善消费者保护立法，抓紧清理、废止侵害消费者权益的文件。二是要充分发挥政府市场监管职能部门在保护消费者权益方面肩负的积极干预的职责。三是教育和引导企业自觉强化对消费者的社会责任。四是调动社会团体和中介机构的积极性，充分发挥他们在消费者权益保护方面的积极作用。五是进一步拓宽消费诉讼的解决途径。在切实保护消费者权益的同时，政府还应注意保护与消费者相对应的各类市场主体的合法权益，为经济与社会发展提供良好的市场竞争环境。

三要抓法制建设。政府法制建设是政府工作的重要基础，是社会主义法制建设的重要组成部分，它能否适应时代的要求，直接关系到市场经济能否发展，是涉及全局的大事。因此，从理论与实践相结合的角度，深入地研究政府法制建设问题，对于规范政府行为，转变政府职能，推动和保障市场经济体制的建立和逐步完善，具有重大的理论意义和现实意义。我国市场化改革的方向和国民经济市场化进程就是要逐渐减少政府的约束，增大市场的约束，以市场的分散决策、竞争机制、主体利益多元化的产权利益约束，来替代政府集中经济决策、行政管理经济的约束，从而降低政府经济管理的高额直接成本，以及政府有限理性带来的决策失误等“政府失灵”所产生的经济低效率这一巨额的机会成本。但就现实情况来看，我国市场经济极不成熟，还处于发展的初始阶段，经济规范化程度差，法制基础相当薄弱。面对这一现实，国家法律赋予政府对经济进行宏观的、决策性干预的职权，是十分必要的。因此，强化政府法制建设，确定政府的法律地位、权限和职责范围，既要反映我国市场经济发展的基本规律，体现政府职能转变的精神，又要从现实出发，不能照搬自由资本主义时期的“政府法治主义”。在市场经济发展的现阶段和政府职能范围内，政府法制保证政府应拥有不可动摇的绝对权威，这同样也是市场经济建立和发展的内在要求。

(2)发挥协会作用　党的十八届三中全会特别强调：“正确处理政府和社会关系，加快实施政社分开，推进社会组织明确权责、依法自治、发挥作用。适合由社会组织提供的公共服务和解决的事项，交由社会组织承担。支持和发展志愿服务组织。限期实现行业协会商会与行政机关真正脱钩，重点培育和优先发展行业协会商会类、科技类、公益慈善类、城乡社区服务类社会组织，成立时直接依法申请登记。加强对社会组织和在华境外非政府组织的管理，引导它们依法开展活动。”充分发挥林业产业协会在林业产业发展、技术进步、标准制订、贸易促进、行业准入和公共服务等方面的桥梁纽带作用。抓紧开展森林经营认证、林产品进出口和国内产销监管链认证，鼓励和促进林业企业通过 ISO 9000 质量体系和 ISO 14000 环境质量等认证；配合政府，对林产品进口进行非政府行为的行业协调，受政府委托对国内应淘汰产品，通过组织制订、实施行标和实施监管进行清理整顿；在政府指导下，组织应对反倾销、反补贴等国际贸易摩擦，及时反映行业情况和问题以及企业诉求，引导企业落实产业政策，加强行业自律，促进林业产业调整与振兴。

(3)政府、协会、企业实施联动　随着我国经济贸易走向世界的步伐加快，以及近年来林产品国际贸易中出现的问题，进一步加大林产工业国际交流与协调力度更为重要。林产工业协会将与企业一起致力于建立与国际标准接轨的行业标准，使企业产品的各项指标符合国际标准，提高产品的国际竞争力，将产业损害给我国行业造成的不良影响降到最低；加强与世界自然基金会等国际组织建立良好的合作关系，为我国林产品的出口认证等创造条件；进一步加强国际交流与合作，包括适时组织企业赴重点林产品贸易区域考察、邀请国际贸易大国及其企业来华交流，开展专项经贸论坛等。

以质量体系建设为例，政府、协会、企业积极实施联动。林产工业协会已将 2012 年作为林产品质量年，从行业角度配合国家林业局、国家质检总局共同推进林产品质量管理与监督工作。我们将积极协调各方面，促成国家有关部门召开全国林产品质量大会，与政府部门、质检机构分别从不同角度共同推进质量管理。协会也将会同全国木材标准化委员会、全国人造板标准化委员会等标准化管理部门共同就强化林产工业行业标准化、需要修订调整的标准和出台新标准等做好配合工作，通过标准来规范企业生产。

五、结论与展望

经过 20 多年的经济体制改革，中国经济体制已经从典型的计划体制向市场体制不断转变，市场化程度总体上达到 55% 以上。这表明市场化进程尚未完成，需要继续推进。然而，林业市场化程度尚处于未知状态，致使社会对林业经济体制改革的认识和评价缺乏可信任的数量依据，林业改革和发展始终处于比较被动的状态。

虽然现阶段中国的所有制关系开始发生结构性变化，非公有制经济大量进入林业市场，但市场经济主要还是靠产业增量部分来完成，存量部分(国有经济)进行战略性调整任务还很艰巨，战略性结构调整并未取得明显结果；市场机制在商品市场领域已经大部分覆盖，但要素市场的双轨制相当严重，包括资金、土地、劳动力、技术、管理等各个方面，且价格落差很大；从分配格局看，宏观方面有了较大的调整，但微观改革尚未破题，林农收入依然低迷，特别是按技术要素分配，林业科技成果转化还未有突破性进展；林业信用制度建设薄弱，难以支撑林业市场体制框架。

鉴于中国林业市场化进程研究存在的局限性，今后的研究需要以中国林业经济体制转型和林权制度改革为具体背景，通过引入市场化理论和评价技术方法，并结合中国林业发展的自身特点，科学构建林业市场化程度评价指标体系和评价技术方法，从全国和区域两个维度上衡量中国林业市场化程度的空间分异特征，并以1978年作为起点，收集和分析改革开放以来至2007年连续30年的相关统计数据，分析中国林业市场化进程的变迁轨迹，结合实地调查和典型案例实证分析，并在此基础上给出政策解释。总体研究目标是：提出一套适合中国林业发展特点的市场化进程评价指标体系和测量技术方法，并对中国林业不同发展阶段的市场化程度进行定量评估，获取政策评价和启示。

从研究的切入点来看，中国对林业市场化的研究主要应从林业产业的角度出发，通过对林业市场化的现状和问题分析，进行林业市场化改革的研究。

从主要的研究内容来看，结合中国现阶段关于林业市场化和市场化进程评价研究的实际情况，未来中国林业市场化进程评价研究需要解决的几个技术问题：

一是中国经济市场化程度新的衡量标准。关于市场化进程衡量标准问题，目前学者们主要集中在两类指标体系。其一是较早的卢中原与胡鞍钢1993年合写的《市场化改革对我国经济运行的影响》，直观地表明了中国市场经济建设的成就；其二是参照西方国家市场化经济指标体系，由北京师范大学经济与资源管理研究所所著的《2003中国经济发展报告》表明中国是市场经济国家。但由于林业自身的特点，林业市场化的程度本身就与中国整体经济市场化程度有一定的差距，再加上数据取得的难度，其市场化进程评价的指标体系更不可能完全照搬现有的指标体系。目前中国正在开始新一轮的集体林权改革，通过放活经营权给了非公有制经济很大的生存空间，近年来社会投资林业的热情更是高涨。在此背景下，林业市场化进程评价的衡量标准将着重考虑非国有经济对林业产业的贡献。

二是中国林业市场化程度预测。中国人民大学教授顾海兵对2010年中国经济市场化程度做出过3种预测方案。高位预测：2010年将超过80%，中国将成为标准的或成熟的市场经济国家；中位预测：2010年将达到70%～75%，中国将成为相对成熟的或较完善的市场经济国家；低位预测：2010年将达到65%，中国将成为准市场经济国家或接近于相对成熟的市场经济国家。就林业市场化程度来说，本研究比较倾向于低位预测。虽然现阶段中国的所有制关系开始发生结构性变化，非公有制经济大量进入林业市场，但市场经济主要还是靠产业增量部分来完成，存量部分（国有经济）进行战略性调整任务还很艰巨，战略性结构调整并未取得明显结果；市场机制在商品市场领域已经大部分覆盖，但要素市场的双轨制相当严重，包括资金、土地、劳动力、技术、管理等各个方面，且价格落差很大；从分配格局看，宏观方面有了较大的调整，但微观改革尚未破题，林农收入依然低迷，特别是按技术要素分配，林业科技成果转化还未有突破性进展；林业信用制度建设薄弱，难以支撑林业市场体制框架。

三是林业市场化进程评价研究的时空维度。鉴于林业市场化总体进程和区域进程之间的差异性，未来将需要从时间和空间2个维度上研究中国林业市场化进程。林业市场化理论时间起点应当是1978年，但是考虑到数据的可获得性以及林业改革实际推进情况，比较理想的时间起点可以设置为1990年，如果考虑到中国林权制度是制约林业市场化进程的主要因素，那么可以把研究的实际时间起点进一步定位在2002年，即新一轮集体林权改革之始。在空间上，研究以全国31个省级单位为范围，对林业市场化全国水平进行测量，并描述其变化纵向轨迹，同时对各省级单位的林业市场化进程进行横向和纵向比较。

四是科学合理解释中国林业市场化进程的轨迹、驱动机制和政策含义。需要分别从单项指标和综合指标2个层次上解释中国林业市场化进程的制度因素和政策环境变化，结合中国宏观经济体制改革进程和林业经济体制改革的实施进展，客观分析影响中国林业市场化改革的制约因素和促进因素，以此为起点，提出加快中国林业市场化进程的政策措施，这应当是该研究的最终价值归宿。

中国林产品技术贸易壁垒分析

高申奇　朱永杰　谭团员　曲海东

摘要：近年来，中国林产品贸易和国内的木材加工业发展面临各种挑战。面临的技术性贸易壁垒问题也越来越多并且不断升级。本文对技术壁垒的类型进行了分类梳理，列举了中国林产品在国际贸易中遭遇的壁垒案例，进行了类型分析，指出了技术贸易壁垒对中国林产品企业的影响，并进一步提出了政府主管部门和相关企业以积极的态度面对各种技术壁垒的有效对策建议。

一、林产品国际贸易中的技术壁垒

中国已经成为世界主要林产品贸易国。2012 年，中国主要林产品进出口贸易总额为 1188.29 亿美元，进口额为 612.62 亿美元，出口额为 575.67 亿美元。自加入 WTO 以来，中国林产品出口产品结构不断优化，产品的加工程度不断提高，但同时面临的技术性贸易壁垒问题也越来越多并且不断升级，技术性贸易壁垒具有隐蔽性强、透明度低、监督和预测难度大等特点。随着中国经济的发展和在国际政治中地位的不断提高，政府主管部门和相关企业应以积极的态度面对各种技术壁垒，需要寻求有效途径提高中国林产品国际竞争力。

（一）技术壁垒的类型

技术壁垒是非关税壁垒的一类，它以技术为支撑条件，即商品进口国在实施贸易进口管制时，通过颁布法律、法令、条例、规定、建立技术标准、认证制度、卫生检验检疫制度、检验制度、检验程序以及包装、规格和标签标准等。

从 20 世纪 90 年代，世界各国在产品质量管理、环境管理、产品安全等方面制定了各种标准和法律法规。虽然联合国和各种专业技术组织充分考虑各国的情况，在充分协商的基础上制定了具有国际通用性的标准，如 ISO9000 质量管理标准，ISO14000 环境管理标准等。但世界各国的经济和社会发展状况有较大的差异，各种技术标准等的差异构成了相应的技术壁垒。其中资源管理、环境管理、食品安全等方面的技术发展构成了新型技术壁垒，对于中国的林产品国际贸易具有较大的影响。

目前中国林产品贸易中遇到的主要技术性贸易壁垒问题包括：《美国雷斯法案》，《欧盟木材法案》、有害物质含量，安全性能、防火性能要求，强制性认证制度和绿色壁垒等。近年来，森林认证是中国林产品国际贸易面临的最有影响的技术壁垒之一。

(二)中国林产品在国际贸易中遭遇的壁垒案例

1. 中国林产品在美国市场遭遇壁垒案例

1998 年 9 月，美国要求所有来自中国的木制包装以及其他木质材料均必须附有中国出入境检验检疫机关出具的证书，这使得中国 1/3 以上的对美出口产品受到了影响。

1998 年 9 月中旬，美国农业部指出中国出口林产品的包装使用了未经处理的木材原料，致使原料将亚洲的长刺蜂带进美国境内，给美国生态环境和人体健康带来危害。就该问题向中国发出为期 90 天的最后通牒，要求中国出口商必须在此期间内改换包装，否则 1998 年 12 月 17 日以后将禁止该商品进口到美国。

2005 年 7 月 1 日，中国 17 家木质地板生产企业在美国被投诉，美国企业称中国向美国市场销售的部分复合木质地板，侵犯了美国三家企业拥有的相关专利权。

2008 年 4 月 16 日，新泽西州新沃克联邦陪审团根据《濒危物种法》以及《反走私法令》对一家中国家具公司提起上诉，起因是该家具公司进口了一集装箱的白木婴儿床，而白木是列入 CITES 的濒危树种。结果产品已经被没收，受到指控的公司负责人被关押，并且个人及公司需要承担几十万美元的罚款。

根据美国《雷斯法案》，若有中国企业受到使用非法木材指控，企业、甚至企业负责人都将面临很大风险。《雷斯法案》在中国开出的第一张罚单是对上海的一家台资企业罚款 4 万美元。

2. 中国林产品在欧盟市场遭遇壁垒案例

1999 年，欧盟对中国出口到欧盟的木质包装采取紧急措施，具体要求为：出口木质包装不得带有树皮；不得有半径大于 1.5 毫米的虫蛀洞；木质包装必须经过热处理。据当时的估算，仅该次紧急措施，影响了中国 70 多亿美元的对欧出口贸易。

2006 年，厦门个别石材企业由于未在木质包装标签上加贴 IPPC 标志(检疫除害处理标志)，而导致德国方面先后烧毁了厦门口岸输出的 7 个批次货物的 233 件木质包装。

2006 年初到 2007 年 1 月近 13 个月的时间里，欧盟对中国木质包装发出的违规通报中涉及佛山的违规通报达 27 次，共涉及 7 家佛山企业；输往德国的蝴蝶兰木包装缺少 IPPC 标识 1 次；输往希腊的木质托盘不符合木质包装要求 1 次；输往拉脱维亚的木质托盘不符合检疫要求 21 次。在违规通报后，或改变木质包装，或对欧盟进口企业给予赔偿，对中国出口企业带来了严重影响。

二、林产品技术贸易壁垒类型分析

(一)产品技术标准

近年来，发达国家凭借其雄厚的经济实力和先进的技术优势，通过国内立法和制定区域性环境标准，以保护环境、保障人类健康和安全、保护动植物健康和安全为由，不断提高标准，限制别国产品进入。对中国林产品出口来说，主要是人造板和家具的技术标准越来越高。

1. 有害物质的含量

砷、苯酚、铅、铬、汞等物质含量。2003年1月6日欧盟通过了《关于限制经过砷防腐处理的木材进人市场的指令》。指令明确了从2004年6月30日起，输往欧盟的木材及木制品除CCA(加铬砷酸铜)外，不得使用其他含砷防腐剂。因此，欧盟颁布该指令后，一方面会使一些用含砷防腐剂处理木材和木制品的厂家由于达不到标准而无法出口，另一方面会增加企业的生产成本，降低产品在国际市场的竞争力。同时，美国制定了环保署法规EPA，2060－AG52，EPA74.30等，规定了油漆中重金属的含量限量，要达到这一要求，必须使用高质量的油漆。但我国有许多出口企业普遍使用低质量、重金属含量高的油漆，这必然会影响我国木制品的出口。

甲醛释放量。甲醛释放限量等级的环保标准分E0、E1、E2，最初E1、E2这两个标准产生于德国，由“EGGER”制定，之后引作欧洲标准。E0则产生于日本，是要求最严格的环保标准。2010年7月7日，美国正式签署《复合木制品甲醛标准法案》S.1660。该法案已于2011年1月3日生效，并分阶段实施。该法案是美国历史上最为严格的甲醛限量标准法案。以刨花板为例，我国现行国家标准是参照欧盟限量标准制定的，其甲醛释放量不得超过90微升/升，而美国新法案规定的刨花板甲醛释放量在2011年7月1日后不得超过0.09微升/升，整整高出我国标准1000倍；带单板芯的硬木胶合板甲醛释放量不得超过0.05微升/升，中密度纤维板甲醛释放量不得超过0.11微升/升。按照法案规定，从2012年7月1日起再次提高甲醛限量标准：带复合芯硬木胶合板甲醛释放量不得超过0.05微升/升，薄身中密度纤维板不得超过0.13微升/升。面对新的形势，我国许多板材加工企业没有具体应对措施，大量使用低成本、高甲醛含量的胶粘剂，生产出来的人造板产品甲醛含量超标。

2. 安全性能、防火性能的要求

美国对进口家具，主要是成人床和儿童床，从保护身体健康的角度，制定了生产床的严格标准。联邦法规Tide16C.F.R对双层床的要求进行了规定，其中Parts1213为双层床潜在危险之安全标准，说明了成人使用双层床的规定；Parts1515为双层床的基本规定，说明了小孩使用双层床的规定；Parts1500.18(a)说明如果没有达到Parts1515规定的双层床，是禁止小孩使用的。欧盟和美国都有对软体家具的防火阻燃性能的要求，欧洲委员会于2002年1月15日发布了20ol/95/EC指令，指令对软体家具的防火安全性能作了规定。美国的联邦法规CFR46Partsll6对软体家具的防火阻燃性能也作了规定。

3. 化学品的要求

2007年6月起，欧盟开始实施《关于化学品注册、评估、授权与限制制度》(REACH)。REACH制度旨在减少化学品对劳工、消费者和环境的危害，强调工业界的责任，包括制造商和进口商都必须提供相关化学品安全性信息，对化学品危险性的管理负起更大的责任。

主要内容包括：①注册：对目前正在广泛使用和新发明的化学品，只要其产量或一次进口量超过1吨，其生产商或进口商均须向REACH中央数据库提交相关信息。②评估：要求主管机构认真审查产业提供的数据，并参照产业的建议，按不同物质制定符合该物质特性的检测计划。③许可：对应引起极大关注的物质或其成分，如致癌、诱导基因突变或对生殖系统有害的物质等，政府主管机构应对其按某一用途的使用方式在风险评估的基础上给予具体授权。

尽管REACH制度对产自或进入欧盟市场的化学品要求进行注册、评估和许可，是以经济、社会和生态可持续发展为目标，有利于实现人类健康和环境保护，但是它对欧盟以外各国和地区来说，提高了进入欧盟市场的门槛，是一道新的技术性贸易壁垒。REACH有利于维护欧盟化学品的竞争优势，不利于国外化学品进入欧盟市场。在新的REACH制度要求下，由于企业注册、评估费用等将大幅提高，因而进入欧盟市场的成本相应增加。而国外企业，即使是美国跨国公司在欧盟的投资、销售成本也将大幅增加。在国际市场竞争中，欧盟化学品的竞争将越来越处于有利地位。

中国家具制造行业作为直接应用化工产品的相关产业，受到冲击不可避免。

4. 检疫制度对产品的要求

绿色检疫制度主要是植物除害处理。联合国粮农组织(FAO)国际植物检疫措施标准(ISPM)对植物除害处理的定义为：旨在杀灭、去除有害生物或者使其丧失繁殖能力的官方许可的做法。其目的是为了防止有害生物的传入传出、定殖和/或扩散，或对这些有害生物实施官方控制。因此，检疫除害处理有别于一般的防虫灭菌处理，检疫处理是官方行为或官方授权的行为，是一种受法律、法规制约的行为，必须按一定的规程进行实施，并且达到一定的标准。

基于保护环境和生态资源，确保人类和动植物的健康，许多国家，特别是发达国家制定了严格的产品检疫、检验制度。2000年1月12日，欧委会发表了《食品安全白皮书》，推出了内含80多项具体措施的保证食品安全计划；2000年7月1日开始，欧盟对进口的茶叶实行新的农药最高允许残留标准，部分产品农药的最高允许残留量仅为原来的1/100～1/200。美国食品和药物管理局(FDA)依据《食品、药品、化妆品法》、《公共卫生服务法》、《茶叶进口法》等对各种进口物品的认证、包装、标志及检测、检验方法都作了详细的规定。日本依据《食品卫生法》、《植物防疫法》、《家畜传染预防法》对入境的农产品、畜产品及食品实行近乎苛刻的检疫、防疫制度。由于各国环境和技术标准的指标水平和检验方法不同，以及对检验指标设计的任意性，而使环境和技术标准可能成为技术贸易壁垒。

(二)木材来源技术标准

1. 美国《雷斯法案》对木材合法性的要求

美国《雷斯法案》是美国粮食、保护和能源法案(俗称"美国农业法案")的一部分，一直以来是美国相关机构打击野生动物犯罪最有力的工具之一。美国《雷斯法案》修正案要求进口商提交木材原料的原产地，它的实施分阶段进行，第一阶段为2009年3月底前，出口商自愿申报；第二阶段从 2009 年 4 月 1 日起开始，出口商必须纳入电子申报系统，申报范围包括：木材和木制品、活植物和鳞茎；第三阶段扩展到木浆、纸和纸制品、乐器、家具等；第四阶段从 2010 年 4 月 1 日起执行，涉及的植物及产品进一步扩展。该修订案对非法采伐木材所生产的林产品提出了严格的处罚措施，一旦中国林产品出口企业受到使用可疑木材的起诉或调查，出口商与采购商将面临出口货物被没收，企业遭遇罚款，甚至企业负责人遭遇监禁的风险。

《雷斯法案》强调，只要违反世界任何国家的野生动植物资源保护及其进出口方面的法律，就算违反本法案。但世界各国对木材的种植、砍伐、运输、加工和销售，均有不同规定，而且有些规定还在不断变动中。同时，木材加工生产有个过程，对一些三五年前采伐的树木，或者经过多次周转的原材料，重新寻找当年的合法证明也有难度。比如地板行业，美国开始根本不承认我们砍伐证的合法性，后来在商务部、行业协会等相关组织谈判下，才最终承认。

目前对于什么是合法的、什么是不合法的、在中国本土是合法的，在美国不合法，是否应该尊重我国法律法规，并没有一个明确的答案，这样无疑使得所有出口到美国的木材及其制品受到一定程度的限制。美国《雷斯法案修正案》表面上是为保护森林资源，限制非法采伐，但实际上它已经成为了一种技术性贸易壁垒。

2. 欧盟新木材法案对木材合法性的要求

欧盟是中国木制品第二大出口市场。根据中国海关数据的统计，2008 年中国出口欧盟的木制品占到中国木制品当年出口总额的 23%。欧盟议会在 2010 年 7 月高票通过了《欧盟木材法案》(*EU Timber Regulation*)，并拟于 2013 年 3 月实施，宣告欧盟这个世界上主要的林产品市场，对非法木材贸易将采取严厉的打击措施。《欧盟木材法案》的通过，进一步导致中国木制品出口可能遭遇到“绿色壁垒”，必然会对中国的木材企业，尤其是出口型企业产生巨大影响。如果中国的企业到时候不能向欧盟提供足够的合法性证明，那么这项立法将会成为我国木制品出口欧盟的一道绿色壁垒，很多以出口欧盟为主的木制品生产企业可能失去他们的欧洲市场。

(三)评定过程技术标准

合格评定程序是指任何用以直接或间接确定是否满足技术法规或标准有关要求的程序，一般不会构成技术性贸易壁垒，但发达国家过于严格而又繁多的合格评定程序实际上已成为国际木材贸易中的壁垒。合格评定程序一般由认证、认可和相互承认组成，影响较大的是第三方认证。认证是指由授权机构出具的证明，一般由第三方对某一事物、行为或活动的本质或特征，经当事人提出的文件或实物审核后给予的证明，这通常被称为“第三方认证”。

认证可以分为产品认证和体系认证：产品认证主要指产品符合技术规定或标准的规定。其中因产品的安全性直接关系到消费者的生命健康，所以产品的安全认证为强制认证。欧盟对欧洲以外的国家的产品进入欧洲市场要求符合欧盟指令和标准(CE)；北美主要有美国的 UL 认证和加拿大的 CSA 认证；日本有 JIS 认证。体系认证是指确认生产或管理体系符合相应规定。目前最为流行的国际体系认证有 ISO9000 质量管理体系认证和 IS014000 环境管理体系认证；行业体系认证有诸如 QS9000 汽车行业质量管理体系认证、TL9000 电信产品质量管理体系认证等。

1. CE 认证

按照欧盟规定，从 2004 年 4 月 1 日起，欧盟以外国家生产并在欧盟地区销售的人造板产品需要实行 CE 认证，要以 CE 认证规范欧盟市场。CE 认证，就是要采用欧盟的标准进行质量检验，EN13986 是欧盟 CE 认证的标准，欧盟人造板的标准和我国国家标准有相同之处，也有众多区别。同时，CE 认证重视工厂质量控制（在企业自己实验室），而不是送到质检部门进行外部检验。另外，在抽样数量和检验结果的表述方面，我国采用 GB2828 抽样检验方案，而欧盟采用 EN326 抽样标准；从抽样统计结果看，欧盟 EN326 比我国 GB2828 的置信概率高。我国是欧盟胶合板和地板等人造板的主要供应国，人造板 CE 认证对我国人造板出口欧盟将造成较大的影响。

2. JAS 制度

JAS 制度，即日本的林业标准化管理制度，是基于日本农林水产省制定的《关于林产物质标准化及质量标识正确化的法律》（简称“JAS 法”）所建立的对日本林产品及其加工产品进行标准化管理的制度。任何在日本市场上销售的林产品及其加工品（包括食品）都必须接受 JAS 制度的监管，遵守 JAS 制度的管理规定。因此，JAS 制度成为日本林业标准化最重要的管理制度。JAS 标准覆盖的林产品种类包括：原木、锯材、胶合板、木地板、刨花板等。JAS 标准是自愿性标准，没有 JAS 标识的产品仍可以在日本市场上销售，不过，日本的消费者更信赖和喜欢经过合格评定的产品，而经过认证的企业更具有市场竞争力。

3. CARB 认证

美国加利福尼亚州（以下简称加州）空气管理署（CARB）关于木质人造板中甲醛释放量的法规（ATCM）要求自 2009 年 1 月 1 日起，进入美国加州的人造板必须经过 CARB 认证。其内容十分庞杂详尽，全文达 100 多页。这项法规的实施将对人造板业有着深远的影响。尽管这是在加州实施的法规，但由于美国其他各州并没有相关的法规，所以各州可能参照执行，实际上它有可能成为美国的一项联邦法规，甚至欧洲也将仿效，从而类似于欧盟的化学品法规（REACH）一样构筑起高高的“绿色壁垒”，可能改变整个人造板业及其相关产业如家具业、地板业等国际贸易的格局。截至 2010 年 2 月 6 日，我国有 401 家企业通过了 CARB 认证，在取得订单的同时，增加了企业的运营成本。

4. KS 认证

KS 认证是指依据韩国产业标准法第 11 条至第 13 条规定，对能够持续、稳定生产韩国工业标准（Korean Industrial Standards，KS）水平以上产品的企业，进行严格的审核，使其能够加贴 KS 标志的国家认证制度。它通过标准化的产品及技术的推广，促进交易及流程的简单化、透明化。该制度不仅能确保消费者的权益和公共安全，而且省去了国家、企业以及公共团体购买产品时进行的质量确认等程序，节省费用和时间，为国民经济发展做出贡献。对于国家机关、地方自治团体、公共机关以及公共团体进行采购或劳务调拨，以及国家合同指名竞标时，可优先购买获得 KS 标志的产品。

三、技术贸易壁垒对中国林产品企业的影响

（一）出口下降，中小企业面临严重生存危机

2010年7月，欧盟的新法案要求中国林产品出口企业追踪其木材原材料的采伐源头，而要想增加木材原产地的说明，对国内一些小企业来说程序繁琐而且成本高昂。但是如果没有提供木材原产地说明，出口产品将被拒。2010年9月1日起生效的《雷斯法案》同样要求增加木材原产地的说明。这些法案的出台，使得目前国内不少林产品出口企业开始面临非常困惑与无奈的局面。中国林产品出口企业使用的木材多来自东南亚、俄罗斯等地，而这些国家供应给中国的原材料很多存在非法砍伐问题。如果中国生产商及出口商使用这种可疑木材来生产林产品，将面临货物被没收、被罚款甚至被监禁的风险。而如果这些企业走合法的林产品来源信息获取程序，将导致经营成本、交易成本的提高，没有实力的中小企业极有可能被淘汰。美国《雷斯法案》（修正案）开始实施以来，中国林产品出口企业的困惑以及对未来的担忧不断。

甲醛限量标准提高增加了企业成本。人造板和家具等木制品是我国大宗出口商品，美国又是我国家具、人造板等木制品出口的主要目标市场。美国大幅提高甲醛限量标准对企业有很大的影响。一些中型板材企业没有具体应对措施，甚至有些企业表示“实在不行，我就不做他们的订单了。”但为适应美国要求，企业必须投入大量的资金、人力和设备，改善工艺、使用新型低毒或无毒环保胶黏剂，一定会增加产品成本；同时，美国法案限量标准的提高与认证检测，将导致延长产品进出口的通关时间，还会增加甲醛超标风险，导致被国外通报甚至被退回和召回。

（二）出口产品结构转变，传统优势逐渐丧失

家具、胶合板、纤维板等都是中国出口创汇的大宗林产品，但是随着发达国家对某些林产品的标准越来越高，中国企业必然会避开这些要求特别严格的林产品，而转向其他林产品的生产，这极大地影响了中国的林产品结构，对于中国过去优势产品的技术等方面也造成了很大的浪费。

（三）出口区域转向新兴经济体，市场开发成本上升

中国林产品传统的出口市场主要有美国、欧盟、日本、韩国等，但是这些国家是对环境、健康较为敏感的国家。随着国际上对林产品的环境要求越来越严格，中国面临的技术性贸易壁垒问题也日益增加。2008－2012年，中国林产品的出口数据可以发现，2008－2012年中国出口美国的林产品占总出口量比例逐年下降，且下降幅度明显；出口到日本等国的林产品比例也略有下降。技术性贸易壁垒摩擦的出现致使中国林产品出口开始逐渐从环境敏感地区的国家市场进入对环境要求比较低的市场。2012年全年对新兴国家市场贸易状况优于发达国家。受美国整体经济温和复苏影响，新兴市场需求进一步企稳，尽管通胀压力犹存，但新兴市场整体需求向好迹象显著，2012年12

月对印度、南非、俄罗斯、巴西均有不同程度的提高，同比分别增长26.6%、49.5%、13.7%和56.4%。全年对新兴国家市场出口除印度负增长以外，对其他新兴国家市场出口增长均超过10%。

（四）产品成本上升，出口竞争力下降

技术性贸易壁垒的作用机理之一就是对产品价格的控制。首先，中国出口林产品要跨越发达国家设置的技术性贸易壁垒，必然涉及从生产到销售各个环节的监测与检验。它要求将卫生学、生态学、环境科学等学科的原理运用到林产品的生产、加工、储藏、运输以及销售的全过程中，从而形成一个从生产到销售的完整的无公害管理体系。而这一过程中所有步骤无疑都需要耗费相当高昂的成本。其次，中国出口林产品在流通过程中也将不得不越来越多地接受各种检验、测试、评估和技术鉴定等繁杂的过程，所有这些流程也都需要支付大量的费用。最后，出口林产品在包装、标签、广告等方面也都需要依照发达国家标准要求，做出更多适应性的调整。所有这些流程中的支出都直接导致中国出口林产品价格优势的流失，增加了企业经营的难度。除此之外，企业还必须承担在技术性贸易壁垒摩擦出现时的经济损失。这种经营中产生的高成本和高风险无疑将大幅削减林产品出口企业的竞争优势。

2012年林产品进口原料成本持续走高已经十分明显，而同时中国出口的主要林产品价格走势却相对平稳，原材料成本在2012年以来上涨很快，部分原木价格上涨了20%，而终端产品的提价却非常艰难，出口价格的走势平稳再加上技术性贸易壁垒的阻碍，导致出口企业的利润空间一降再降。

四、中国林业企业应对技术贸易壁垒的对策

技术性贸易壁垒问题是一个长期的问题，需要我们遵循可持续发展的战略思路，努力提高出口林产品的质量水平和国际竞争力，才能尽可能减少技术性贸易壁垒摩擦给中国带来的消极影响，需要政府、企业、行业协会群策群力，共同应对。

（一）企业应对技术壁垒策略

1. 优化林产品质量

林产品出口企业要想最大限度地减少技术性贸易壁垒的阻碍，必须坚持以质取胜，依靠林业的科技进步，优化林产品质量、降低生产成本，才能从根本上提高中国出口林产品的国际竞争力，为了使出口林产品达到国际市场的标准，企业必须采取应对措施，积极提高产品质量。

目前中国出口林产品质量问题大多是由于生产过程中所使用的防腐剂、胶粘剂、油漆等的质量问题所造成的。中国木制品涂料的重金属含量通常较高，也是由于企业使用了不合格的有色涂料，而这种涂料其实在色泽上很容易分辨，但企业为降低成本就选择使用不合格涂料。因此，林产品出口企业应该尽量使用安全、健康的材料。同时，要重视解决林产品生产、加工、使用和回收利用整个寿命周期中的环境问题，保

证出口林产品的质量。同时，政府应该对从事新材料技术研究开发的公司、科研组织提供资金扶持，鼓励研究机构和生产企业开发和生产出符合国际标准的胶水、防腐剂、胶粘剂、油漆等，使林产品出口企业由于使用高质量的原材料，生产出符合国际市场技术标准的产品，也避免林产品出口企业因使用高质量原材料而出现成本大幅增加，利润空间狭小甚至消失的局面。

2. 市场多元化

中国林产品的市场流向很大程度决定了中国林产品的国际竞争力水平，中国林产品贸易呈现高资源对外依存度和高经济对外依存度，随着技术性贸易壁垒摩擦愈演愈烈，尤其是《雷斯法案》(修正案)和《欧盟木材法案》的出台，很多中国林业企业难以出具原产地证明，在出口过程中非常被动，构建多元化的市场结构，能够帮助中国林业企业合理地分散风险，减少中国遭遇技术性贸易壁垒的阻碍。

中国林产品出口企业要积极采用多种方式实施市场多元化战略，首先对于较为成熟的发达国家市场，要进一步进行深层次的开拓；其次要积极开发新兴大市场，许多发展中国家和不发达国家的市场准入的技术性门槛相对较低，因此，针对不同的国家对产品的技术性要求不同的特点，中国企业应大力开拓新兴市场，努力提高在发展中国家和不发达国家的市场占有率；再次中国林产品要努力拓展暂时还不成熟的市场，中国劳动力价格相对低廉，产品价格具有一定的竞争优势，在非洲等落后国家和地区物美价廉的中国林产品具有很强的竞争力；最后中国也应该积极扩大内需，关注国内市场的旺盛需求，充分利用国内外两个市场，两种资源，实现国内外林业资源的最佳合理配置，提高中国林产品的竞争优势。

3. 制定品牌发展战略

打造具有市场竞争力的林产品品牌是中国林产品提高竞争能力的必然选择，中国林产品中虽然有一些具有一定优势的产品，但是大多都未形成规模生产和经营，有的甚至连品牌都没有，这样的产品，一旦新技术新标准出台，必然会受到层层检测，以致在国际贸易中会吃亏。

中国要想打造具有竞争力的林产品品牌，就需要提高林产品的科技创新能力，同时提高科技转化能力，把新技术运用于林产品的生产过程，做到人无我有，人有我优；同时企业要提高产业化程度、实现规模化生产和经营，中国要通过打造林产品品牌，来提高林产品的国际市场占有率和国际竞争力，并通过品牌效应来巩固和壮大自己的实力，实现在林产品国际贸易中占据主导地位的目标。

(二)政府健全应对壁垒保障机制

1. 构建中国技术贸易措施体系

作为发展中国家，在贸易过程中，中国应该充分利用WTO的特殊条款和非歧视性原则，向发达国家提出要求在一定时期内暂缓履行某些义务，为中国提高技术、改进产品赢得时间，在此基础上，中国要在严格遵循国际通行的市场规则基础上，制定并实行公开、透明、平等的技术性贸易措施体系，调整好中国林产品进出口贸易管理措施，为中国林业产业结构调整和林业科技发展创造良好的外部环境。

2. 重视林业科学技术

根据技术性贸易壁垒应对能力影响因素的重要性排序，可以发现重视林业科技的战略性地位是最重要的，目前中国出口林产品存在的问题有：产品技术含量较低、质量水平相对落后，导致这些问题的根本原因就在于中国林业行业整体科技水平低、科研创新能力差。因此，提高科技水平和自主创新能力，提升中国出口木质林产品的技术含量，促进林业产业结构的调整和升级，这才是中国林产品出口企业摆脱频遭技术性贸易壁垒摩擦的最根本最有效的途径。

技术性贸易壁垒摩擦出现的根本原因是国家间技术的差异，特别是发展中国家与发达国家之间的技术差异，提高中国林产品国际竞争力的决定性力量就是林业科技的发展和进步，中国只有提高本国林业行业自主创新和科研成果转化能力，才能为现代林业建设提供科技支撑。

政府应该积极开展各种类型的科技展示、示范和推广活动，切实推进林科教大联合和产学研相结合，大幅度提高林业科技成果转化为现实生产力的速度和水平，通过多种途径，实现中国林业行业科研转化能力的迅速提高，在提高科研转化能力的同时，中国也要注意林业产业新技术的知识产权保护，避免优势技术被国外窃取。

3. 建立技术壁垒预警机制

在国际贸易过程中，国际相关组织或政府及其标准化机构会经常修改其所制定的技术法规、标准等，中国林产品企业，特别是政府部门必须及时掌握这些重要信息，并作对应的调整，建立技术性贸易壁垒预警机制，对贸易伙伴的环保信息、检验程序、指标体系、检测方法、技术标准等进行动态跟踪，及时做出积极应对，以免因信息不畅而措手不及造成损失。

应该建立专门的技术性贸易壁垒信息收集部门，该部门主要负责时刻关注国际技术法规、标准和合格评定程序，并及时向上级部门进行通报，使企业了解国际市场的最新动向，从而做出合理的调整以及提出及时的应对举措，在预警体制上，特别要避免各级部门之间信息不畅的局面，应该建立相互连通而又高效运转的技术性贸易壁垒预警机制。

4. 完善林产品市场监管体系

中国林产品出口过程中遭遇国际技术性贸易壁垒摩擦，其中一个重要原因就是中国林产品缺乏严格的市场监管。林业产业市场监管体系，不是仅仅在商品销售过程进行监管，而是从原材料的生产、半成品的生产、成品生产、商品销售各个环节进行监管，要求对各个环节相关信息进行采集，并对产品加贴标识，同时还要对原材料到半成品、半成品到成品、成品到最终消费产品途中的运输进行监控，完善林业产业市场监管体系，首先需要建立一套完整的林业产业标准体系，加大林产品质量安全检测体系建设力度，推行林产品产地准出制度，其次要抓紧出台针对木材经营加工管理的法规，建立林产品市场准入制度，杜绝不合理的加工行为，在法规的指导下实现监管，最后还要进一步推进无公害林产品认证和森林认证，更好地应对国际技术性贸易壁垒问题。

5. 推进中国森林认证体系和国外体系互认

林业技术标准的制定、实施、检验检疫在林产品科技水平中的作用至关重要。目前中国林产品技术标准中首要的任务是推广森林认证制度，在中国林产品出口过程中，由于本国森林认证体系认可度低、影响力小，中国不得不通过国外组织进行认证，国际贸易过程中往往会受制于人。在多种标准并存的国际形势下，要冲破技术性贸易壁垒的阻碍，应该积极让本国的森林认证体系 CFCC 和国外 FSC、PEFC、SFI、ATES 等标准互认，才能在世界标准中占有一席之地，进一步促进中国林产品贸易长期健康稳定的发展。

6. 发挥相关行业协会作用

在林业产业中组建行业协会是实现行业管理的有效形式，中国的林业系统目前有很多的协会，其中包括：全国木材流通协会、全国建材协会、林产工业协会等，但是很多协会的职能作用并未能到充分的发挥，有些行业协会尚未完全承担起所需承担的责任，自身存在很多发展瓶颈。

林业行业协会作为在政府和企业之间的桥梁，其基本职能就是协调政府和林产品出口企业之间的关系，在政府与企业之间发挥信息沟通和利益协调的中介作用；同时它还可以从政府方面获得技术性贸易壁垒方面的新标准、新信息，及时地与企业进行沟通，避免企业遭遇技术性贸易壁垒摩擦。另一方面，林业行业协会起着配合政府，制定技术标准法规或行规、在国际市场上维护林业出口企业利益的作用，林业行业协会可以通过汇总企业信息，或是与国外林业组织或协会建立定期或不定期交流，开辟获取有关国外技术性贸易壁垒的新渠道。

我国林权流转现状与发展分析

曾纯军　高俊峰

摘要： 林权的规范流转不仅能够实现森林资源的资产变现、规模经营，还可以优化资源配置、解放和发展生产力。加强林权流转管理，也是维护森林资源安全、社会和谐稳定、巩固集体林权制度改革成果的重要举措。本文通过分析我国林权流转的发展现状，结合我国国情，提出了我国林权流转管理当中存在的问题和几点建议。希望规范的林权流转市场能够促进林农增收致富，并调动社会力量发展林业产业的积极性，带动整个林业产业的发展。

林权流转即森林、林木、林地流转，包括林地承包经营权人的林地承包经营权、林木所有权流转和集体经济组织的林地经营权、林木所有权的流转。规范的林权流转行为，可以保护林农利益、保证投资者资金安全；有效的盘活闲置林地资源，提高林地使用效率；解决林业信息不对称，防止林权价值被低估，保护林农及投资者利益；推动林业经济效益、社会效益、生态效益的可持续发展。

林业资源是自然资源的一种，是社会经济发展的物质基础。将林业资源作为一项资产来经营和管理的前提是林权价值的确认。林权是森林资源所有权中派生出来的，它赋予林权的持有者对标的物的经营权利，即在现在或将来支付一定的费用，得到经营某一林业资源的权利，其实质相当于获得了以后从林业资源中获取收益的权利。林权具有主体广泛性、客体复合性、内容多样性等特征。

一、我国林权流转的发展现状

20 世纪 90 年代后期以来，随着市场经济体制的发展，我国集体林权流转数量日益增多；特别是近年来，通过开展集体林权制度改革，产权逐步明晰到位，使得各地林权流转现象大量发生。

（一）我国的集体林权制度确立了林权流转良好的发展方向

2008 年 6 月，中共中央、国务院发布《关于全面推进集体林权制度改革的意见》。在具体解读《关于全面推进集体林权制度改革的意见》时，时任国家林业局局长贾治邦表示，明晰产权要维护“两性”：一是维护家庭承包经营的长期性。即承包期为70年，期满后还可以继续承包；二是维护承包经营的物权性。即林农对林地依法享有占有、使用、受益和处置的权利。还山、还林、还利于民，真正做到“山定权、人定心、树定根”，实现“山有其主、主有其权、权有其责、责有其利”的目标。集体林权制度改革让吃下“定心丸”的林农真正成了山林的主人。这项改革，是农村经营体制的又一次深刻变革，是家庭承包经营政策在林业上的丰富和完善，是农村生产力的又一次大解放。

一个经营主体多元化，权、责、利相统一的集体林权经营管理新机制正在形成。林权可依法转让、继承、抵押、担保、入股和作为合资、合作的出资或条件。由此，林地的流通性变得更强了，收购林业项目不仅不会占用过多的流动资金，成为企业的负担，而且可以进一步增强企业的融资能力。林权投资开始像房产、餐饮、交通等行业一样，被列入到投资候选名单之中。随着我国林权制度改革的逐步深入，各地林权流转行为逐步活跃，林权流转市场逐步扩大，林权流转成效逐步显现。

集体林权制度改革为我国林业产业发展注入了强大动力，当前我国正在全面推进的集体林权制度改革，解放和发展了农村生产力。一方面，集体林权制度改革使林农获得了一笔可观的资产，极大地激发了林农特别是山区林农的创业热情。林农积极地通过发展产业来增收致富，他们“把山当田耕，把树当菜种”，精心抚育林木，同时大力发展林下经济及森林旅游等林业产业，林农来自林业的收入大幅度增加。另一方面，集体林权制度极大地调动了社会力量发展林业产业的积极性，各种生产要素迅速向林业聚集，有力带动了林业产业的发展。

从长远来看，集体林权制度改革必将促进林农增收致富，必将极大地提升林农的消费能力，对林业产业发展和整个国民经济发展产生十分重要的影响。

（二）我国林权投资具有良好的发展前景

林权投资作为当前市场上一种新兴的投资方式，具有广阔的发展前景。

首先，林业是国家政策大力扶持和鼓励发展的行业，随着林业开放力度加大，从国家的政策和长远利益看，选择林业作为投资项目，具有一定的保障和优势。其次，随着树木的不断生长，其经济价值也必然会随之增长，只要能够以专业的管护技术保证树木的生长，就能获得相应的回报。因此，投资收益的稳健性和保险性是当前林权投资的特点。

中国是一个森林资源稀缺的国家，森林覆盖率仅相当于世界平均水平的61.52%，人均森林面积仅为世界平均水平的22%，人均森林蓄积量仅为世界平均水平的14.58%。随着中国经济的高速发展和人民生活水平的不断提高，全社会对森林资源，特别是木制林产品及非木质林产品的需求在不断扩大。

我国是一个发展中国家，经济发展和生态建设对林业生产有更高的要求，需要在森林培育方面提供更多支持；同时，林农为了增加收入，也有着强烈的造林需求。

从消费层面来看，中国已经成为木材消耗大国。木材及其制品的国内消费也在迅速增长，其中人造板、纸浆及纸张消费已居世界第二位。在出口方面，中国人造板、家具及地板的出口量也在逐年增加。为了加强林地管理，切实保护林地资源，维护林地、林木所有者和经营者的合法权益，有利于森林资源的合理利用和各项建设事业的发展，各地也随之出台了征占用林地补偿费用管理办法，对林农的基本利益起到了一定的保障作用。可以说林业产业是我国最后一块没有市场化的资源性产业。

在我国，老百姓较传统的储蓄方式是把多余的钱存进银行，大多数人对理财、投资、资本增值的概念还比较陌生。改革开放以来，这种情况有了改变，人们开始把存款投向股市、房地产、企业、商业。银行储蓄安全性高，却获利微薄；投资股市和房地产收益高，但风险较大；投资企业则必须对该企业有一定的认识，这对于一般人来讲有一定难度。尤其是人们普遍选择的银行储蓄，其增值空间较小，加之通货膨胀使货币贬值，原有资金会不断地缩水。按 2007 年中国人民银行年利率 2.52%，利息税 20%，物价上涨指数 4% 计算，年存款 10 万元，一年后则会贬值到 98104 元。

所以，当下新兴的林权投资就为广大投资者开辟了一个前景光明的新领域。相对于银行存款、股市以及房地产等其他投资，林权投资有足够的优势。

1. 投资收益具有稳定性

林木的自然年平均增长为 5% ~15%，林木的价格年平均上涨 5% ~10%，其林地的价值年平均增长为 20% ~30%，由此林权投资具有鲜明的抗通胀、抗周期特征。

2. 具有良好的交易性

一个国家经济增长的过程就是紧张资产不断增值的过程。现如今，我国可合理利用的林地越来越少，对森林的生态效应越来越重视，造成生态公益林比重越来越高，可开发利用的商品林资源越来越紧张。随着国家经济的高速发展，木材供需矛盾必将日趋突出。林权资产具有天然的存储功能，作为一个新兴的投资行业，具有良好的交易属性。

3. 具有广阔的发展前景

投资的关键在于对趋势和节奏的把握。如今随着全国集体林权改革的开展，全国国有林场的改革也正在酝酿；林业产业仍处于市场化初期，市场竞争力较弱，林权价值被严重低估；投资者对其价值认知度偏低，致使许多林业企业的投资机会被众多投资者忽视；加之我国虽重视低碳经济，但尚未出台具体政策措施。这些因素都对林权的投资提供了机遇和挑战。

林权投资和其他 PE 投资的比较

指　标	林权投资	其他 PE 投资
风险程度	低	高
稳定性	高度稳定	不稳定
竞争强度	弱竞争	高度竞争
项目资源	可选择性强	可选择性小
产业属性	抗周期	周期性波动
增长空间	大	不确定
投资收益	稳定、无上限	不确定
退出方式	多种方式	IPO 为主
可感受性	实	虚
金融杠杆效应	高	低
衍生价值	多	少

二、我国林权流转管理存在的问题

（一）林权流转活跃，行业监管困难

林权不同于普通商品，它具有保障国家木材战略安全及生态安全的特殊属性，同时也涉及广大林农的根本利益。截至2011年底，全国累计流转林地1.62亿亩，占已确权林地的6.05%，涉及流转金额751亿元。据调研，福建、江西、浙江、重庆、四川、安徽、广东及中国林业产权交易所等8家林权交易机构，自成立以来，极少发生林权交易业务，全国发生的1.62亿亩林权交易，几乎都是民间私下交易完成的。

据国家林业局林改司统计，截至2012年底全国已经成立林权流转服务中心超过1211家，由于缺乏政策引导，所有流转服务机构几乎都没有正常开展林权流转服务工作。林权流转至今仍然以场（交易机构）外私下交易为主，林业主管部门无法对所有林权交易业务进行全过程的监督和管理。

（二）林权流转不规范，遗留问题多

林权流转包括承包、转让、互换、租赁、转包、入股、抵押等多种方式，具有交易属性的有转让、互换、入股、抵押四种形式。交易是实现产权转移的过程，通过交易的林权才能进行林权证的变更过户。由于林权交易管理政策滞后，场外私下交易缺乏政策引导、有效的监督，流转不规范等遗留问题较多。根据调查，流转不规范主要表现为以下几点：

1. 流转合同不规范

林权流转的私下交易大多使用自行拟定的流转合同或地方林业主管部门制定的流转合同，合同一般命名为“林权流转合同”、“林权转让合同”等。这类合同条款约定大多存在问题：一是转让和租赁概念混淆，以转让之名行租赁之实的现象较多；二是分年或分期支付流转款，产权交割不清晰；三是不规范代理和伪造林权所有权益人签字的居多，家庭承包的林权转让基本都是户主一人签字。

2. 交易流程不完整

根据国家林业局对集体林权流转的相关规定为：集体林权转让须经发包方同意；集体统一经营的林权流转让须经村民会议三分之二以上成员或者三分之二以上村民代表同意，并报经乡（镇）人民政府批准。私下交易的林权由于流转过程不能得到有效监督，很多个人林权流转是在发包方尚不知情的情况下发生交易，集体统一经营的林权流转则存在着伪造村民签字、伪造村民代表大会决议等现象。另外，诸如流转前公示、流转林地边界确认、报经上级政府和主管部门批准等环节都存在不同程度的缺失与不足，这些不完整的交易流程，致使流转双方权责利不清、林地林木产权不能清晰交割。

3. 交易服务和收费标准不统一

全国已成立的1211余家林权流转服务机构提供的服务功能不尽相同。主要包括林权流转政策咨询、林权交易信息收集和披露、林权及交易当事人资格审查、林权流转实地勘测勾绘、组织森林资源调查和资产评估、提供交易场所并组织交易、提供规范化流转合同、出具林权流转鉴证书等。

林权流转与其他产权交易不同，外业工作量大，鉴证内容多，须付出较多的人力成本。林权交易机构(服务中心)通过有偿服务，以最低限度地维持机构的正常运营为目的，同时规范林权流转行为，保护流转双方的合法权益，防止因流转产生权益纠纷影响正常的林业生产与经营秩序。但由于目前没有全国统一的林权流转政策，也没有制定相应的服务和收费标准，林权流转服务机构除个别试点单位外，绝大多数都没有运营，处于运营状态的试点单位，其收费标准也没有政策依据。

4. 林权证变更过户问题多

林地采取转让、互换、入股、抵押方式流转的，流转双方应当到林地所在地县级林业主管部门进行变更登记，换发林权证。根据调查，林权证过户办理不规范现象比较普遍：一是不具备林权变更过户条件的林权发生了过户。不当办理林权证变更的原因，主要是当事人及林权管理部门区别不清林权交易与林权其他流转方式，把一般的林权流转当成林权交易；二是“一地多证”和“一证多地”的现象仍然存在。

(三)林权流转制度不健全，以致抵押融资难

林权抵押贷款业务的创新之处在于它引入了林地使用权和林木所有权这一新型抵押物，使“沉睡”的森林资源变成了可以抵押变现的资产。最新数据显示，目前我国林权抵押贷款金额已达530亿元，抵押贷款林地面积为3850万亩，平均每亩贷款近1400元。在所有抵押贷款的林地面积中，林农抵押贷款面积为2188万亩，抵押贷款金额为260亿元，这些贷款盘活了林农手中的资源，有利于林农增收致富。但是，根据调研，在已经发放的林权抵押贷款中依然存在较多问题。

1. 林权抵押程序不完整，抵押手续欠缺现象普遍

从抵押的特性上分析，必须具备交易条件的林权才能进行抵押。即林权抵押不仅要考虑林权资产本身的价值，更要规范林权流转的程序、严格审验抵押的条件，除按林权流转的程序办理抵押手续外，还需按照金融机构要求完善相关手续。一旦出现抵押权实现的情况，金融机构才有据可循，可以依法按照既定程序处置抵押物。

2. 场内交易不活跃，阻碍林权抵押融资渠道的发展

从现阶段的实际情况看，已经发生的林权交易行为大多未在林权交易机构内公开进行。私下流转的林权，流转价格不透明、程序不完整，严重影响了金融机构开展林权抵押贷款的信心。金融机构实行资产抵押的前提条件，一是抵押资产按公允价值计量，二是资产处置有公开畅通的渠道。林权场内交易制度不完善，林权抵押的金融渠道就无法打通。

(四)行业主管部门对交易机构的定位不清晰

产权交易是政府通过产权交易机构以市场化手段，优化产权资源配置的过程。产

权交易机构属于非营利性组织。林权交易属于产权交易的范畴，具有其他产权交易的全部属性，所以，林权交易机构应该也是非营利性质的。

鉴于上述组织特点，林业主管部门应明确各级林权交易机构的定位：林权交易机构是协助政府林业主管部门规范林权流转行为，调整林业要素配置的非营利机构，承担弥补林业产业发展的社会需求与政府供给间的落差，为政府监管林权交易提供途径。

三、规范我国林权流转的建议

（一）尽快出台相关法律法规，完善林权流转制度

国家林业局局长赵树丛指出："流转要规范，必须要把林权交易平台、管理机构和制度建立起来，要有评估、要有公证。"针对我国当前林权流转的现实状况，建议尽快制定发布针对林权流转的规范性法规，对林权流转的范围、形式、应遵循的基本原则、程序、服务和收费标准等作出相应的规定。

（二）林权流转应按照属地原则进场交易

林权作为一种稀缺资源，流转手续复杂繁琐，同时又关系到广大林农的切身利益。规范林权流转的途径，使林权流转在公平、公正、公开的前提下有序进行，充分体现林权价值；规范林权流转途径，有利于保护流转双方合法权益、林业行业的监督与管理、林权融资渠道的建立与发展、营林企业林权资源的优化配置、营林产业的规模化发展。另外，规范林权流转途径，还可以改善林权资产记账，达到林权交易公证的目的。因此，建议国家林业局制定相关政策，规定按照属地原则管理林权流转，属地范围内的林权流转强制在所在地林业行政部门设立的林权流转服务中心公开挂牌流转。

（三）建立全国性林权流转公共服务平台

全国性林权流转公共服务平台的建立，有利于林权流转信息公开，引导有序流转。考虑到林业信息化发展的需要，建议建立全国性的林权交易服务机构，开发基于规范全国林权流转管理的"中国林权流转电子公共服务平台"。平台包括林权信息管理公共数据查询系统（实现林权基本信息的公开查询），和林权信息管理公共服务平台电子交易系统（能够实现挂牌、网上竞价、电子合同签订和变更，林权的自助简单评估等）。平台设计以安全的云服务系统，令所有接入点都高效、低成本进行电子化工作，提升行业整体服务水平。平台的建立还有利于林业主管部门实时了解全国林权流转真实情况，统揽全国的林权流转信息。

（四）加快完善森林资源资产评估制度建设

森林资源资产评估制度及评估体系还需要进一步完善。比如，目前用于森林资源资产评估的林业调查，基本采用森林资源二类调查规程与实施细则。事实上，二类调查技术并不能完全满足森林资源资产评估的需要。森林资源二类调查重点是掌握森林

资源的基本现状，而资产评估调查除要真实、准确掌握森林资源基本现状外，还要准确认定资产权益，准确提供采伐、运输条件等与成本相关因子情况，仅用二类调查方法得出的调查结果去进行资产评估，不能反映出林权的真实价值。因此，建议尽快出台森林资源资产评估的各项制度，完善森林资源资产评估体系建设。

珍贵用材树种资源的培育与我国的木材安全战略

黎云昆

摘要：报告对我国目前的木材消费和资源状况进行了总体调查分析，主要分析了木材消费与进口状况，指出了木材资源过于依赖于进口带来的五个方面问题：威胁到我国木材企业的生存；消耗大量外汇；增加了有害生物的传入，我国自有木材产业受到冲击；国际形象受到严重影响等。有针对性地提出了我国木材安全问题的五个方面的应对策略和方法，进而提出了珍贵用材树种资源的培育是我国木材安全应对的关键。报告着力从珍贵用材树种资源定义、社会需求、进口阻力、重视程度、培育现状、种植条件、培育方式及注意事项、科技支撑、理念更新、战略及意义等多角度、全方位进行系统阐述。

1 我国目前的木材消费及资源状况

1.1 木材消费

2013 年，仅以造纸、木质人造板、实木地板和实木家具四项合计，共消费原木约 27933 万立方米。此外，木制品、基建、装修和农民建房等用的原木约 4800 万立方米左右，全国原木及折合原木消费量约 3.3 亿立方米以上。

1.2 木材资源

1.2.1 国产木材

板式家具高速发展和造纸业的发展，带动了华北、华东等地的“欧美杨”和南方“桉树”等速生丰产林的大面积种植，使我国木材产量快速增长。我国原木产量由 1983 年的 5232.3 万立方米发展到 2013 年的 7836.89 万立方米，增长 49.78%。

1.2.2 进口木材

1.2.2.1 原木

原木的进口量从1997年447.1万立方米，增加到2013年的4515.9万立方米，增长9.1倍；锯材进口量从1997年的132.5万立方米，增加到2013年的2393.97万立方米，增长17.07倍。2013年，我国共进口木材及原料折合原木材积28476万立方米。其中：原木进口4515.9万立方米，比上年增长19.18%，比2012年增加了726.63万立方米。主要进口国为新西兰、俄罗斯、美国、缅甸。

1.2.2.2 锯材

2013年进口量完成2393.97万立方米，比上年同期增长16.42%，增加数量337.63万立方米。折合原木3419.96万立方米。

1.2.2.3 木浆、木片、废纸

2013年进口各种木浆1546.64万吨，折合原木材积6960万立方米；进口木片914.86万吨，折合原木材积1299.1万立方米；进口废纸2923.68万吨，折合原木材积12281万立方米。共计折合原木材积20540.1万立方米。

1.3 木材消费与进口状况分析

2013年我国国产材7836.89万立方米原木，进口材折合原木36312.85万立方米，进口材是国产材的4.63倍。我国原木及折合原木消费量如按3.3亿立方米计算，国产材只能满足23.74%的木材需求。木材资源严重地依赖于进口。为了满足国内的木材需求，我们不仅要大量从国外进口木材，而且还要超量采伐国内的木材。因此造成了我国自身的环境压力。全国的木材消耗量将近5亿立方米，包括原木、板材、木质人造板、纸浆共折合的数量。木材对外依赖度达到50%。到2020年，我国木材需求量可能要达到8亿立方米。随着我国经济的持续稳定地发展及人民生活水平的提高，木材进口还会持续地增长。

2 木材资源过度依赖于进口所带来的问题

2.1 威胁到我国木材企业的生存

木材资源依赖进口，会严重威胁到我国木材工业的持续健康发展。如果木材出口国由于各种原因大量减少出口，将导致国内木材供给短缺和木材价格上涨。一些严重依赖进口的企业只能倒闭、员工失业。现在，一些国家为了保护自己的森林资源，相继出台了针对中国的木材出口政策。如俄罗斯于2008年大幅提高原木出口关税，使得我国不得不下调从该国的进口量。越南、缅甸、印度，及热带非洲诸国近年来不断采取禁止、限制及封关、提价等手段阻止本国的珍贵木材向我国出口。而且这些木材生产国的政策调整，体现了对我国大量进口木材的做法的严重不满，往往带有一定的惩罚性质。由此造成国内一些企业木材原料供应的时断时续，有的干脆无米下锅。一些资本比较雄厚的企业索性花大价钱囤积木材，这进一步加剧了进口木材的紧张局势。

进口木材价格持续上涨增加了我国企业的生产成本。一些企业为了规避木材生产国的政策，只能走转口的渠道。如印度对其特有的檀香紫檀出口中国持反对立场，我国一些企业只能先将这种木材从印度进口到缅甸、尼泊尔甚至中东的一些国家，再从这些国家将其发运回国。还有的企业，干脆走地下渠道。凡此种种，都大大增加了我国相关企业的生产成本。

2.2 消耗了大量外汇

我国每年都要花费大量外汇来进口木材。我国大量进口木材，加之木材出口国为保护环境和森林资源，纷纷减少木材采伐并限制出口，又造成国际木材价格的新一轮上涨，致使我们必须花费更多的外汇去购买木材。2013 年我国进口各类木材共计 3298.22 万立方米，比上年的 3151.17 万立方米增加 147.05 万立方米，增长 4.67%；进口木材总值 441081 万美元，比上年的 391989 万美元增加 49092 万美元，增长 12.52%。

2.3 增加了有害生物的传入

随着大量木材的进口，各种病虫害及入侵物种也进入我国。如在我国造成了严重危害的松材线虫和美国白蛾。隐藏在木材中的病虫害很难及时发现和处理。有些病虫害因我国没有，检验检疫部门没有相应的手段和设备进行查验。这些病虫害由于其天敌没有被一起引进，有的在国内竟成泛滥之势。这些病虫害甚至影响到了我国木质产品的出口。

2.4 我国自有的木材产业受到冲击

大量进口国际上的珍贵材，影响了我国木材产品的出口。如胶合板表板，国外一般人会认为我国制造的胶合板芯材采用杨木和桉木，但表板则多为东南亚的珍贵木材。因此，我国的胶合板在出口时会被认为其木材来源于不可持续的热带雨林而被拒绝进口。

2.5 我国国际形象受到严重的影响

砍伐森林在今日世界已经成为十分敏感的问题。众所周知，我国大面积地实行天然林保护政策，一些地区还做出了不准砍伐阔叶树的规定。但经济的发展又使我们不得不大量地进口国外材。这在客观上造成中国不砍自己的森林了，但却跑到其他国家去砍伐别人的森林。尤其是近年来我们从东南亚、热带非洲、热带美洲进口了大量的珍贵木材，这些木材被认为是采自宝贵的热带雨林。

3 我国木材安全问题的一般应对

3.1 我国的木材安全问题要依靠我们自己来解决

木材对国民经济的发展和人民生活质量的提高有极大的作用。近年来，我国的木材安全问题已经作为国家发展战略被提到了重大的议事日程上来。我国是个大国，木材供应不能长久仰仗国外。现木材出口国多为一些发展中国家，随着这些国家的政治、经济、社会的发展，到那里去砍伐他们的森林，会变得越来越困难。最终的结局，是不允许我们再去那里砍！因此，和粮食的安全问题一样，我国的木材安全也要依靠我们自己的力量来解决。

3.2 继续推进速生丰产林建设

我国速生丰产林建设成效显著。速生材在解决我国木材短缺的问题上，发挥了重大的作用。现在速生材在人造板、纸浆造纸业的应用是无可替代的。因此，积极推进速生丰产林建设，依然是解决我国木材安全问题的重要手段。

3.3 积极开拓海外木材资源的培育

我国现在林业上的对外项目有150多亿美元，主要是在国外租用、购买林地4千多万公顷。通过在这些国家植树造林，既给当地林业生态带来了好处，也培育了木材的来源。另外，我们通过一些合理采伐，和有关国家，特别是和俄罗斯合作，办厂、加工，进一些木材和木制品，两国都受益。

3.4 搞好废旧木材的重复利用

废旧木材，包括废旧家具、废旧木质装修材料，有的被随意丢弃，既影响观瞻，又浪费了资源。这些废旧木材重复利用的潜力很大，应当很好挖掘。废旧木材的重复利用是一个系统工程，需要政府、社会、企业三方通力合作，方可达到预期目的。

3.5 推进森林抚育间伐

天然林保护及部分重点国有林区全面禁伐，并不意味着这些林子一点都不能动。现在，我国的天然林多为次生林，这样的林子生态稳定性与原始林相比有一定的差距。一些重点国有林区的人工林的生态效益、环境效益都比较差，但却被划为生态公益林。这些林子普遍存在着过密、过纯的现象。过密，则树木个体之间争水、争肥、争光，由此造成“谁也不死，谁也不长”的状况。森林整体呈现生长停滞、活力下降的态势。这样的森林不仅长势衰弱，而且极易发生毁灭性的病虫害和火灾。为了提高森林的质量，增加林地的生产能力，必须进行森林抚育间伐。如果运作得好，可以有计划地对适宜抚育间伐的天然林及重点国有林区的禁止采伐的人工林进行轮换抚育间伐，这样可以持续地生产出大量的抚育间伐材。这些木材可以用来作为供应部分木材生产企业的原料。

4 珍贵用材树种资源的培育是我国木材安全应对的关键

4.1 珍贵木材的定义

珍贵木材一般应具有密度大、硬度高、颜色深、纹理美观和有香气及油质感等特点，可用于制作中高档家具、乐器、工艺品、地板、门窗等实木制品及高档装饰、装修材料。珍贵用材树种的定义，目前只能是定性的描述，尚无定量的分析指标。对于判定某一种树种是否属于珍贵用材树种，不一定需要具有上述全部条件，其中某一个或某几个方面的特点非常显著，也可以被视为珍贵用材树种。

4.2 珍贵木材的社会需求越来越旺盛

近几十年，我国经济发展成效显著，人民生活水平大幅提高，中等生活水平以上的人数迅速增加，加之群众的欣赏水平、文化素质的提高，社会安定、盛世收藏，以及我国特殊的文化背景和社会、公众的广泛认同，珍贵木材的社会需求越来越旺盛。

4.3 珍贵木材的进口阻力越来越大

我们从国外进口松、杉类大路材，总体来说阻力不大，因为这些木材基本来自人们普遍认为是可持续的人工林。但进口珍贵木材的情况就大不一样，这些木材基本来自于热带阔叶雨林。近年来，保护热带雨林的呼声越来越高，进口的难度也就越来越大，我国使用进口珍贵木材的企业面临的危机也就越来越严重。所以必须早下决心，尽快行动起来，积极推动我国珍贵用材树种资源的培育。

4.4 珍贵用材树种资源的培育没有得到足够的重视

建国以来，由于我国民众消费层次长期处在低档位上。因此，我国木材培育的目标是满足人民有房住、有家具用，有柴烧。培育的树种主要是速生的松树、杉木、杨树、泡桐等等。这些树种都是生长速度较快的针叶树和软阔叶树。其木材松软，加工便利。如杉木，主要用于农民盖房、建筑上用作脚手架。因为这类木材的取用对象是普通老百姓，国家财政上也给予了大力扶植。但珍贵木材的培育，却没有得到足够的重视。对于培育珍贵木材资源，印度做的工作值得我们借鉴。据报，印度在 20 世纪早期便开始种植檀香紫檀。这种木材主要是向我国出口，但 20 世纪绝大部分时间我国处于战乱和革命，根本没有对檀香紫檀的需求。20 世纪末期，我国经济情况开始好转，这时，印度人工栽培的檀香紫檀正好开始进入采伐期，于是，印度利用檀香紫檀大发其财，甚至还不愿意卖给我们。目前市场上见到的紫檀木多为那时印度培育的人工林木材。仅此一点可见，印度在那个年代做出培育檀香紫檀政策是十分正确的。木材的培育是一项长远的战略任务，决策者要站得高、看得远，要看到 50 年以后、100 年以后。

4.5 珍贵木材的培育是我国木材工业的薄弱环节

珍贵木材的消费属于高档消费。由于建国后很长一段时间，珍贵木材没有消费对象，也不可能有消费对象(当时被认为是封建主义、资产阶级生活方式)，珍贵用材树种的培育，根本没有列入议事日程。近些年来，珍贵木材的需求渐次扩大，但由于取用对象是富裕阶层，故其树种资源的培育也没有得到国家财政的大力支持。因此，珍贵用材树种资源的培育一直是薄弱环节。一方面，社会对珍贵木材的需求在扩大，另一方面，资源培育的工作没有及时跟上来。结果造成我国珍贵木材几乎完全依赖进口。由于历史的原因，我国珍贵用材树种资源的培育缺口极大。现在，红木类及类红木类的珍贵木材，如紫檀木、酸枝木、花梨木、檀香木等几乎全部依赖进口。橡木、榉木等珍贵木材也大都依赖进口。我们每年都要花费巨额的外汇用来购买这些珍贵木材。根据中国红木委发布的2013年上半年中国红木进口形势分析报告，2013年上半年，我国珍贵阔叶木材(单价在400美元/立方米以上)进口量达550.67万立方米(以原木材积计)，同比增长75.81%。其中，珍贵阔叶原木累计进口175.76万立方米，珍贵阔叶木材锯材累计进口264.03万立方米。2013年上半年，累计进口的珍贵阔叶锯材总量首次历史性地超过原木进口总量。现在，杨木、桉木、杉木、松木、这样的大路材，我们不仅不缺，有的还出现了销售上的困难。我国木材安全问题最突出的，就是珍贵木材供应严重不足。因此，珍贵用材树种资源的培育是解决我国木材安全问题的重中之重。

4.6 我国种植珍贵用材树种的条件

4.6.1 树种资源

我国地跨热带至寒温带，每个地区都有相应的适合当地生长的珍贵用材树种。我国特有的红木类的树种就有两个，即海南的降香黄檀和云南的黑黄檀。此外，全世界各种包括红木类树种在内的珍贵用材树种都可以在我国种植。现在，红木类的紫檀属、黄檀属、铁刀木属等多种国外珍贵用材树种都已在我国引种成功。除了红木类树种外，我国各地均有各自的珍贵用材树种，如北方的水曲柳、黄波罗、核桃楸、榆树，南方的楠木、榉木、黄檀、铁力木、格木，还有遍及南北的橡树等等。

4.6.2 土地资源

我国尚有0.57亿公顷宜林荒山荒地、0.54亿公顷左右的宜林沙荒地、相当数量的25度以上的陡坡耕地和未利用地，可以用来种植珍贵用材树种。很多珍贵用材树种都生长在土壤瘠薄，水肥条件较差的地块。

4.6.3 政府主导

我国政府在国土绿化工作中一直在发挥着主导的作用。在制定我国国土绿化规划、计划时，要把珍贵用材树种资源的培育作为战略任务。应当把国土绿化中树木的种植与木材的利用结合起来，藉此大力发展珍贵用材树种的培育工作，满足日益增长的市场需求。珍贵用材树种资源的培育，是国家的百年大计，应当得到政府的高度重视。我国有集中力量办大事的能力和传统，在珍贵用材树种资源的培育上，可以得到很好的体现。

4.6.4 国家补贴

近年来，国家财政加大了对珍贵用材树种资源培育的支持力度，这对于解决我国珍贵木材极度缺乏，进而解决我国木材安全问题有极大的推动作用。目前，有一种观点认为，珍贵木材的需求对象是富裕阶层，国家财政补贴主要用于普通民众，不能花在富人身上。这种观点有失偏颇。珍贵木材的消费对象的确不是普通老百姓，但种植珍贵用材树种的人绝大多数是普通农民，有很多农民还处在贫困之中，政府的补贴用于珍贵用材树种资源的培育，实际上就是把钱花在了最需要政府补贴的普通农民身上。此外，在漫长的树木生长过程中，种植者一般是很难得到经济效益的。而在这个过程中，国家和社会得到了生态效益和环境效益。因此，国家对珍贵用材树种种植应当给予一定的补助。为了鼓励社会各界都能够参与珍贵用材树种的种植，这种补助应当是一视同仁的。谁种了，谁受益，不管是农民还是企业。现在珍贵用材树种的种植，有的可以从政府免费得到苗木，有的可以得到政府的种植补贴，有的什么也得不到，这不公平。为了使补助真正落实到珍贵用材树种培育事业上，可以考虑在珍贵用材树种栽植三年以后，按实际保有的面积发放。

4.6.5 企业参与

由于珍贵木材有很好的市场前景，部分企业主动介入到珍贵用材树种资源培育行业。这是一个很好的开端，为我国珍贵用材树种资源培育注入了有生力量。但大部分企业对林业这一行业不熟悉，以为林业只不过是挖坑栽树而已，实际上林业远没有那么简单。珍贵用材树种的资源培育，里面的学问很多。具体某一地块是否适合栽种何种树，应该怎么栽，如何管护，有什么注意事项，都需要认真地研究。此外，珍贵用材树种的资源培育周期长，企业需要得到政府在资金与政策上的支持。政府有责任调动更多的企业参与到这个行业中来，并保护好参与企业的合法权益。

4.7 珍贵用材树种培育方式

4.7.1 荒山绿化

我国有大量的宜林荒山、荒坡、荒沙以及石漠化地区，可以结合绿化工程，选取适宜的地点种植珍贵用材树种。我国北部一些沙荒地，种了不少欧美杨，这些树的材质比较差，实际上那些地方大都可以种当地随处可见的榆树。榆树是北方适生范围非常广的乡土树种，榆木则是很好的珍贵木材。南方的石漠化地区，也可以栽植一些珍贵用材树种。我国特有的红木树种——降香黄檀，其木材的心材就是我们常说的黄花梨，高品质的黄花梨就长在石头缝里，完全可以用于我国南方部分地区的石漠化治理。

4.7.2 采伐迹地更新

据第五次(1994—1998年)森林资源清查数据显示，全国采伐迹地面积为25060亿公顷，占林地总面积的4.39%。第七次全国森林资源清查结果显示，全国天然林采伐量下降，人工林采伐量上升，占全国森林采伐量的39.44%，上升12.27%。近年来，我国每年采伐超过2亿立方米的木材，这些木材采伐后，需要在采伐迹地上进行更新造林。更新造林的树种选择应当优先考虑珍贵用材树种。一些地方，刚刚采伐完杉木，又把杉木苗在采伐迹地上栽起。他们根本没有想过，有没有更好的树适合于他们种植。他们知道怎么种杉木，他们一直在种杉木，所以今后还要种杉木。殊不知，仅从林地的科学利用角度而言，这样的做法都有欠考虑，何况还有经济价值、生态效益更好的树种。

4.7.3 退耕还林地

据第二次全国土地资源调查结果，全国还有431万公顷(6471万亩)25度以上陡坡耕地，以及大量严重沙化耕地。对这些土地实行退耕还林是必然的选择。退耕还林地一般对造林而言是比较好的地，种植珍贵用材树种一般没有问题。根据今年年初全国林业厅局长会议精神，新一轮退耕还林将在年内启动。应当积极引导农民更多地利用退耕还林地种植珍贵用材树种。在第一轮退耕还林造林的2940万公顷(4.41亿亩)中，有一定数量的土地没有按照适地适树的原则造林，如一些地区将欧美杨成片地栽到山上，形成大量的小老头树，没有给农民带来利益。对这样的林地，应当尽快加以更新，并有选择地种植珍贵用材树种。还有的退耕还林地栽植的树木为工业原料林、或药用林，由于各种原因，计划中的工厂、药厂告吹，致使农民种的树木根本没有任何用途，这样的林地也应适时加以改造，种植一些珍贵用材树种。

4.7.4　湿地生态恢复

我国湿地面积6600万公顷，占世界湿地的10%，位居亚洲第一位，世界第四位。湿地是陆生生态系统和水生生态系统之间的过渡性地带，其土壤浸泡在水中的特定环境下，长有一些具有湿地的特征植物。湿地的生态恢复，也包括这些植物的恢复。在湿地生态恢复中可以适当地选取一些耐水湿的珍贵树种，如蒙古栎、楸树、女贞、南方的秋枫、香樟、龙脑香科树种，其耐水湿性能都比较好。海南的降香黄檀，其原生地为山地，一些文献资料认为其忌水湿，实际上，近来发现，其耐水湿的性能很好。

4.7.5　工矿弃地的生态恢复

有学者估计，至21世纪中期，我国因生产建设而人为破坏的土地将达400万公顷。这其中，以工矿废弃地为多，包括：采矿形成的破碎山体、排土渣区、尾矿区。这些区域的生态恢复多以种植树木为主要手段。树种的选取，可以采用珍贵用材树种，如榆树、皂角等。这些树种有吸附重金属的能力，这是消除工业废弃地污染的有效方式。

4.7.6　与城市绿化很好地结合起来

我国城市绿化用地可以用来培育珍贵用材树种。城市绿化用地一般占城市市域面积的30%左右。城市占用的土地大都比较平缓，交通条件较好，有利于树木的种植与管护。城市绿化用地是一个庞大的珍贵用材树种培育的土地资源。但是，我国城市绿化没有和珍贵用材树种资源的培育很好地结合起来。很多城市种植的是没有太大价值的杨树、梧桐等软阔叶树种及一些针叶树种。珍贵用材树种大多是硬阔叶树种。这些树种除了可以提供珍贵木材以外，往往具有更好的生态效益和观赏效果。这些树种一般树形高大、枝叶开展、叶片宽厚，有很好的防风防沙、遮阳庇荫、隔音防燥、改良土壤、保护水土、防火防虫的效果。很多珍贵用材树种还结有果实，累累硕果也为城市增添了一道靓丽的风景，这些果实又为森林里的小动物和鸟类提供了食物。这可以提高我们的城市森林生物多样性，会使我们的城市森林出现鸟语花香，小动物上下其间的生机活泼的景象。大多数珍贵用材树种都是长寿树。只有长寿树才能传承历史和文化，一座城市没有一些像样的百年、或数百年，上千年的大树，这座城市就没有历史、没有文化。与城市绿化一样，我国的村屯绿化、房前屋后，地角田边的绿化，都可以采用珍贵用材树种。橡树是珍贵用材树种，也是很好的绿化美化树种，叶片肥厚，青翠欲滴，一到秋季，一片金黄，有的是一片通红，观赏效果十分突出，还可以结橡子。橡子不仅是小动物的食物，也是我们人类的食物，橡木更是很好的珍贵木材。我国橡树资源非常丰富，从黑龙江到云南均有分布，可以在城市绿化中大力推进橡树的培育。柿树的木材材质优良，树形高大挺拔，树叶入秋即变黄变红，有很好的观赏价值。特别是果实，色泽金黄，可以经冬不落，这在万木萧条的北方秋冬季节，景观效果尤其显著。城市的绿化美化树种是城市的名片，一座城市的品位，完全可以从这座城市栽植的树木体现出来。

4.7.7 以珍贵用材树种改造现有的人工纯林

根据第八次全国森林资源清查，我国人工林保存面积6933万公顷，蓄积24.83亿立方米，人工林面积继续保持世界首位。我国有大面积人工针叶纯林(松树、杉木)和人工软阔叶纯林(杨树、桉树)，仅杨树人工林面积就超过550万公顷，桉树有420万公顷，这些人工林生态稳定性极差，极易发生火灾和毁灭性病虫害。这些森林需要进行林种结构的调整。可以用珍贵用材树种与这些人工林混交。如果在这些人工林中提取15%的林地用于珍贵用材树种的培育，不仅可以生产大量的珍贵木材，而且也可以大大提高我国人工林的生态质量。要在人工纯林中大力推行疏针补阔、疏软阔补硬阔。绝大多数的珍贵用材树种抗病虫害、抗火烧的能力强，生物量大、生物多样性丰富，是改造现有的人工纯林的最佳选择。尤其是乡土珍贵用材树种，其改造现有的人工纯林的作用更应得到高度的重视。对于新造的速生林，也应做出相应的规定。如广东梅州市规定，工业用材林建设不允许搞纯林，必须混交至少20%的阔叶树。

4.7.8 与能源林结合

珍贵用材树种资源的培育与能源林的培育看似相互矛盾，实际两者可以很好地结合起来。一些珍贵用材树种因其密度大、热值高，因此也是非常优良的能源林树种。选择一些枝条萌发力强的树种，如柳树、铁刀木、印度紫檀、刺槐、榆树、辽东栎、栓皮栎、合欢等，当其胸径达15厘米左右时，离地面3米处砍去树冠，待其萌发新枝，留若干壮条，4~5年伐条一次充作薪材，树干长大以后即可作为珍贵用材。伐倒的树干如能保证其材检尺长达到2.6米，即可满足一般高档制品用材需求。此法亦可作为以短养长的范例。西北沙区的农民多用此法种植旱柳，但所留主干高度不够，有的仅高1米，难以成材。旱柳木材心材浅红褐色或暗红褐色，木材具光泽，气干密度可达0.588克/立方厘米，冲击韧性甚高，可以有来制作运动器材和医用器材。也是很好的庭园树种和行道树种。

4.7.9 与食用油料林建设结合

大部分木本油料的质量优于草本油料。木本油料林的建设关系到我国粮食安全和人民健康水平的提高。油茶是我国南方广为栽培的木本油料树种。茶油的品质优良，有极好的保健作用。油茶树的木材是珍贵用材。其木材浅红褐色，结构甚细、均匀，纹理斜，材质坚硬、密度大。可制作农具、家具、玩具，可用于雕刻。但这部分木材几乎没有得到很好的利用。油橄榄的木材也是很好的用材，可以制作工艺品等。核桃是我国分布最广的木本油料林，其木材边材浅黄褐或栗褐色，心材红褐或栗褐色，有时带紫色。间有深色条纹，久露空气中则呈巧克力色。气干密度为0.686克/立方厘米，抗弯强度为1065千克力/平方厘米，冲击韧性为1.130千克力/平方厘米。木材有光泽、耐腐蚀。可做高档家具、乐器及雕刻及飞机机翼和螺旋桨。

4.7.10 与果用林建设结合

许多果树的木材是珍贵木材。核桃、板栗、枣、柿子、黑枣、银杏等树种都是珍贵用材树种。柿树由辽宁至两湖、两广均有分布，材色黄褐或微红，气干密度可倒0.820克/立方厘米，木材重硬、耐腐，是很好的家具和工艺品用材。南方的龙眼和荔枝是著名的果品，其木材物理力学性能与红木相当，是非常珍贵的木材。龙眼木边材浅红褐至浅黄褐色，心材暗红褐至黄红褐色。木材有光泽。气干密度可达1.020克/立方厘米，端面硬度达1639千克力/平方厘米，木材甚硬、甚重，耐腐，纹理扭曲，可以用于加工人物、鸟兽的雕刻工艺品，如利用其纹理扭曲、树瘤疤痕，会有更好的工艺效果。荔枝木，心材暗红、有光泽，气干密度可达1.020克/立方厘米，端面硬度达1650千克力/平方厘米，纹理斜或交错，材身呈水波纹。遗憾的是，很多地方没有把这些珍贵木材很好地利用起来。我国栽培果木的历史非常悠久，如枣树，有4000年的栽培历史，荔枝，有2000年的栽培历史，但主要目的就是取果，而不是取材。基本没有人考虑到，这些树长大了、成材了，树木的木材会有什么利用价值。为了取果的便利，这些树木被修剪成低矮的形状，有的任其生长，没有主干，歪七扭八。到了需要进行树种更新时，或树木自然死掉时，根本没有可以作为利用的木材，只能烧火。有的地方不再烧柴做饭了，反倒造成了清理上的麻烦。如果采用果材两用的培育果树的种植模式，不仅可以为国家培育战略资源，而且也会为果树种植者带来可观的经济收入。今后在大力推进果材两用的珍贵用材树种资源的培育工作中，要把多出材、出好材作为一个重要的任务。

4.7.11 与工业原料林建设结合

珍贵用材树种资源的培育在工业原料林建设中可以大有作为。在工业原料林中，很多树种就是珍贵用材树种。可放养紫胶虫的黑黄檀，与降香黄檀一样，同为我国特有的红木树种。黑格树、其心材黑褐或巧克力色，木材有光泽，气干密度可达0.829克/立方厘米，材质坚韧硬重，色泽美观，略似红木，为高级家具用材。生产软木的栓皮栎，其木材心材红褐或鲜红褐色，气干密度可达0.923克/立方厘米，木材重硬，也是很好的用材。树叶可浸提芳香油的紫油木，其木材心材暗红色，久露空气中转紫红或深褐色，常具黑色条纹，有光泽，木材重硬，可替代红木做高级乐器或雕刻工艺品。在医用原料林中，珍贵用材树种也占有一定的比重。如：我国黄河以南、五岭以北均有分布的杜仲，其树皮含有桃叶珊瑚甙，可降血压，果实、树叶、树皮可提取杜仲胶；其木材黄褐色微红，纹理直，气干密度0.762克/立方厘米，加工性能良好，可制作家具、木结构、雕刻，及农具。除皮可入药外，其叶、皮、果均含有植物硬性橡胶。此外，还有可以提取黄连素的黄波罗等。在传统的工业原料林建设中，一般不太重视木材的培育。如为放养柞蚕的柞木(蒙古栎)，是优良的珍贵用材。我国东北三省营建了大面积的柞树林，仅辽宁就有60多万公顷，但这些柞木基本不具有用材价值。此外还有一些柞树林已经荒弃，不再养蚕，需要按照用材林的标准进行改造。

4.8 珍贵用材树种的培育应注意的事项

4.8.1 采用近自然的经营方式

珍贵用材树种的培育与过去速生丰产用材林的培育有所不同。我们传统判别树种的优劣，就看生长速度。长的快的品种就是好品种。珍贵用材树种优劣的判别，主要是其木材的质量。要保证珍贵木材的质量，必须在整个树木生长过程中，尽可能地按照这些树种在原生态下的生长条件进行管护。也就是说，珍贵用材树种的培育应当采用近自然的经营方式。

4.8.2 建立一个稳定的森林生态系统

珍贵用材树种的培育，不仅仅是简单地把符合条件的树种上就行了，而是要建立一个近自然的森林生态系统。在这样一个系统中，所有的动物、植物、微生物之间的关系是协调的稳定的。因此，我们关注的不仅仅是树木，要考虑到与树木相关的动物、植物和微生物，还要考虑到对环境的影响。只有这样，我们才能够培育出高质量的珍贵木材。要保留有鸟巢、蜂巢的树木，及其一定数量的高大树木；保留野生动物隐蔽地的树木；保留不易引起病虫害、火灾的枯立木、倒卧木；保留不影响林木生长的下木、灌草；保留部分可供野生动物(包括鸟类)栖息的灌木、草丛；保留部分长有地衣、苔藓、菌类等低等生物的树木。禁止在林下收集枯枝落叶，不得随意在林中采集蘑菇、木耳、山野菜，及摘采野花等。鸟类的保护对珍贵用材树种的培育有十分重要的意义。尤其是啄木鸟，可以有效防止蛀干害虫对树木的危害。珍贵用材树种一旦遭受蛀干害虫的侵袭，危害极大，轻者木材的等级会下降，重者会死树。打药是难以杀灭蛀干害虫的，能够有效对付蛀干害虫的就是啄木鸟，而且啄木鸟美丽动人，实在是森林里的一道靓丽景观。但一些地方到处张网捕鸟，啄木鸟也深受其害。

4.8.3 保护种植区域的原生态

要尽量保护珍贵用材树种种植区域的原生态。对原有的泉、溪、湿洼地、池塘周边，以及山崖、沟边，陡坡，石缝中的原生植物，包括灌木和草，这些植物对保护和涵养水土有着极其重要的意义。灌木丛和草丛还是一些鸟类和昆虫等动物的栖息地。这些动物对这个地区的生态平衡有着重要的作用。在新造林地上必须保留原生的乡土树种，保留一定数量的高大树木。千万不能因为原生地的高大树木对珍贵用材树种有遮蔽阳光的作用而将其砍掉。多数鸟类和蜂类为了安全起见，会把巢建在高树上。猫头鹰也会站在高高的树枝上雄视林间，以便发现正在糟蹋树木的老鼠。要避免大面积整地。有的地方为了种植珍贵用材树种采用机械进行大面积翻耕，造成肥沃的表土流失、生土暴露。还有的地方采用原始的方法进行炼山。这些作法不仅破坏了原生态，而且也十分不利于珍贵用材树种的生长。很多珍贵用材树种需要原生态的环境，有的树种还需要伴生树种和寄主树种。原生态下的各种各样的动物(包括昆虫)、植物(包括灌草、地衣、苔藓)、微生物(包括菌类)，对珍贵用材树种的生长都有可能会起到至关重要的作用。此外，珍贵用材树种的幼树的生长是需要其他树种和灌草遮蔽的，让这些幼树暴露在裸露的土地和岩石上，难以躲避炎炎烈日，不利于其正常生长。原生态的保护还包括尽量保持原有的地形、地貌，避免挖山填谷。要尽量少用大型工程机械，提倡节约不可持续的化石能源，提倡使用畜力。如德国对于使用畜力集材，补助实际费用的50%。

4.8.4 实行混交

要避免大面积的纯林。无论种植何种树木，大面积的纯林都会引起生态问题。要提倡采用不同树种的混交。混交以块状混交为最佳。株间混交和行间混交，会因树种的生长速度不一，造成长得快的压住了长得慢的。一些地方将降香黄檀与柚木进行株间混交，这在幼龄期是没有问题的，但柚木的生长远远快过降香黄檀，很快降香黄檀便会被淘汰出局，最终为了保住降香黄檀，只能忍痛将柚木砍掉。显然，这种混交是不可取的。

4.8.5 提高截干高度

在珍贵用材树种培育过程中，有时需要对树木进行截干处理。目前出圃的很多树种，其截干高度，不是根据树木的最终用材来确定，而是怎么方便怎么来。所以很多树，1米多高就被去头，这样的树木其最终木材利用价值非常低，制作家具、人造板尺寸都不够，耽误了材料。从用材的角度讲，刨切材材长一般在2600毫米以上，胶合板的长向尺寸为2400毫米，这样截干高度定为3米比较适宜。这样的树木，将来在制作包括家具在内的各种木制品都没有问题。将截干高度提高，有利于行人与行车。现在很多城市行道树，由于截干高度过低，常常发生剐蹭车辆和影响行人通行及遮挡行人视线的问题。

4.8.6 正确修枝

珍贵用材树种培育的一个重要的环节是修枝。修枝可以去掉多余的枝条，使得营养集中到树木的有效木材生长。修枝可以防止树木的侧枝横生，减少结疤，以便生产出更多的干形通直的无节良材，还可以使树形美观。珍贵用材树木的修枝不可过早，过早则影响早期生长；也不可过度，否则会造成后期树木成长缓慢。修枝的时机以早春为宜。早春修枝后，很快进入生长季节，切口容易愈合。修枝时，以锋利的快刀紧贴树干，自下往上修割，要保持切口平滑，防止拉伤与撕裂，以利伤口愈合。修枝的断口要与树干平行，这样断口会很快被树液包裹，最终生长的树皮会将伤口完全遮盖。断口切面不能朝上，否则，雨水雪水会顺着断面的木质部进入树干内部，形成腐烂和空洞。有的地区修枝，茬口过高，容易形成木材的死节，严重影响木材的质量。高档黄花梨的木材，会呈现出类似鬼脸的纹理，这种纹理就是木材在生长过程中侧枝形成的节疤（活节）。因此，对黄花梨一类的木材，应当在干部留有一定数量的侧枝，不能一股脑全部打掉，像目前很多种植企业所做的那样。此外，打掉侧枝，只留下顶部的枝叶，会造成头重脚轻，极易倒伏。在截除粗大的侧生枝干时，应先用锯在粗枝基部的下方，由下向上锯入1/3～2/5，然后再自上方基部略前方处从上向下锯下，这样可以避免劈裂。最后再用利刃将伤口沿枝条基部切削平滑，并涂上护伤剂，以免病虫侵害和水分散失。

4.8.7 控制生长速度

要适度控制生长速度。长得过快，培育不出我们真正需要的高质量的珍贵木材。

尽量不浇水、不施肥，任其自然生长。在珍贵用材树种培育过程中，可以采用打掉部分枝叶的办法，控制植株的过快生长。现在，一些企业将降香黄檀种在土层深厚肥沃的地里，而且大量浇水、施肥。结果使降香黄檀的生长速度大大加快。过快的生长造成了降香黄檀树木的心材密度下降，管孔直径增大。根据《红木》国家标准的规定，香枝木类必备条件为：木材含水率12%时气干密度大于0.80克/立方厘米，及平均管孔弦向直径不大于120微米。也就是说，如果树木生长速度太快，密度达不到标准，或管孔直径超过标准，那么，即使我们栽植的就是降香黄檀，最终还是长不出香枝木(即黄花梨)来。一些地方种植的降香黄檀生长过快，以致小树自身木质化程度过低，根本直立不起来，不得不为每一个小树绑上竹竿。满山遍野为小树绑竹竿，消耗了大量的人力物力。

4.8.8 搞好密度控制

密度控制是珍贵用材树种培育的最重要的一环。初植密度要相对高一些。树木在中幼林龄阶段，相对高的密度会使植株个体之间，争光透气，努力向上，形成干形通直的高树。对林地利用率而言，初期生长当以高生长为主，后期生长以径生长为主。如初期种植密度过低，树木个体之间，没有向高处生长的压力，则形成侧枝横生，高生长受限。因此，需要在整个林木生长过程中，通过抚育间伐，或移除部分树木，不断地调整森林的密度。为了保证林下生物对阳光的需求，还要通过密度调整，使阳光能够透过树木的枝叶，直接照射到地面上来。一般而言，森林郁闭度应当控制在0.7左右。

4.8.9 保护好森林枯枝落叶层

林间的枯枝落叶层对保护水土，提高土壤的肥力及疏松度有非常重要的意义。森林枯枝落叶层的腐烂造成每年每公顷3990千克的硝酸盐返回到土壤中，每年每公顷可固氮5~10千克。能够阻挡地表径流，使之渗入土壤储存起来，吸水量可以是它本身重量的2~4倍。可以减轻雨水和风对表土的溅蚀和地表径流的侵蚀作用。枯枝落叶层本身也是一个复杂的生态系统，从而增加了林间的生物多样性。

4.8.10 要提倡使用直播造林

珍贵用材树种多是主根发达的树种。由于苗木的主根较长，在起苗时往往需要断掉主根。因此，重新植苗后，主根受到破坏的根系可能会永远失去向土壤深处及岩缝中吸收水分和养分的能力。这一能力的缺失，会严重影响植株的抗旱、抗寒、抗病虫害的能力，也会影响树木的寿命。容器苗则由于苗木的主根发育很快，最终只能盘绕在容器的底部。当容器苗定植以后盘绕的主根向下发育的能力也会受到影响。最自然的方法有时是最好的方法。直接播种造林是最自然的林木繁育方法，最有利于林木的主根生长。采用这种方式造林可以大大提高珍贵用材树种的成活率、保存率，以及珍贵用材树种的抗性和寿命，还可以大大节约造林成本。

4.8.11 利用自然的力量防治病虫害和防止火灾

森林发生病虫害与火灾，多半由于这样的森林处于生态不平衡、不稳定的状态。这时候，自然界就要通过特殊的手段——病虫害与火灾改变这种状态，最终使森林生态系统达到平衡。所以，有时我们面对病虫害完全可以不动声色，静观其变，让自然力去做调整。德国巴伐利亚州政府和林业局20世纪做了一个有益的试验。该州国家森林公园的原生树种是山毛榉、冷杉等，后来人们为达到经济最大利益而伐掉了这里的原始林，种上了云杉纯林。后来林间发生小蠹虫为害，但保护区并没有大举采用人工防治措施，而是任其发展。此后，在枯死的云杉林中长出了大量的山毛榉与冷杉树，原来一些山毛榉、冷杉也迅速占据了上层，并大量自然更新，由此形成了新的森林群落。这个森林群落是自然的群落，所以是稳定的群落，而且山毛榉作为珍贵用材树种，其市场价值远远高于云杉。山毛榉与冷杉的混交林抗森林火灾的能力也远比云杉纯林为好。我国连云港沿海防护林的主栽树种黑松，十年前曾遭受松材线虫为害，一部分黑松死掉以后，当地的乡土树种——橡树在原地自然生长起来。形成了松橡混交林，而橡树不仅是生态稳定性好的树种，更是价值高的珍贵树种。

4.8.12　保护森林中的亚乔木树种

亚乔木树种在北方分布有：毛赤杨（水冬瓜）、暴马丁香、山桃、山槐、山丁子、稠李、青楷子、花楷子等。南方的亚乔木更是多得不胜枚举。这些亚乔木是构成稳定的森林生态系统不可缺少的组成部分，但亚乔木的作用往往容易被忽视，甚至会被作为伐除的对象。亚乔木是上层乔木的伴生树种，有的还是寄主树种，在整个森林生态环境中对主林层的乔木起着改善整体森林环境，加快整枝，促进林木生长发育，对维持森林生态系统的平衡有无可替代的作用。此外很多亚乔木也是很好的资源树种、观赏植物，如海棠、碧桃、樱花、紫叶李、榆叶梅、白玉兰、紫薇等等。这些树种的存在可以大大提升森林的观赏价值和经济价值。

4.8.13　控制浇水与施肥

珍贵用材树种，多为野生树种，这些树种在自然条件下均可茁壮生长。如北方的榆树，在公路水泥隔离带中的缝隙中都可以生长。这些树种是不需要特殊的人工管护的。但我们的一些种植企业往往把这些树种当“宠物”养，使劲地浇水施肥，其结果不仅浪费了大量的人力物力，而且往往适得其反。树木的根系有趋水趋肥的自然属性，如果树木可以很容易地在表层土壤中得到人工浇的水和施的肥，树木的根系便不会向下发展，从而失去深入到地层深处找水、找肥的能力。一旦由于各种原因，人们不再浇水、不再施肥，树木便失去生存的能力。这样人工“喂养”的树木，抗病虫害、抗火灾、抗恶劣天气的能力都会很差，寿命也要比自然生长的树木短。此外，树木的根系都聚集在土壤的浅层，遇有大风，极易被刮倒。树木栽植三年以后依然依靠浇水和施肥才能存活，说明这种树种不适合在当地生长，应当予以更换。给树木施加有机肥有时也不是一个好主意。我们一般会认为，有机肥是干净的肥料，是没有污染的。但现实情况是，有机肥的主要来源是禽畜类的粪便。我国饲养的禽畜，很多都需要定期打抗生素，不管有病没病，一律都要打。即便是鱼类，为了防止生病，也要在饲料中拌和抗生素。这些含有抗生素的粪便被当作无污染的有机肥被运到地里，由此形成对土壤和地下水的污染。人的粪便也是如此，我们往往过量地吃进和打进了抗生素，此外我们还不得不吃进含有抗生素的各种肉类和鱼类。需要说明的是，一些抗生素是人工合成的物质，不能够在自然状态下降解。所以，珍贵树种既然不需要施肥，我们就不施肥，这样我们至少可以保证，我们能给我们的后代留下一片干净的林地。

4.8.14 保护乡土树种

在珍贵用材林资源培育过程中，必然要推广一些品质高、生长快、抗性好的优良品种。但这并不意味着用这些优良品种完全取代当地的乡土树种。优良品种的概念的是相对的概念，不会总是一成不变的，时间改变了，原来认定的优良品种就不优良了，反之亦然。实际上不会有哪一个树种能够同时具备我们实际上所需要的所有优点。如对工业用材树种，能否速生就是评判的主要依据，至于是否同时具备材质坚硬的特点，也就没有人注意了。事实上，往往速生材的材质都较自然生长的要差。所以，在推广优良品种的过程中，要特别注意保护当地的乡土树种，这些树种在当地可能已经生活了千万年了，事实证明它们最适合在这片土地生长。一旦遭遇极端恶劣的气候条件，最后能够坚持下来的还是它们。将来的优良品种有可能就在这些乡土树种中选取。如果我们用目前的优良品种将其取代了，那将是无可挽回的损失。实行粗放经营的林地和散生林地可以考虑更多地种植乡土珍贵用材树种。

4.8.15 限制使用化肥及各种药剂

4.8.15.1 化肥

我国一些地区部分人工用材林大量施加化肥，造成林地土壤板结。部分化肥随雨水顺坡流入江河，有的渗入地下造成水质污染。部分化肥还会弥散至空中，造成空气污染。珍贵用材树种培育要特别注意防止这种现象。我国给树施肥，一般只在树木生长的早期施加，待树木长大后即停止施肥。中国林业科学研究院热带林业研究所曾经做过对比试验，一组树木早期施加化肥，一组树木早期不加化肥。前一组在施加化肥以后，生长明显快过不加化肥的那组树木，但在停止施加化肥以后，这组树木立即进入停滞生长状态，因为这组树木在停止供应化肥后需要寻找新的肥源，而这需要一段时间。而第二组树木保持原来的生长速度。到采伐时两组树木生长速度基本一致。他们的结论是，是否使用化肥，对树木的最终生长根本不起作用。现在，我国最大的面源污染就是农业使用的化肥污染。如果林业也大规模地使用化肥将会造成不可估量的后果。由于林地多为山上的坡地，施加化肥以后很容易随着雨水流入江河，因此林业使用化肥对环境的影响要大于农业。

4.8.15.2 除草剂

由于农业用工成本越来越高，导致除草剂的大量使用。除草剂的销量一直在农药中排在最前面。除草剂在使用过程中，必然会杀伤大量非靶标生物，致使害虫天敌及其它有益动物死亡。除草剂还会残留在土壤里。此外，除草剂的使用也会给环境和人体健康带来一定的危害。农业上使用除草剂，我们不便非议。但林业也大量使用除草剂，带来的危害是不可估量的。实际上，林下的灌草不仅不需要除掉，而且对提高森林生物多样性有非常重要的作用。幼龄林的管护要特别重视除草，但是，只有灌草影响到幼树生长时除草才是必要的。要充分利用林间的采伐剩余物、枯草、石块堆积在幼树周边，这样可以对杂草的生长起到占压作用。距幼树较远的杂草对幼树的生长不仅没有影响，而且还有庇护作用，没有必要除掉。

4.8.15.3 杀虫剂、灭鼠兔药

珍贵用材树种的培育要特别注意慎用杀虫剂及灭鼠兔药。事实上，一有虫便打药的危害最大。一打药，鸟就不来了，虫子没有了天敌，自然就会泛滥开来。打药的结果还会增加虫子的抗药性，再打药就需要加大用药的剂量。这种“道高一尺，魔高一丈”的竞赛，最终受害的是人们赖以生存的环境和人类本身。在自然状态下，一有虫，鸟就来了；虫子多了，来的鸟也就多了；鸟来的多了，虫子就少了。如果我们的森林不是纯林，一般情况下，鸟和虫会保持一种生态平衡的状态。使林间有虫而不为害，保持林间的生物多样性，应该作为我们珍贵用材树种经营的一个重要目标。森林里的动物、植物、微生物之间的关系是一种“你中有我、我中有你”的和谐关系。没有绝对的害虫、害兽。毛毛虫吃树叶是害虫，没有了毛毛虫，鸟也就不来了，而没有鸟的林子是没有生气、没有活力的死林子。在林子里一个虫都见不到，绝对不是好现象。此外，我们对毛毛虫与林木的矛盾的一面看得多了，其与林木共生和谐的一面往往很少看到或根本没有看到。很多食叶害虫的活动强度与温度的升高成正比关系，温度越高，虫子的活力就越大，吃掉的叶子也就越多，这样就减少了树木枝叶的蒸腾，树木便不会因过分失水而枯死。森林的经营者眼睛不能只盯着树，还应该站在一个更高的层次上看看林子里有没有鸟，有没有蝴蝶、蜜蜂乃至树叶上有没有毛毛虫。对于林间的鼠兔为害，也可以做等量观。

4.9 珍贵用材树种资源培育工作的科技支撑

4.9.1 种质资源的收集保存

珍贵用材树种种质资源的收集保存工作目前做得还不够全面和系统，有一些珍贵用材树种的种质资源还没有被充分认识，还有一些珍贵用材树种资源处于濒危之中，没有得到很好的保护。珍贵用材树种的种质资源是国家的重要战略资源，一旦丢失，无法挽回，后果十分严重，应当加紧收集和保存工作。当前尤其要做好从国外引进的珍贵用材树种的种质资源的保护工作。

4.9.2 良种选育和新品种培育

珍贵用材树种的良种选育和新品种培育工作以前曾经零星地做过，但总的说来这方面的工作相当薄弱，一些特别珍贵的用材树种的良种选育和新品种培育工作很少或根本就没有做。新品种的培育是一项重要的工作，应采用品种之间的杂交、基因转移、辐射、辐照、空间诱导等方法，按照人们的需要来培育新的品种。现在一些地区珍贵用材树种资源培育基本上是有种就采，有苗就栽，盲目性很大。珍贵用材树种资源的培育涉及今后几十年，甚至上百年的长远利益。如果没有采用良种和新品种，将会造成土地资源和人力、物力资源的极大浪费。

4.9.3 引进国外品种

许多珍贵用材树种尤其是大部分红木树种，以及与红木树种材性相当的树种原产地都在国外。这些树种的种质资源都是十分宝贵的财富，应当从国家长远发展的战略角度，予以积极引进。此外，这些树种的原产地国大部分处于经济不发达地区，有的国家还处在政局动荡和战乱之中。因此，基本上没有人研究这些树种的培育及相关的种质资源保存的问题。这些地区的乱砍滥伐和木材走私现象也十分严重，长此下去，不仅这些珍贵用材树种的木材资源日趋枯竭，连这些树种的种质资源都很难保存下去。这些树种的木材价值极高，应当及时大力引进。以互利互惠的原则和科技合作的形式进行此项工作，可以取得很好的效果。目前，从印度引种的檀香紫檀，由于引进的时间不同、单位不同、地点不同，渠道不同，其发芽率，成活率及树木学特征差异较大。现引进的单位相互之间没有联系，各行其是，缺乏统一的计划与组织。

4.9.4 繁殖技术和栽培技术

珍贵用材树种繁殖技术和栽培技术是珍贵用材树种资源培育的两个重要环节。应当尽快研究和推广扦插技术、组培技术。珍贵用材树种的栽培技术需要认真研究，包括适宜的立地条件、施肥、浇水、防病虫害、打枝、间伐、管护等。

4.9.5 经营模式和混交模式

珍贵用材树种资源的培育需要解决的一大问题是如何以短养长的问题。需要根据不同的珍贵用材树种研究和选择适宜的经营模式，以便在漫长的珍贵用材树种生长周期中能够不断地产生经济效益。此外，珍贵用材树种资源的培育也需要搞混交林。对于某一个特定的珍贵用材树种和什么树种混交最为适宜，及哪一种乔木、灌木、草本植物、真菌类与这一树种伴生才能造就最稳定的森林生态系统，都需要很好地研究。一些珍贵树种，如檀香，属于半寄生树种。据报，降香黄檀也有寄生现象。对寄主植物的研究也应该系统地开展起来。

4.9.6 研究珍贵树种对人体的保健作用

很多珍贵用材树种既是很好的药用树种，也是很好的香料树种，如沉香、降香黄檀、檀香等等。人们对人体健康和保健的需求日益增大。人们已经知道诸如沉香、降香、檀香对人体健康的作用，而且有越来越多的人对此执迷神往。应当认真研究沉香林、降香黄檀林、檀香林、楠木林、橡树林等珍贵用材林对人体健康的作用，如对各种疾病的辅助治疗，对神经疲劳、精神焦虑的缓解等等。

4.9.7 加强应用基础研究

加强应用基础研究对珍贵用材树种资源的培育工作至关重要，但我国在珍贵用材树种的应用基础研究方面做得还很不够。如降香黄檀的木材，从其材质上可分为两种，一种心材紫黑色，有油质感，当地人称之为“油梨”；一种心材颜色略浅，无油质感，当地人称之为“糠梨”。前者售价远高于后者，但目前尚不清楚“油梨” 和“糠梨”是两个种，还是一个种。目前，仅从外观形态上根本无法区别，需要认真研究并加以科学地确定。另据云南林科院的同志介绍，檀香紫檀常因生长条件的不同，其木材材质也会出现很大的差异。珍贵用材树种的木材材性与立地条件之间的关系还需进一步深入研究。我国红木树种栽培区部分位于南亚热带，冬季偶有低温出现。因此，低温胁迫已成为限制我国红木树种引种栽培的关键。应加大对红木树种抗寒性机理的研究。珍贵用材树种人工栽培的最大问题是生长速度缓慢。如果用常规的培育速生林的方法，如施肥、浇水等对红木树种进行人工培育，达到速生极有可能，但因其平均管孔弦向直径可能会增大、密度可能会下降，因此如何培育既速生且密实的珍贵用材树种，需要认真研究。

4.10 需要更新的传统观念

4.10.1 关于“硬杂木”

由于改革开放以前，我们对木材制品的需求主要侧重于实际使用价值，不希望家具、床具太重，因为搬运起来费工、费时。以至于有一些宾馆竟将其高档的家具、床具换掉。此外，我们当时对木材的加工和干燥的能力也有限，对于硬、重的木材没有适合的刀具进行加工。因此，在木材的选择上往往取材质比较软、密度比较低，易于加工和干燥，且木材尺寸稳定性好的松木、杉木，而将一些难于加工的硬阔叶材统统归为硬杂木，被弃置一旁。东北的柞木一直作为硬杂木，被作为无用之材。蚬木在广西传统上只能用来制作切菜的砧板。现在看来，过去被视为硬杂木的树种很多就是我们今天所说的珍贵用材树种。

4.10.2 关于薪材和烧炭材

我国农村生活用能源大部分依赖于薪材。可作薪材的树种一般被认为没有多大的价值。实际上决定薪材的价值主要依据木材的密度，薪材的价值也是以质量来计算的。密度大的木材，其可燃烧的物质就多，火力旺，燃烧时间长，而密度大的木材往往就是珍贵用材树种的木材。南方热带地区以铁刀木为薪材，其心材深褐色至黑色，即红木中的鸡翅木，材质坚硬、抗腐抗虫，木材纹理呈鸡翅状，极其美观，是非常优良的珍贵用材树种。我国有数千年的烧炭历史。传统上认为可作烧炭的树种利用价值不大。如有的书籍记载，柞树除了可以烧炭外，没有其它的特殊的使用价值。实际上用以烧制木炭的木材多为硬阔叶树种的木材，如栎类树种的木材。

4.10.3 关于木材的斜纹理

由于加工能力的不足，过去我们对于易于形成扭转纹理、交错纹理的树种，也被视为劣等树种。对木材的斜纹（含扭转纹）、乱纹、涡纹均被视为木材缺陷。如国家标准《阔叶树加工用原木分等》规定，一等材、二等材扭转纹，小头 1 米长范围内的纹理倾斜高（宽度）不得超过检尺径的 20%、50%。国家标准《阔叶树锯材分等》规定，特等材、一等材、二等材斜纹高不得超过水平长的 5%、10%、20%。从美学的角度看，木材的扭转纹理、交错纹理可以达到非常好的装饰效果。现在，木材机械加工的水平完全可以满足各种纹理及硬度的木材加工。因此，制作高档家具、工艺品、装饰材料而言，易于形成扭转纹理、交错纹理的树种往往是很好的珍贵用材树种。

4.10.4 关于树瘤

树瘤也是一种木材缺陷，是因生理或病理的作用，使树干或树根局部膨大，呈不同形状和大小的鼓包。树瘤形成的木材被称作“瘿木”或“影木”。家具或工艺品制造中常有的有花梨木瘿、楠木瘿、桦木瘿、榆木瘿、樟木瘿、红豆杉瘿、柏木瘿等。“瘿木”因树种质地的不同而呈现独特的花纹样式，如葡萄纹、山水纹、芝麻纹、虎皮纹、水波纹、兔面纹等，其中以纹理形似山水、人物、鸟兽等者最为名贵。由于“瘿木”比其他材料更为难得，所以大都用作家具的面料，作为装饰材料。一件名贵家具有瘿木作陪衬，往往会使其价值得到极大的提高。此外，“瘿木”还可以直接制作成笔筒、花插、水盂、托盘、镇纸，或是人物、鸟兽等工艺品。我国一些地区对“瘿木”的认识很不到位，有的根本就没有认识。“瘿木”在林区多弃之不用，实在可惜。

4.10.5 关于速生

珍贵用材树种资源的培育，是国家的百年大计，不能指望短期内见到实效，需要几代人持之以恒、不懈努力才能有所成就。那种片面追求生长速度，使劲浇水、施肥，实际上无异于拔苗助长。对于珍贵树种而言，生长速度与材质是成反比的。没有捷径可言。目前，还没有发现哪一种树种，既能长得快，又能质量高。日本规定用于建筑的柳杉必须是慢生的，这样才能保证其建筑质量。他们为了使柳杉慢生，打掉树干沿高度三分之二以下的全部枝叶。那种希望珍贵树种资源培育在短期见效的想法是不切实际，急功近利，只能是适得其反。

4.10.6 关于径级

一说珍贵木材，人们立刻想到，这木材一定是用来做家具的，因此，必须大径级的材料。其实，珍贵木材不一定是做家具的材料，很多珍贵的工艺品，如佛像、文房用具，以及小摆饰、小挂件、小把玩件、手串等等，并不需要大材大料。这些物件在市场上很多都售价不菲。因此，珍贵用材树种实际上可以扩大到一些永远也长不大的灌木树种，如黄杨、荆条、酸枣、沙棘、檵木、花椒等等。一些小径级的间伐材也可以得到合理的应用。

4.11 以短养长、永续利用

珍贵用材树种的培育周期一般都比较长。可以通过建立林木流转市场、苗木的销售、观赏树木的销售；在林中建立森林康复医院、特色森林游憩、休闲、度假；发展林下种植、养殖业；开发使用小材小料的木质工艺品，如雕像、把玩件、文房四宝、餐具、乐器、兵器、烟具、玩具等等；开发药材、香料、饮料、食品等新产品等多种方式回收投资。森林的疗养和游憩功能是一个重要的经济功能。在很多时候，保护森林的游憩作用要比其提供木材的作用更重要。德国居民更多地把森林当作疗养场所。在工业区每年每公顷的森林就有1000人次造访。21.5万公顷的森林被划作疗养林。此外，270万公顷的森林作为自然公园供居民疗养之用。德国森林面积(1070万公顷)约1/3为疗养林。珍贵用材树种的资源培育还将要发挥森林的疗养作用作为以短养长的重要内容。

4.12 珍贵用材树种培育可以形成巨大的国民财富

20世纪中叶苏格兰林学家安德森便提出应当大力种植硬阔叶树，他认为这样做林业将产生更大的生态效益和经济效益。但他的意见没有得到足够的重视。二次大战以后，德国的森林被破坏殆尽，他们在战争的废墟上种植榉木和橡树，现在再将这样的高价值的木材卖给我们。法国在第二次世界大战后均为矮林或萌蘖林，只能作薪炭材，价值为每立方米200法郎，后来他们改种山毛榉，价值为每立方米3000法郎；改种橡木，每立方米1万法郎。近年来，一些发展中国家相继推出了种植珍贵用材树种的计划，如玻利维亚提出种植100万公顷的桃花心木，土耳其准备种植1亿株橡树。我国现有1000万公顷热带低质林，总价300亿，如补种珍贵材，30年后其价值可达4万亿。目前，我国林地面积3.04亿公顷(45.6亿亩)，如能拿出一亿公顷(15亿亩，即人均一亩)，改造和种植珍贵用材树种，可以形成一笔巨大的国民财富，也会使我国的生态环境得到很大的改善。这对于解决我国木材安全问题将会起到非常重大的作用。

中国林业生态产业评价指标体系研究

沈守云　廖秋玲　王薇薇

摘要： 本文从中国林业情况出发，以研究构建在实际运用过程中具有可操作性的林业生态产业评价指标体系为目标，通过对有关中国生态林业研究的参考和分析，论述了生态林业的概念、内涵及其相关概念的关系，并就如何构建生态林业指标体系的框架，如何进行指标的选取做了介绍。

1　林业产业与林业生态产业

一般来说，林业产业是以森林资源为基础，以获得经济效益为目的，以技术和资金为手段，有效组织和提供各种物质和非物质产业的行业，常指以培育、经营、保护和开发利用森林资源为主的事业。大体划分为森林的保护、培育及开发利用三块内容。其中，第一产业是森林资源培育业，主要包括林木资源及森林资源涵盖的其他多种资源的培育与管护等活动。第二产业是利用取自于第一产业的森林资源或其他行业的有形资源进行加工生产的产业，包括各种资源的采伐、采集、加工利用、制造等。第三产业包括商业、流通、交通运输、服务、森林旅游等产业。这些产业之间存在着密切的联系，但它们处于不同的层次。森林资源培育产业是其它林业产业发展的基础，它们为其他产业的发展提供资源条件和良好的环境支撑。第三产业既连接生产的各个环节，连接生产与消费，实现林业再生产过程，又为各项生产提供必要的服务。这些产业相互作用、互为推动，共同构成了完整的林业产业系统。2008 年，我国颁布了《林业及相关产业分类(试行)》，将林业及相关产业界定为：依托森林资源、湿地资源、沙地资源，以获取生态效益、经济效益和社会效益为目的，为社会提供(也包括部分自产自用)林产品、湿地产品、沙产品和服务的活动，以及与这些活动有密切关联的活动的集合。根据上述界定，林业及相关产业分为林业生产、林业旅游与生态服务、林业管理和林业相关活动 4 个部分，共 13 个大类、37 个中类和 112 个小类。

2003 年，我国全面调整了林业发展战略，林业从以木材生产为主向以生态建设为主的历史性转变，国家启动了天然林保护、退耕还林等六大工程，林业的生态效益和经济效益逐步得到重视，林业生态与林业产业正向均衡、协同的方向积极发展。随着时代的发展，林业产业已由传统的重要基础性产业，提升为复合型、战略性新兴产业群，其中涉及生物发电、生物柴油、生物制药、节能环保人造板建材、废旧木材循环利用等七大战略性新兴产业中的5项。

2007年，国家林业局贾治邦局长在林业厅局长会议上，围绕林业三大效益，结合国家建设生态文明的要求，提出建立以完善的林业产业体系、发达的林业生态体系和繁荣的生态文化体系为目标的现代林业。林业具有事业性和产业性的双重特征，具有改善生态环境和促进经济发展的双重职能，也因此可以分为两大体系：生态体系和产业体系，生态体系主要指的是森林资源性产业(以森林培育业为主)，产业体系则是包括了木材加工业、森林旅游业等在内的林业加工利用性产业。林业经济协同实践的进程是森林资源性产业与林业加工利用性产业之间不断向均衡高效的协同状态演进的进程，也即林业产业体系与林业生态体系协同发展的进程。但林业产业体系与林业生态体系既相互联系又相互矛盾。林业生态建设与林业产业发展之间的联系是非常紧密，林业产业系统的生存与发展极大地依赖于森林资源的持续供给；同时林业产业发展又进一步促进造林、营林业的发展和森林资源的数量和质量的提高。要使得具有经济和生态双重功能的复杂的林业复合系统能够持续良好地运行，必须建立起林业生态产业复合系统的协调发展机制。

2 中国林业生态产业发展概况

“十一五”以来，我国林业产业保持了较快发展势头，2008年，林业产业总产值达到1.44万亿元，比2007年增长了14.94%。2008年林产品进出口贸易总额占同类产品世界贸易总额的18%，贸易金额近700亿美元，仅次于美国居世界第二。全国人造板产量达到9409.95万立方米，松香、竹材、竹制品、家具等产品产量均居世界首位。同时，我国林业产业结构呈现新变化。在产业政策的引导下，林业产业结构调整呈现加速之势，产业升级和淘汰落后产能成为各企业的主动意愿。林业一二三产业产值结构由2007年的44.3∶48.1∶7.6，调整为44.1∶47.5∶8.4，第三产业增长速度远远超过其他两个产业。目前，我国林业产业初步形成了以市场需求为导向、基地建设为基础、精深加工为带动、多主体共同发展的格局。

在我国林业十大支柱产业区域布局与近期发展重点问题调研报告中指出，以“建设生态文明、发展现代林业、推动林业科学发展”为中心，以林业产业结构战略性调整和全面升级为主线，以建设比较发达的产业体系为目标，以体制创新、政策创新和科技创新为动力，以兴林富民为根本出发点，按照建设资源节约型社会和发展循环经济的要求，面向国际和国内两个市场，突出区域特色，加强森林资源培育，提高林地生产力，巩固传统产业，大力发展新兴产业，加快精深加工发展，提高产业素质，做精做强林业产业，全面提升林业产业国际竞争力。到2015年，林业总产值达到2.6万亿，林业产业进一步壮大，产业结构和生产力布局更趋合理，初步形成比较发达的林业产业体系。在产业结构优化调整中，第二、三产业产值在林业产业中的比重达到70%左右，初步形成一、二、三产业协调发展格局。

第一产业以提高林地产出率，扩大林业产业发展基础为重点，加大速生丰产用材林、木本粮油、生物能源林、名特优经济林基地建设力度，积极鼓励利用林地资源从事林地立体生态开发，将资源优势转化为经济优势。

第二产业以鼓励林产品精深加工为重点，加大木竹精深加工产品的开发力度，提升林业机械制造水平，强化技术进步和技术创新，发展木本油料加工和林业生物产业，全面提高资源利用率和产品质量，打造名牌产品。按照循环经济发展的要求，鼓励“次小薪”材加工利用、木竹化学利用。加快生产力布局调整，扶优扶强，促进龙头企业、产业集群的形成和壮大。

第三产业以发展森林旅游业为重点，加大森林公园和自然保护区等森林旅游基础设施建设力度，增强服务功能，使森林旅游业真正成为传播生态文明的重要载体。

3 国内外林业生态产业评价研究概况

20世纪60年代，美国经济学家K. Boulding等人以生态经济系统为研究对象，提出了“生态经济协调理论”，主要研究森林资源系统与社会经济(尤其是林业经济)系统的相互协调问题，目的是实现森林资源的永续利用。1985年，美国著名林学家J. F. Franklin提出了“新林业”理论，主张把所有的森林资源视为一个不可分割的整体，强调既要注重木材及林副产品的生产，也要高度重视森林的多种效益。该理论以森林生态学与景观生态学的原理为基础，并吸收了森林永续经营理论中的某些内容，它以促进森林资源与人类社会的协调统一为目标，并把保护生物多样性作为森林资源的重要功能列入两大系统协调的内容。P. Richmrd认为森林资源的可持续性包括主导产品的持续性；社区的可持续性；人类利益的可持续性；地球村的可持续性；生态系统类型的可持续性；生态系统自我维持的可持续性；生态系统安全保障的可持续性。1988年美国学者Agee和Johnson认为森林生态系统经营成为一种受到普遍关注的森林经营观点或模式，人们从理论和实践上对以产品收获最大(在一定的社会、经济和环境约束下)为目标的传统永续经营观点直接提出了挑战，有些学者称之为21世纪的森林经营理论。这一理论针对森林资源系统与社会经济系统的可持续协调问题提出了一系列建设性的建议，对实践起到了一定的指导作用，同时理论也在实践中取得了进一步发展。德国与巴西合作进行的开始于1989年的SHIFT计划探讨了热带雨林地区经济与生态协调发展的可能性。1992年联合国环境与发展大会后对森林可持续发展的标准和指标体系的讨论和研究，在全世界范围内逐渐展开。世界上第一个关于森林可持续发展的标准和指标体系是国际热带木材组织(ITTO)在1992年制定的。到目前为止，世界上有150多个国家共参加了9个有代表性的进程：ITTO进程、塔拉波托倡议、非洲木材组织进程、赫尔辛基进程、蒙特利尔进程、近东进程、亚洲干旱森林进程、非洲干旱地区进程等。在内容、目标和方法方面，这些进程的标准和指标都比较相似，一般都包括森林资源和全球碳循环、森林生态系统的健康和活力、森林生态系统的生物多样性、森林的生产功能、森林的保护功能、社会经济功能和条件、机构、政策和法律框架。

由于各国的森林面积、质量等条件的差异较大，有些指标只适应于特定的国家和区域，不适应于其它国家和区域；有些指标数据的收集在实践中不易执行，因此，这些进程的指标与标准在实践过程中遇到了一些困难，影响了其使用价值。与此同时，有些国家根据自己的实际状况制定了森林资源可持续发展指标体系和标准，如新西兰、加拿大、美国、俄罗斯等。J. Clark 等人在 1997 年发表的论文中研究了一种城市森林可持续协调的模式，并通过人文社会科学方法给出了一些定性的评价指标。关于森林资源系统、生态环境系统、经济系统可持续发展的定量研究目前尚未形成体系，一些相关的探讨有一定的参考价值。例如，Bostedt 和 Mattson 提出了森林生态和社会效益的经济计量评价方法和经济补偿模型，日本学者 Kishine 提出了林业经济—福利—环境最佳调整系统模型等等。

国内学者从资源与环境经济学角度入手对可持续发展的相关问题也开展了大量的研究工作。魏一鸣等在运用系统论思想分析人口、资源、环境与经济复杂系统的结构特征、各子系统之间内在协调机制及系统发展过程的基础上，构建了包括子系统内部层、关联层及调控层三个层次的指标体系，建立了人口、资源、环境和经济协调发展的非线性多目标模型。张智光等曾以多目标、多变量随机决策分析的理论和方法为指导，建立了南京市环境—经济系统优化及仿真模型，从而为多目标、多变量决策问题提供了有效的定量分析工具。吕彤等就区域“经济—资源—环境”复合系统提出了一种基于协调的复合系统混沌控制模型。在这些研究成果中，或多或少的涉及森林资源，其中一些研究方法和研究成果对本文开展研究工作具有一定的参考价值。这些研究基本上都是针对发达国家的局部系统进行量化分析，没有把森林资源、环境和经济作为一个复合大系统加以整体探讨，其推广使用范围就受到了限制。陈建成等提出了林业经济监测预警系统建设的目标、内容和基本框架，并建立了林业经济监测预警系统。在系统协调理论和价值评估方面，有学者将系统论引入林学，提出“系统林学”理论，并指出协调性是系统林学的基本特性，而且提出了用大系统方法解决系统协调问题的思路。国内学者越来越多地采用定量方法研究森林资源可持续经营，主要利用线性规划、整数规划、非线性规划、动态规划、网络分析、马尔可夫方法、排队模型、库存模型、模拟模型、模糊数学和系统动力学等方法。大量学者从事以市场为基础的森林资源综合价值的计量研究，包括森林资源的经济价值与环境价值。侯元兆等比较全面地对中国森林资源价值进行了评估，主要研究了森林资源的三种生态服务功能即涵养水源、防风固沙、净化空气等经济价值，他们认为全面评价森林资源价值对于促进森林资源可持续经营具有重要意义。许多专家学者将森林资源作为一种资产，运用重置成本法、收获现值法、市场价倒算法、净现值法等对其经济价值作出评估。刘璨等在讨论森林资源价值的基础上，提出了森林资源价值偏好模型、森林资源优化模型及公平模型、林业持续发展利用协调模型，但文章并未将模型应用于实际问题。王胜奎运用动态规划方法讨论森林可持续发展问题，建立了森林自然发展模型和森林可持续发展的优化开发模型，给出了相应的迭代公式，并选用青冈—夏蜡梅群落进行模拟计算。彭斌等将线性规划模型运用在环境资源价值计量中，认为通过求解线性规划模型最优对偶解获得的环境资源的影子价格，从而可以在会计核算系统中计量以反映环境资源价值，给管理者和决策者提供相关的会计信息。肖纪浩等用多目标灰色决策分析和层次分析两种定量分析方法对辽东水源涵养林体系骨干工程建设林种结构规划进行可行性研究。张智光等运用系统工程的方法，对可持续发展战略下的区域性林业产业结构、子系统间的关联和多目标特性等进行了深入的系统分析，并根据大系统理论建立了包含区域性林业产业结构优化大系统模型。朱守林等尝试从研究森林承载能力的影响因素出发，以合理地确定我国森林资源环境的合理人口承载量，有学者将线性规划、目标规划应用在森林收获调整中，在系统工程理论指导下运用线性规划对某个区域的林种结构、树种、林分龄组结构进行调整和优化，并且建立了森林资产化经营的优化资金配置模型。竺杏月以江苏省为例对 FEECS 可持续发展进行了综合评价，提出了优化发展模型。FEECS 可持续发展的预警研究在实践中是非常重要的，但专门针对 FEECS 的预警研究是空白。有些学者做过一些相关的研究工作，但多数是针对 FEECS 各子系统进行的研究，将其作为一个整体进行预警研究少见。张贵等利用主成分分析法对三峡库区森林生态经济系统进行了预警分析，确定了系统预警的主要指标包括库区农业人口、森林覆盖率、公益林经济补偿、人均消费、森林保护面积、林地侵蚀模数、库区平均侵蚀模数和退化面积比，同时确定了各指标的警戒线。

在国家行政层面，2008 年初刚公布的《中华人民共和国林业行业标准 LY/T 1721－2008 森林生态系统服务功能评估规范》；2011 年，林业部门执行了《森林可持续状况评价导则》(LY/T1958－2011)。

4 评价指标体系构建的总体思路

4.1 构建的指导思想——生态文明

生态文明是继物质文明、精神文明、政治文明之后，我们党第一次明确提出的新论述，高瞻远瞩，立意深远，是十七大报告的一个亮点。生态文明是指人类在改造客观世界的同时，又主动保护客观世界，积极改善和优化人与自然的关系，建设有序的生态运行机制和良好的生态环境所取得的物质、精神、制度方面成果的总和。把生态文明纳入到小康社会的总体目标之中，使得我们党全面建设小康社会的目标越来越清晰、内涵越来越丰富，是中国特色社会主义理论体系的又一创新，是落实科学发展观的新任务，是党执政兴国理念的新发展，是生态建设的新目标。

林业是人与自然和谐的关键和纽带，是生态建设的主体，承担着生产生态产品、物质产品和生态文化产品的重大任务，具有巨大的社会效益、经济效益和生态效益。林业在生态文明建设中肩负着重要使命，不仅要承担起生态建设的重任，更要做生态文化的先锋，尽可能地创造出丰富的生态成果、物质成果和生态文化成果。现代林业是科学发展的林业，其内容包括生态体系、产业体系、生态文化体系和保障体系。发展现代林业是建设生态文明的主体和首要任务，因为现代林业是生态文明建设系统中的关键因素和主导要素，在生态文明建设中具有主体性、首要性、基础性、关键性和独特性。总之，林业生态产业的提出，以生态文明作为指导思想，符合十八大报告在生态文明建设中提出的绿色发展、循环发展、低碳发展理念。

4.2 构建的理论基础——复合生态系统理论

复合生态系统亦称社会－经济－自然复合生态系统，是由人类社会、经济活动和自然条件共同组合而成的生态功能统一体。在社会—经济—自然复合生态系统中，人类是主体，环境部分包括人的栖息劳作环境（包括地理环境、生物环境、构筑设施环境）、区域生态环境（包括原材料供给的源、产品和废弃物消纳的汇及缓冲调节的库）及社会文化环境（包括体制、组织、文化、技术等），它们与人类的生存和发展休戚相关，具有生产、生活、供给、接纳、控制和缓冲功能，构成错综复杂的生态关系。

林业生态产业系统也是一个复合生态系统，把林业工作中心从单一的林业基础性工作转变到生态建设与产业发展并重、关注民生、增加农民收入为核心的林业发展新思路。产业的生态调节实质是对复合生态系统中物质循环、能量转化等构成的“代谢网”的修复、改善或重建，是对生态系统中物质代谢和能量传递规律性认识的必然结果。传统产业的投入核算不包括环境成本即产品对生态资产的耗损，由此，物质代谢在经济子系统形成了的线性生命周期，与其它子系统脱钩，直接后果是过度开发和环境污染。而生态产业注意到了自然生命生态系统中本无废物的事实，遵循“整体、协调、循环、共生”的生态调控原则，在复合生态系统中模拟自然生命系统为物质流和能量流疏导或新建类似食物链网的“代谢网”，在该代谢网中不存在或少量存在传统意义上的废弃品，该网络的建立有赖于横向耦合、纵向闭合和区域整合的生态产业的设计和孵化。实现产业生态化转型和大力发展生态产业是实现我国中小城镇可持续发展的最佳途径，因为生态产业维护和实现了复合生态系统中三个子系统之间的“整体、协调、循环、共生”的良性生态关系，避免物质和能量在空间、时间尺度上出现的暂时耗竭和滞留，而传统产业面向产品，仅重视产品在经济子系统中的利润实现，忽视了自然子系统的源和汇的承载力和社会子系统代谢对自然子系统的反作用，势必会导致复合生态系统畸形发展，从内部解体，而生态产业协调了三个子系统之间的相互作用，使复合生态系统在某一发展阶段处于相对平衡状态，得已持续发展。

4.3 构建的评价维度——资源－经济－环境－社会的协调发展

林业生态建设与林业产业发展之间的联系是非常紧密的。林业产业系统的生存与发展极大地依赖于森林资源的持续供给；同时林业产业发展又可进一步促进造林、营林业的发展和森林资源的数量和质量的提高。

如何协调产业经济和森林资源环境，使其相互支持，促进整个系统可持续发展是一项持续关注和研究的课题。森林资源是人类社会存在和发展的物质基础。经济活动是人类开发利用自然资源以满足物质和文化需要的活动，它以自然资源为物质基础和劳动对象，能源和土地、水、森林、矿产等资源是人类立足生存之本和发展进步的源泉。经济的发展是资源满足人们需求的体现，资源承载能力是决定经济发展水平的基本要素。随着经济增长，人口持续增加，生活水平不断提高，人类对资源的需求消耗一直呈上升的趋势。由于大部分资源的有限性和不可再生性，如果继续沿袭高消耗的发展模式，资源的可采储量将不断减少，资源的持续供给能力下降，将严重危及到人类生存和发展的持续。

环境为经济发展提供空间支持。环境是各种生物存在和发展的空间，是资源的载体；环境接受来自经济体生产加工过程和人类生活的废弃物，并将其净化处理，是资源承载能力和经济生产能力以及人类生活的重要保障。当经济增长过快，使得环境所接受的废弃物的种类和数量超过其自净能力后，环境质量将急剧降低，影响到资源的存量水平和质量水平，导致资源破坏、环境污染，乃至生态系统的恶性循环，使生产效率、人类健康以及未来发展机会蒙受损失，反过来阻碍社会经济的健康发展。

经济发展是资源环境和经济协调可持续发展的保障。尽管在经济和资源环境的关系中，更多地看到的是经济体对资源的索取和对环境的排放，但同时经济体又以其物质再生产功能为资源环境的持续发展和完善提供物质和资金支持。当经济发展到一定程度，才能有更多的资金投入到资源开发中去，不断提高资源利用率，促进培育可再生资源和寻找开发非再生资源，提高资源的可开采量；也只有当经济不断发展，才能够不断提高环保投资和环境改造技术水平，提高环境承载力。

可见，资源环境与经济处于相互依赖相互影响的统一整体之中，只有当资源环境和经济系统之间和谐一致，协调发展，才能建立一种良性循环，实现整个经济社会的可持续发展。而资源环境与经济发展能否相互协调、相互促进，取决于经济体对资源的开发保护和对污染的控制与经济体对资源的消耗和对环境的污染之间的角力，这两种影响的综合作用决定了今后经济持续发展所能够依赖的资源环境基础。

5　评价指标体系构建

5.1　资源

资源又称为生产要素，是所有产业的基础，而生产要素又分为基本要素和高级要素，在林业发展的初期，基本要素如森林资源储量、地理位置、劳动力供给情况等对林业产业有很大影响，但随着科技与生产力的发展，林业产业对基本要素的依赖程度逐渐下降，高级要素的重要性与日俱增，包括技术、人才等。就我国林业产业所需的资源来看，有的资源比较丰富，有些却比较缺乏。因此，要评价我国林业生态产业，就必须要考虑到我国相关资源情况。

5.1.1　资源总量水平

可通过活立木蓄积量、资源总量水平、林业用地面积和森林面积的指标来进行评价。

5.1.2　森林面积结构状况

具体评价可用材林面积比重、经济林面积比重、防护林面积比重、天然林面积比重、灌木林面积比重来衡量。

5.1.3　蓄积结构状况

具体评价可用针叶树蓄积比重、人工林蓄积比重、林分蓄积比重、过熟用材林蓄积比重指标体系来衡量。

5.1.3 资源消长状况

具体评价活立木生长量、木材消耗量占蓄积量比重、有林地面积净增量来衡量。

5.1.4 森林覆被状况

具体评价可通过森林覆被率指标来衡量。

5.1.5 沙漠化治理状况

具体评价可通过沙化程度指数指标来衡量。

5.2 产业

5.2.1 政府对林业的投入

森林对地球的生态环境起着至关重要的作用，它吸收二氧化碳释放氧气，是地球的天然净化器，在社会公众看来，森林的这种生态功能应该由政府来承担，所以对生态公益林的投资主要还是依靠政府。政府对林业的投入多少直接影响到我国林业生态产业的发展。

5.2.2 林产品市场发育程度

林产品价格形成由市场来决定，林产品市场发育程度可用林产品价格由市场定价所占比重近似地反映。林产品市场发育程度越好，林业产业在市场的浪潮中更能实现优胜劣汰，实现资源的优化配置，从而提高效率。

5.2.3 林业产业经济效益综合指数

林业生态产业经济效益综合指数是评价和考核林产工业经济效益总体水平的一个相对数，反映林产工业运行质量的总量指标。

5.2.4 林业产业集约化和规模化程度

资本密集度越高，资本有机构成越高，技术装备水平比较高。

5.2.5 林业产业结构状况

产业结构状况对林产经济发展有着重要影响，不同的产业结构必然带来不同的经济增长效益和资源配置效率。合理的林业产业结构，有利于林业产业之间相互促进，合理利用自然资源，使林业取得最大的经济效益。

5.3 生态环境

生态环境功能包括林业的生态系统稳定性功能、景观游憩功能、净化大气功能、减弱城市热岛效应功能，这四个方面共同构建了中国林业生态产业生态环境功能的评价指系。

5.3.1 生态系统稳定性功能

林业经营的最终目的是为持续发展提供一个具有生态屏障作用的稳定的生态系统，具体评价可通过森林类型多样性指数、森林覆盖率、绿色通道率、生物生产力、系统抗灾能力、林分质量等指标来进行。

5.3.2 景观游憩功能

随着社会经济的发展和人们生活水平的提高，人们回归大自然的热情日益高涨。紧张工作的市民渴望能在优美的城市景观环境中得到休憩，以消除紧张和疲劳。因此，景观游憩功能是城市林业生态环境功能的重要内容，具体评价可通过城市景观空间格局、景点密集度、景观环境容量、交通可及度等指标来进行。

5.3.3 净化大气功能

林业经营的对象——森林和城市绿地，对环境污染具有一定的控制与治理作用，如净化大气、净化水质、消除噪声等。本文仅从净化大气功能方面进行构建评价指标体系，具体指标有：制氧量、固碳量、空气中有害气体(SO_2，NOx)减少率、空气中总悬浮微粒减少率、空气中菌量减少率。

5.3.4 减弱城市热岛效应功能

林业应对城市热岛效应具有一定的削弱作用。为此，建立减弱城市热岛效应功能评价指标体系是必要的，具体可通过温度变化指数、湿度变化指数、风速变化指数来评价。通过上述评价指标体系的构建原则和构建思路，获得林业生态环境功能评价指标体系。

5.4 社会效益

5.4.1 人均林地面积、人均蓄积量、人均绿地面积

现代林业要实现森林生态经济生产力的持续稳定增长，以便获得森林产品和服务，满足人类对森林的物质精神的需求。总的来说，森林可持续经营的目标：一是森林经营能够使森林资源具有持续稳定的生产能力和再生产能力；二是持续稳定供给人类社会发展所需求的环境资源、产品资源，产生最佳的生态、经济、社会效益。具体体现在保护生物多样性目标、维护森林生态系统生产能力的目标、维护森林生态系统健康和活力的目标、保持水土资源的目标、保持森林对全球碳循环贡献的目标、保持和加强满足社会需求的长期多种社会经济效益的目标等方面。

5.4.2 森林旅游人数、旅游业收入

在人们回归大自然的愿望越来越强烈的今天，森林这一功能的社会意义也就越来越明显。同时在满足该社会意义的同时，人工的森林保护区和森林公园的划分和建立也在一定程度上增加了旅游的人数，增加了旅游业的收入，拉动了区域经济发展，联动了社会经济效益。

5.4.3 林业提供就业人数

生态林业生产具有季节性强这一特点，因而决定了投资项目所带来的就业机会有很大的临时性，这也就决定了林业提供的就业形式更加灵活多变，根据国情，我国人口众多，就业压力大，因此提高就业比率具有十分重要的社会意义，就业效果不应成为发展技术密集型项目的制约因子，因为虽然其直接就业效果不明显，但它带来的间接就业效果和其它社会效益是非常大的。

5.4.4 社会分配效果

公平分配是社会主义经济的主要特征之一。合理分配主要是通过政府的税收、价格以及工资制度等来实现的，其目的是为了减少地区间经济发展的不平衡，缩小贫富之间巨大的差距，提高人民生活水平。因此，从社会发展目标出发，考察社会分配效果就成为社会评价中的一个重要内容。

5.4.5 人民生活水平

影响人民生活水平的因素主要有收入水平、物价水平等。之所以在设置这两个指标时考虑物价指数和全国收入水平，主要是针对生态林业特点而言的。生态林业有的项目至少10年之后才见效益，而10年之后，物价和全国收入水平可能已发展到一个新的水平。当然对建设期较短的项目，也可忽略物价因素。

6 评价方法

对中国林业生态产业的评价，应综合运用多学科的理论与研究方法，除传统经济学理论和方法之外，还应该运用制度经济学、计量经济学、产业组织理论、复杂系统建模方法、计算机仿真、管理理论、产业生态学、环境经济学、优化方法等等从多个角度来考虑并解决两大体系协调发展的问题。特别是复杂系统理论与方法在该领域的应用，因为林业产业与林业生态复合系统的协调本身就是一个复杂系统问题。

7 结语

本文对生态林业的发展评价指标体系的研究成果，从中国林业的实际情况出发，以林业发展要求、林业发达国家部分标准，全国小康社会标准为参照值。从林业自然资源、林业经济、林业社会和生态多个方面，综合运用多学科的理论与研究方法，构建中国的林业可持续发展评价指标体系。

第三部分 诚信专题篇

林业企业的社会责任和诚信问题，不仅有利于促使我国林业企业的健康良性发展，而且对保护我国森林资源，维护生态平衡，推进生态文明建设，实现可持续发展具有十分积极的作用。本篇将对林业产业诚信进行专题研究，以响应当前国家信用体系建设的号召，打造诚信、负责任的林业产业企业。

林业产业诚信建设进入新时代

——2012～2013年中国林业产业诚信工作调查报告

王　满　李志伟　邵　岚　李广龙　李文军　甘　明

摘要：我国林业产业总产值已由2002年的4634亿元增加到2013年的4.95万亿元，十年增长近9倍，为经济社会发展作出了重大贡献。林业产业能在短时间内取得如此巨大成绩，与我们务林人选择了诚信理念、诚信经营、诚信服务的战略抉择密不可分。中国林业产业联合会秘书处适时成立了中国林业产业诚信联盟，在林业产业界有条不紊地推进诚信工作。下一步将以诚信为出发点，以诚信评价体系为标准，以弘扬诚信为动力，以培育林业产业信用环境为目标，打造环境友好型和社会友好型的林业产业诚信体系。

近年来，林业产业迅猛发展。2013年，我国包括木浆造纸、木本粮油、种苗花卉、生物质能源、木竹产品加工、林下经济等在内的林业产业，总产值突破4.73万亿元，约占当年国内生产总值的6.5%以上，并且连续10年年增长率约20%。林产品以其可再生、可降解、绿色健康的终端林产品越来越受到消费者的青睐，并具有非常广阔的发展前景。在鲜花和掌声背后，还有毒地板、活熊取胆、假家具、假茶油、猫腻重重的蜂产品、疯狂造假的冬虫夏草、有名无实的有机食品等等警钟在鸣……

人们不禁要问：林产品诚信何在？如何提升林业产业的诚信度？如何净化林业产业诚信环境？

一、当前林业产业诚信现状、成绩及其缺失导致的问题与分析

1. 林业产业诚信工作取得的成绩

自党的十六大特别提出社会主义核心价值体系的主要内容以来，党中央进一步明确社会主义核心价值观基本范畴的任务，诚信建设被提到重要位置；党的十八大报告在加强社会主义核心价值体系建设的任务要求中，把“倡导爱国、敬业、诚信、友善，积极培育和践行社会主义核心价值观”和国务院颁布《社会信用体系建设规划纲要

(2014－2020年)》以来，党中央国务院把诚信工作列入当前工作的重中之重。要求全国各行各业加快建设社会信用体系、构筑诚实守信的经济社会环境；要求全国各地全面推进包括政务诚信、商务诚信、社会诚信等在内的社会信用体系建设，要求企业要把诚信经营作为安身立命之本，切实做到重合同、守信用；要求发挥行业组织自律和市场机制作用，培育和规范信用服务市场，形成全社会共同参与，推进信用体系建设的合力。

林业是生态建设保护的主体，也是一项重要的绿色产业。而诚信可靠的林产品在老百姓的日常生活中发挥着越来越重要的作用，已经成为人民群众提高生活质量的一个新期待。我国林业产业总产值已由2002年的4634亿元增加到2013年的4.95万亿元，十年增长近9倍，为经济社会发展作出了重大贡献。我们从中可以看到林业产业发展的市场潜力。预计到2020年全国林业产业总产值将达到10万亿元，相当于在现在的基础上再翻一番。

林业产业能在短时间内取得如此巨大成绩，其主要原因是我们务林人选择了诚信经营、诚信服务的理念。

仁者民生为本，智者诚信为重。弘扬诚信，就是关注民生。而民生连着民心，民生凝聚民力，民生关系发展，发展决定民生。抓民生，首先当从诚信抓起。2012年以来，中国林业产业联合会秘书处在国家林业局党组的正确领导下，认真贯彻党的十八大以来，党中央国务院和习近平总书记、李克强总理有关加快诚信体系建设指示精神，落实国家林业局党组和局主要领导与联合会主要领导有关加快做好林业产业诚信指示精神，在林业产业界有条不紊地推进诚信工作。

2012年6月，中国林业产业联合会秘书处组织吉林森工、龙江森工、长白山森工、浙江世友、大卫地板等全国30余家林业骨干企业在井冈山发起诚信经营的庄严承诺之后，顺应林业骨干企业要求，报林业主管部门领导批准，发起组织成立了吉林森工等240余家涵盖一、二、三产业林业企业广泛参与的中国林业产业诚信联盟，制定了联盟章程、会员管理办法和财务管理办法；组织福建永安、福建金森、生活家、圣象、大自然家居、康欣新材料、大卫等企业在北京、上海、郑州、三明等地开展“诚信中国行”推广活动；发起、组织国家林业局林产设计院、中国林业科学研究院木材工业研究所、北京林业大学、南京林业大学的专家学者起草，吉林森工等林业骨干企业广泛参与的《中国林业产业诚信体系》、《中国林业产业行业诚信标准》、《中国林业产业5A级诚信企业评定规程》、《中国林业产业诚信企业品牌评定、品牌标识使用过程》等等行业诚信体系、标准和规程，从而使林业产业诚信工作走入规范化、标准化。

2. 诚信缺失导致的社会问题

在看到成绩的同时，我们不得不认识到目前正处于社会重大转轨时期，经济、社会、政治体制还不够完善，各项法律制度滞后，而且林业产业中的人造板、家具、木竹地板、木门窗以及森林食品等行业，准入门槛低，缺乏有效的市场监管机制，致使少数缺乏诚信意识的企业混入其中，故而发生了许多诚信缺失事件，给林业产业界带来了较大的负面效应。从诚信主体来看，林业产业诚信主要包括政府诚信、企业诚信和个人诚信。这三类主体在当前都存在或多或少的诚信问题，个别地方政府有制造虚假增长指数者，林业企业中不乏有制造假冒伪劣产品者，林业科研领域也有少数学术造假者等等。有研究者对政府诚信缺失方面进行了归纳，主要体现为有些地方政府和部门政策多变、不守承诺、随意性大、暗箱操作、弄虚作假、欺上瞒下、虚报成绩等。根据调研，林业企业诚信缺失主要表现在：一些企业任意逃避银行债务，银企之间陷入信用危机；企业之间失信赖账，商业信用日趋萎缩；制造和销售假冒伪劣商品，严重损害消费者利益；会计人员做假账，提供虚假财务报告，发布虚假财务信息，误导投资者和消费者；偷税、漏税、走私、骗汇、骗取出口退税屡禁不止。这些受经济利益诱惑，为追求各自利益最大化的企业和个人，自觉不自觉地破坏了林业产业本身具备的软实力。这些问题的存在，已经严重影响了林业产业健康发展。具体表现在如下几个方面：

一是加大社会运行成本，引发社会信任危机。行业诚信度下降，对产业发展已产生消极影响。林业产业诚信缺失不仅造成行业之间互不信任相互提防，使得相互间的交流和沟通变得更加困难。不讲诚信的企业行为，破坏性极大。如果像"猫腻茶油"、"毒地板"、"名不副实红木家具"等诚信缺失事件如不及时受到社会道德的声讨、谴责以及法律的惩罚，将会导致不诚信行为的扩散，引发整个社会对林产品的诚信危机。诚信缺失使得一些不法分子靠骗人暴富，也加剧了社会财富分配不公，导致公众对社会和政府产生强烈不满，严重影响社会稳定。

二是诚信缺失的"示范效应"扭曲了正常的社会经济秩序。诚信缺失会造成交易主体不被对方信任，限制交易主体自身发展，为防范交易风险被迫增加交易成本。在信用领域的主要表现是：失信行为最初只是表现在很少一部分市场参与者身上，但如果失信行为没有得到及时的惩罚，那些守信者就会对自己的行为做出调整，从而出现失信行为。若越来越多的市场参与者认同了这一理念，诚信缺失就会成为一种普遍的现象，整个林业产业市场经济秩序就发生扭曲，诚信链条就会发生中断和损害，市场机制和市场经济规则就会受到破坏。

3. 林业产业诚信缺失的原因分析

随着社会的发展，诚信已不仅是一种伦理范畴，而是在伦理范畴的基础上，又赋予了法制内涵，实现由道德自律向法律规制的转化，最终筑就诚实守信这一道德准则的法律化。诚信缺失成为我国林业产业发展中突出的"软肋"，尤其是近年来发生的制假售假、商业欺诈、逃债骗贷等一系列诚信事件，极大地影响了林业企业的生产、经营活动，给我国林业产业健康发展带来了极大的负面影响，广大企业和公众深受其害。诚信缺失导致了太多的社会问题。这些问题不仅仅加大社会的运行成本，引发整个社会的信任危机，扰乱正常的社会经济秩序，严重者甚至会影响社会的安定。

一是传统文化诚信的缺失；二是经济政策及其相应法律法规的缺位；三是企业由利益引发的诚信缺失。

以上三项诚信缺失，犹如三道难题，阻碍着林业产业诚信工作的正常进行。

二、当前解决诚信问题的对策、思考及建议

林业产业诚信体系建设是一个把与诚信建设有关的政策、文化、制度等资源有机

地整合起来的的系统工程，必须建立行之有效的保障体系，确保其工作有序进行。

建立林业产业政策保障支撑体系，势在必行。

1. 强化责任落实，确保林业产业诚信工作有序开展

一是各地区林业主管部门要统一思想，按照国务院《社会信用体系建设规划纲要》总体要求，成立规划纲要推进小组，根据职责分工和工作实际，制定具体落实方案；二是各地区林业产业部门要定期对本地区林业产业相关行业社会信用体系建设情况进行总结和评估，及时发现问题并提出改进措施。三是对社会信用体系建设成效突出的地区、部门和单位，按规定予以表彰，对推进不力、失信现象多发地区、部门和单位的负责人，按规定实施行政问责。

2. 健全林业产业诚信工作组织保障

完善林业产业诚信工作组织协调机制。完善林业产业诚信工作建设联席会议制度，充分发挥其统筹协调作用，加强对各地区、各部门社会信用体系建设工作的指导、督促和检查。按照国务院颁《社会信用体系建设规划纲要》的要求，成立全国性及省级林业产业诚信工作协会，上线联动，加强行业自律，充分发挥林业产业各类社会组织在推进社会信用体系建设中的作用。

3. 加大政策支持力度

各级人民政府要根据社会信用体系建设需要，将应由政府负担的经费纳入财政预算予以保障。加大对信用基础设施建设、重点领域创新示范工程等方面的资金支持。

鼓励各地区、各部门结合规划纲要部署和自身工作实际，在社会信用体系建设创新示范领域先行先试，并在政府投资、融资安排等方面给予支持。

4. 加大林业产业诚信体系建设政策支持

加大对林业产业诚信体系基础设施建设、重点领域创新示范工程等方面的资金支持。鼓励各地区、各企业结合规划纲要部署和自身工作实际，在社会信用体系建设创新示范领域先行先试，并在政府投资、融资安排等方面给予支持。

5. 实施林业产业诚信体系建设专项工程

(1)林业产业信用体系建设工程　为林农、林场、林农＋林企＝基地合作社、林产品生产、加工企业与服务等涉林成员建立信用档案，夯实林业产业诚信体系建设信用基础。推进林产品生产、加工、流通和服务等涉林企业信用建设。建立健全林业企业信用联保制度，推进、完善林业企业信用担保体系。

(2)小微企业信用体系建设工程　建立健全适合林业产业小微企业特点的信用记录和评价体系，完善小微企业信用信息查询、共享服务网络及区域性小微企业信用记录。引导各类信用服务机构为林业产业小微企业提供信用服务，创新小微企业集合信用服务方式，鼓励开展形式多样的小微企业诚信宣传和培训活动，为林业产业小微企业便利融资和健康发展营造良好的信用环境。

6. 推动林业产业诚信建设创新示范

(1)推动林业产业地方诚信建设综合示范　示范地区率先对本地区各部门、各单位的信用信息进行整合，形成统一的林业产业信用信息共享平台，依法向社会有序开放。

示范地区各部门在开展经济社会管理和提供公共服务过程中，强化使用林业产业信用信息和信用产品，并作为政府管理和服务的必备要件。

（2）推动林业产业区域诚信建设合作示范　探索建立区域信用联动机制，开展区域信用体系建设创新示范，推进信用信息交换共享，实现跨地区信用奖惩联动，优化区域信用环境。

（3）重点领域和行业信用信息应用示范　在林浆造纸、木竹产品加工、涉林食品药品安全、生态环境保护、安全生产、产品质量、林业产业工程建设、涉林电子商务、涉林证券期货、涉林融资担保、涉林政府采购、涉林招标投标等领域，试点推行林业产业诚信信用报告制度。

7. 进一步完善运行机制

聘请林业专家、认证专家、食品安全专家等相关专家作为顾问团，为林业诚信体系建设提供技术保障；积极鼓励企业自主研发，制定对诚信企业和认证产品的综合要求的体系标准，为林业诚信体系建设提供制度保障；充分发挥市场征信机制的作用，鼓励和引导各种社会资本投入林业诚信体系建设工作，为其提供资金保障。

8. 加强林业产业诚信企业知识产权保护保密保障制度建设

加强对林业产业诚信企业知识产权保护保密工作的引导，建立诚信企业保密管理制度，采取相应的保密措施，切实落实保密工作责任制，严格保守诚信企业的信息安全。

9. 加大林业产业诚信体系建设的推广

利用报纸、杂志、电视、自建网络等平台为林业产业诚信体系建设提供宣传推广保障，增加消费者对林业产业诚信企业及其认证产品的认可度、美誉度。

三、完善林业产业诚信体系奖惩机制政策体系

完善的林业产业诚信体系运行机制是保障林业产业诚信体系各系统协调运行的制度基础。其中守信激励和失信惩戒机制是保障林业产业诚信工作运行的核心。

（1）构建林业产业守信激励和失信惩戒机制　首先是加强对林业产业守信主体的奖励和激励。加大对林业产业守信行为的表彰和宣传力度；其次是加强对失信的林业产业主体进行约束和惩戒，强化行政监管性约束和惩戒，健全林业产业失信惩戒制度，建立林业产业行业黑名单制度和市场退出机制，使失信者受到惩戒；三是推动形成林业产业社会性约束和惩戒机制，完善林业产业社会舆论监督机制，加强对失信行为的披露和曝光，发挥群众评议讨论、批评报道等作用 。

（2）建立林业产业失信行为有奖举报制度　通过诚信信息交换共享，实现多部门、跨地区诚信奖惩联动，使守信者处处受益、失信者寸步难行。

四、建立健全诚信法律法规和标准体系

（1）完善林业产业诚信法律法规体系　推进林业产业诚信立法工作，使林业产业诚

信信息征集、查询、应用、互联互通、诚信信息安全和主体权益保护等有法可依。编制、出台《林业产业诚信管理条例》相关配套制度和实施细则，建立异议处理、投诉办理和侵权责任追究制度。

(2)建立林业产业诚信信息分类管理制度　制定林业产业诚信信息目录，明确林业产业诚信信息分类，按照林业产业诚信信息的属性，结合保护个人隐私和商业秘密，依法推进林业产业诚信信息在采集、共享、使用、公开等环节的分类管理。加大对贩卖个人隐私和商业秘密行为的查处力度。

(3)建立林业产业统一社会诚信代码制度　建立自然人、法人和其他组织统一社会诚信代码制度。完善相关制度标准，推动林业产业在经济社会活动中广泛使用统一社会诚信代码。

(4)加快诚信标准体系建设　需依据林业产业诚信体系、《中国林业产业行业诚信标准》、《中国林业产业5A级诚信企业评定规程》、《中国林业产业诚信企业品牌评定、品牌标识使用规程》等规范性文件，规范诚信工作，规范企业行为。

五、培育和规范林业产业诚信服务市场

发展各类林业产业诚信服务机构，逐步建立林业产业公共诚信服务机构和社会诚信服务机构互为补充、诚信信息基础服务和增值服务相辅相成的多层次、全方位的诚信服务组织体系。

(1)推进并规范林业产业诚信评级行业发展　培育发展林业产业本土评级机构，增强我国林业产业评级机构的国际影响力。规范发展林业产业诚信评级市场，提高林业产业诚信评级行业的整体公信力。鼓励我国林业产业评级机构参与国际竞争和制定国际标准，加强与其他国家诚信评级机构的协调和合作。

(2)推动林业产业诚信服务产品广泛运用　拓展林业产业诚信服务产品应用范围，加大林业产业诚信服务产品在社会治理和市场交易中的应用。鼓励林业产业诚信服务产品开发和创新，推动诚信保险、诚信担保、商业保险、履约担保、诚信管理咨询及培训等诚信服务业务发展。

(3)建立林业产业政务诚信信息有序开放制度　明确林业产业政务诚信信息的开放分类和基本目录，有序扩大林业产业政务诚信信息对社会的开放，优化林业产业诚信调查、诚信评级和诚信管理等行业的发展环境。

(4)完善林业产业诚信服务市场监管体制　根据林业产业诚信服务市场、机构业务的不同特点，依法实施分类监管，完善监管制度，明确监管职责，切实维护市场秩序。推动建立林业产业诚信服务机构准入与退出机制，实现从业资格认定的公开透明，进一步完善诚信服务业务规范，促进诚信服务业健康发展。

(5)推动林业产业诚信服务机构完善法人治理　强化林业产业诚信服务机构内部控制，完善约束机制，提升林业产业诚信服务质量。

(6)加强林业产业诚信服务机构自身诚信建设　林业产业诚信服务机构要确立行为准则，加强规范管理，提高服务质量，坚持公正性和独立性，提升公信力。鼓励各类

林业产业诚信服务机构设立首席诚信监督官，加强自身诚信管理。

六、保护林业产业诚信信息主体权益

（1）健全林业产业诚信信息主体权益保护机制　充分发挥林业产业行政监管、行业自律和社会监督在诚信信息主体权益保护中的作用，综合运用法律、经济和行政等手段，切实保护诚信信息主体权益。加强对诚信信息主体的引导教育，不断增强其维护自身合法权益的意识。

（2）建立林业产业自我纠错、主动自新的社会鼓励与关爱机制　以建立针对未成年人失信行为的教育机制为重点，通过对已悔过改正旧有轻微失信行为的社会成员予以适当保护，形成守信正向激励机制。

（3）建立林业产业诚信信息侵权责任追究机制　制定林业产业诚信信息异议处理、投诉办理、诉讼管理制度及操作细则。进一步加大执法力度，对林业产业诚信服务机构泄露国家秘密、商业秘密和侵犯个人隐私等违法行为，依法予以严厉处罚。通过各类媒体披露各种侵害信息主体权益的行为，强化社会监督作用。

七、强化林业产业诚信信息安全管理

（1）健全林业产业诚信信息安全管理体制　完善林业产业诚信信息保护和网络信任体系，建立健全诚信信息安全监控体系。加大诚信信息安全监督检查力度，开展诚信信息安全风险评估，实行诚信信息安全等级保护。开展诚信信息系统安全认证，加强诚信信息服务系统安全管理。建立和完善诚信信息安全应急处理机制。加强诚信信息安全基础设施建设。

（2）加强林业产业诚信服务机构诚信信息安全内部管理　强化林业产业诚信服务机构信息安全防护能力，加大安全保障、技术研发和资金投入，高起点、高标准建设诚信信息安全保障系统。依法制定和实施诚信信息采集、整理、加工、保存、使用等方面的规章制度。

八、循序渐进，推进四个林业产业信息平台建设

林业行业诚信信息平台建设，从根本上需要信息化系统的支撑和管理，只有把政策和行业标准等体系指标固化成可以操作的流程，同时提供友好的客户体验，帮助林业产业逐步形成一套完善而又统一的品牌管理、信用管理和产品管理机制，树立行业标准和职业诚信在林业产业的坚实地位，同时鼓励林业产业向信息化，专业化，高端化发展。中国林业产业诚信联盟将逐步推进建设以下四个信息化管理平台：

（1）中国林业产业诚信企业征信体系平台　征信系统建设可以降低企业融资成本，使企业获取更大的授信额度、更优质的银行金融服务。并可以及时掌握行业动态以及政策信息，择优选择企业进行重点扶持，提高企业自身的竞争力，同时加大业内的公

信程度，吸引更多优质企业。

(2) 中国林业产业诚信企业信息大数据平台　搭建中国林业产业诚信企业信息大数据平台，能够打通林业产业诚信企业数据孤岛，实现企业数据互通互联、资源共享，实现数据统一管理，能够全面了解掌握诚信企业统计分析结果。

企业信息大数据系统可以将林业产业的所有诚信企业入库，并给每一个企业设定多项指标，对企业进行规模分区、区域分布，智能检索、数据分析、动态监测跟踪。并且企业大数据系统可以进行征信分析，对诚信企业设定征信指标，反应企业的信用指数、信用评级，为金融机构提供参考。

以林业产业诚信服务平台为载体，集合林业体系内企业共同需求，整合行业普遍采用的生产运行系统及财务金融系统数据，共建林业产业信用平台。按照“循序渐进，急用先行”的原则，优先构建征信系统，授信系统，大数据分析系统，银行对接系统等等，帮助林业产业“用数据，换资金”，积极开展产业链融资，吸引金融机构关注力，推进全行业产融结合。

九、中国林业产业诚信企业品牌管理推广平台

1. 中国林业产业诚信企业品牌管理

参考个人护照管理模式，借助 RFID 技术，将向林业产业诚信体系认证的企业发放品牌认证标签，标签中会加密存储认证企业的唯一标识(例如：董事长个人的影像和指纹信息)，作为防伪及溯源的唯一标准。并且，借助一次性使用的 RFID 标签技术(例如：瓶盖，瓶塞，包装袋，产品名牌，一次性黏贴标签，身份证书等)，将林业企业诚信体系认证与认证企业产品紧密联系在一起。

2. 中国林业产业诚信企业品牌推广

中国林业产业诚信企业品牌推广平台将诚信企业作为典范，以国际标准或国内标准为准则，经国际或国内林业相关标准认证贴标的产品作为主体，打造林业产业品牌，宣传诚信企业，推广诚信企业认证产品。诚信企业认证产品通过国家认证认可监督委员会批准成立的第三方认证机构认证，第三方认证机构保证了认证的权威性、公正性。

利用报纸、杂志、电视、自建网络等平台为林业诚信体系建设提供宣传推广保障，通过发布在互联网、微博、微信等社交媒体上的林业产业认证和防伪溯源系统接口，使得社会消费者可以随时掌握认证企业的品牌发展和产品信息，并得到持续的诚信保障。

3. 中国林业产业诚信企业信息交流合作平台

(1) 信息发布　通过林业产业指数发布、林业诚信工作白皮书、林业诚信企业风采录、诚信企业表彰等途径，建立健全诚信信息发布机制，加强中国林业产业诚信区域信息交流与合作。

(2) 电子商务　基于品牌和信用平台的成功建设，同时引入电子商务技术，打造林业产业诚信产品 B2C 电子交易推广平台，进行诚信企业品牌产品的推广及交易，实现诚信企业需求及信息的及时发布，满足供需两个市场的迫切需求。

借助全球电商业务大力发展的浪潮，中国林业产业诚信企业信息交流合作平台可以成为行业内高端产品的展厅和主要卖场，结合跨境电子商务的应用，推荐精品产业产品走向世界。

构建绿色、诚信的林业产业体系，以诚信为出发点，以诚信评价体系为标准，以弘扬诚信为动力，以培育林业产业信用环境为目标，打造环境友好型和社会友好型的林业产业，促进现代林业产业健康、快速有序发展，为推进我国生态文明建设进程、实现中国梦做出新贡献。

我国林业行业企业社会责任与诚信现状调研报告

石　峰　张秋岭　田治威　田思雨

摘要：林业企业作为特定的企业组织，既对环境、政府、员工、社区和慈善等众多利益相关者承担相应的社会责任；又因林业企业经营对象的特殊性。承担了很多特殊的企业社会责任，如森林的可持续经营、对生物多样性的保护、木材的合法采购、林产品的绿色营销等。林业企业作为直接管理和使用森林资源的企业，其企业经营目标就绝不仅是利润最大化，而要考虑森林资源的外部性，承担更多的社会责任。研究林业企业的社会责任和诚信问题，不仅有利于促使我国林业企业的健康良性发展，而且对保护我国森林资源，维护生态平衡，推进生态文明建设，实现可持续发展具有十分积极的作用。报告回顾了我国企业社会责任的发展历程及林业企业履行社会责任的方式，指出了林业企业社会责任与诚信现状及存在的问题，并进行了分析，给出了构建我国林业企业社会责任的几点建议，提出了推动林业企业履行社会责任的措施。

一、我国企业社会责任的发展历程及林业企业履行社会责任的方式

（一）我国企业社会责任发展历程

在中国关注企业社会责任的现象始于20世纪90年代初期。早期企业社会责任大多是跨国采购商要求中国企业满足其提出的工作条件和工人待遇要求等，针对为数不多的、且主要集中在东南沿海地区的出口加工区企业展开的。到了20世纪90年代中后期，履行企业社会责任的倡议与实践，开始在中国进入加速发展阶段。这一时期，越来越多的企业遇到社会责任问题，跨国采购商对中国企业的劳动条件和安全卫生标准也日趋严格，成为必须满足的条件，这使中国企业不得不开始重视企业社会责任的确实履行。

随着企业社会责任倡议与实践活动在中国的逐步扩展，中央和地方政府等有关部门也逐步提高了对企业社会责任问题的重视程度。2003年，SA8000开始在中国行业和企业组织的范围内推行其认证标准。事实上，政府主管部门组织的有针对性的调查和

研究活动也从2003年年底到2004年初陆续开始。商务部、劳动保障部以及全国总工会等多次到东南沿海各省进行企业调研，召开座谈会了解情况，初步掌握了企业社会责任在中国的现状，对问题有了比较清楚的认识。

早在20世纪90年代以后，我国在相关立法中就开始孕育着企业社会责任的思想，如1993年《公司法》制定时虽没有在条文中直接出现公司社会责任，但在第14条第1款条文中体现了公司社会责任的思想。在制定相关企业社会责任的法律法规中，虽未直接出现“社会责任”一词，但法律对公司社会责任的规范已隐含于破产法、产品质量法、环境与资源保护法等之中，反映了企业履行社会责任的实质要求。主要包括对消费者的责任、对劳动者的责任、对环境的责任以及对国家的责任等等。2002年1月7日证监会颁布的《上市公司治理准则》第86条中规定“上市公司在保持公司持续发展、实现股东利益最大化的同时，应当关注所在地社区的福利、环境保护、公益事业等问题，重视公司的社会责任”，首次在法律、法规条文中出现了公司社会责任这一概念。后在公司法修订中，则在第5条规定“公司从事经营活动，必须遵守法律、行政法规，遵守社会公德、商业道德，诚实守信，接受政府和社会公众的监督，承担社会责任”，明确而直接地规定了公司的社会责任。

在企业社会责任运动已成为历史发展趋势的前提下，中国政府准备制定适合中国国情的《企业社会责任标准》，商务部也把推进公司的社会责任作为2006年转变外贸增长方式的一项重要工作。我国林业产业率先垂范，形成了“指南”为指导的、第一个标准化的、行业性的企业社会责任自律机制，目前，该“指南”已经发布将近3年，开展的相关试点工作已经顺利完成。

企业社会责任(Corporate Social Responsibility，即CSR)已经广泛为社会认可，许多企业把履行企业社会责任作为提升竞争力的战略选择。国资委、证券交易所等机构先后颁布相应的文件引导企业履行社会责任。深圳证券交易所于2006年9月制定《深圳证券交易所上市公司社会责任指引》，倡导上市公司积极承担社会责任，并出具社会责任报告。国资委也于2007年12月颁布了《关于中央企业履行社会责任的指导意见》，以推动中央企业认真履行好社会责任，实现企业与社会、环境的全面协调可持续发展。

中国社会科学院经济学部企业社会责任研究中心2009年12月开始先后发布了《中国企业社会责任报告编写指南》和修订后的《中国企业社会责任报告评级标准》。

国资委研究局局长彭华岗在2012年3月13日也表示国资委正在研究出台《央企社会责任管理指引》，希望以此推动央企更好地履行社会责任。

林业产业作为我国国民经济的重要组成部分，对促进经济社会发展和保护生态环境有着特殊的作用。而林业企业是林业产业发展的核心和骨干力量，经过改革开放30年的发展，我国的林业产业发生了翻天覆地变化，目前，在林业产业发展的带动下，我国已经成为全球最大的木材、锯材进口国，也是最大的林产品出口国。

贸易量的扩大，同时也带来了贸易壁垒的急剧增多，国际上对我国木材原料进口合法性的指责日渐增多，负责任采购在林产工业行业的呼声越来越高。为提升我国林业企业的社会责任，规范企业在遵纪守法、伦理道德、安全、健康、环境等方面的职责、明确企业因气候变化带来的在环境保护、低碳生产、节能减排等方面的义务；引导社会从善和我国林产工业企业的健康发展，同时为有效指导我国林产工业企业编写社会责任报告，规范社会责任报告格式与内容，引导我国林产工业企业编写具有行业特色的社会责任报告，中国林业产业联合会和中国林产工业协会于2011年7月正式发布了《中国林产工业企业社会责任报告指南》(以下简称"指南")，截至2013年底已有16家林业企业参照《中国林产工业企业社会责任报告指南》的要求发布了企业社会责任报告，引起了强烈的社会反响。

林业企业作为特定的企业组织，既与一般企业一样，对环境、政府、员工、社区和慈善等众多利益相关者承担相应的社会责任；又因林业企业经营对象的特殊性。它还承担了很多特殊的企业社会责任，如森林的可持续经营、对生物多样性的保护、木材的合法采购、林产品的绿色营销等。林业企业的经营对象是森林及其加工产品，这些与生态环境紧密相连，因而林业企业不仅要满足消费者的物质需求，还承载着保护社会生态环境的重任。

森林资源不同于其他生产用原材料，除了经济效益外，还具有相应的生态效益和社会价值，是社会的公共财产。林业企业作为直接管理和使用森林资源的企业，其企业经营目标就绝不仅仅是利润最大化，而是要更大程度上地考虑森林资源的外部性，承担更多的社会责任。研究林业企业的社会责任和诚信问题，不仅有利于促使我国林业企业的健康良性发展，而且对保护我国森林资源，维护生态平衡，推进生态文明建设，实现可持续发展具有十分积极的作用。

(二)林业企业履行社会责任的方式和重点

1. 森林资源培育企业的社会责任

森林具有经济、生态及社会三大效益，它不仅为人类提供木材和其他各种经济产品，而且具有维护生态环境的功能，诸如涵养水源和保持水土、吸收有毒有害气体、阻滞粉尘和减低噪声、防风固沙、调节气候等等，对改善生态环境、维护生态平衡起着决定性的作用。森林资源培育企业社会责任的重点就是致力于提高森林资源的数量和质量。

目前，我国森林资源管理与利用方面存在的突出问题是经营方式不合理、过量采伐以及营林生产中的粗放经营，造成森林资源质量偏低。根据第八次全国森林资源清查结果，我国森林资源的单位面积蓄积量、年均生长量，以及混交林比例、森林植被储碳量等指标虽有所增加，但仍处于偏低的水平。因此，对于森林资源培育业，其履行企业社会责任的重点就在于采取科学合理的经营方式，提高森林资源的质量，保护珍稀森林植物资源，保护生物多样性，更好地发挥森林资源的经济效益和生态服务功能，实行森林认证，继续推行森林可持续经营，实现林区与林业的协调发展。同时，在森林资源的采伐利用方面，森林资源培育企业也应努力在产销整体环节中，实现绿色运作，对采伐迹地及时更新造林，减少对生态环境的负面影响。

森林资源培育企业社会责任的另一个重点领域是对员工的责任。由于森林资源培育企业地处环境艰苦，森林资源培育企业工人的工作地点一般都在林区内，距离住宅区较远，这样就会形成留守家属的安置和子女教育问题。因此对于职工家属的工作以及适龄儿童的受教育问题，是森林资源培育企业的重要社会责任。森林资源培育企业应尽力解决工人家属的就业问题，结合个人因素，保证每位家属都能得到安置。对于适龄儿童，森林资源培育企业应使其就近入学，保证每个儿童的受教育权利。

2. 林产工业企业的社会责任

林产工业企业是以林产品为原材料的加工工业。在林业产业体系中，林产工业处于相对优势的地位。林产工业企业的社会责任与一般企业的社会责任基本一致，包括经济责任、法律责任、道德责任和慈善责任。但由于林产工业企业以木材为主的林产品为加工对象，其需要履行的社会责任也有自己的特殊性。

第一，在对供应商的责任方面，林产工业企业采购木材等原材料，应贯彻负责任采购的理念，并在采购过程中保证木材采购的合法性，实现对高保护价值森林的保护。我国是木材消耗大国，由于砍伐量受到限制，而需求量却在逐年增加，因此在供需压力下，我国很容易成为非法木材的目的地。在林产品国际贸易的背景下，我国林产工业企业履行原材料采购方面的社会责任，不仅不采购国内非法采伐的木材，还应拒绝采购其他国家的非法木材，维护全球森林资源的合理采伐，在国际伦理规则的范畴内进行交易。林产工业企业应坚持“没有买卖就没有非法砍伐”的理念，主动拒绝利益诱惑，拒绝采购不合法来源木材，维护全球生态保护目标。

第二，在生产环节的责任方面，林产工业企业应通过技术创新不断提高木材等原材料的利用率，在提高经济效益的同时履行环境责任。在采伐量一定的前提下，为进一步满足我国国民经济建设和国民生活需要对木材的需求，应努力提高木材的综合利用率。通过技术创新、引进国外先进的加工技术等措施，在加工这一环节，节约森林资源消耗，降低木材利用中的损耗，积极实施以木屑、残枝等林木废弃物为原料生产板材、家具等产品，提高林木资产的综合利用率。同时，林产工业企业也要注重自身的节能减排，提高技术水平，降低对能源的消耗，降低对环境的影响，争取使企业及产品得到绿色认证。

第三，林产工业企业需要积极投资建立原料林基地，通过原料林基地，扩展本企业的产业链，保障原材料供应，同时增加森林覆盖率和生长量，保护企业周边甚至更大区域范围的生态环境，履行了林产工业企业特殊的社会责任。林产工业企业建设原料林基地不但是其经营策略的一部分，还能通过定向培育等先进的经营措施，促进林地生产力的提高，从而为森林培育和林产工业的持续经营、共同发展奠定基础。从林业的特点上讲，林业生产周期长，自然灾害、病虫害以及市场变化等都使木材生产的不确定性加大，影响木材的市场供给量。保持一定面积的原料林以满足短期及长期木材原料需求已经成为林业发达国家美国林产工业企业的共同选择。我国林产工业企业也应借鉴美国林产工业企业的做法，建立企业原料林基地，保证企业对木材原料的稳定需求，降低各方面因素的影响，使其在企业战略中能够起到稳定作用，并实现环境与企业长期发展的统一。

第四，需要建立超大型木材精深加工开发区，建立超大型木材精深加工开发区也是林产工业企业履行社会责任的另一途径。一般而言，木材精深加工主要包括人造板、家具、木制品、林产化工等部分，通过建立超大型木材精深加工开发区，可以吸纳森林培育、林木产品精深加工等优势明显的产业集群，形成合理的产业链，使开发区成为拉动林产工业发展的龙头，促进林产工业升级换代，促进资源的节约利用，促进林业的可持续发展和经济发展方式的转变。

3. 森林资源服务企业的社会责任

森林资源服务企业依托森林资源本体，在不改变其实物形态的前提下开展经营活动，其效益不仅包括经济效益和生态效益，还包括了社会效益。通过森林公园等其他森林旅游资源的开发，丰富旅游产品，提升旅游业的层次，促进事业旅游健康发展。森林旅游服务企业要在保证经济效益和生态效益的前提下，履行社会效益，力争成为生态效益、经济效益和社会效益同步增长的现代林业企业。为此，森林资源服务企业应科学规划，合理开发，利用森林资源，不断扩大森林资源服务的规模，不断提高经济效益和生态效益。将工作重点放在加强珍贵森林风景资源保护、开展风景林营造、不断改善森林的景观功能、加强森林公园内公益性基础设施建设以及强化森林风景资源资产管理等方面。并加强森林资源的基础设施、自然教育、科普宣传等公益性设施建设，以满足人们日益增长的户外游憩需求和进行自然保护的需要，同时也应增强森林资源服务企业对外招商引资能力和自我发展能力。

随着旅游人数的增多，虽然会使当地经济收入增加，能够促进本地区经济发展。但是，森林旅游带来的人类活动的增加，也给森林生态系统和自然保护区的环境带来了一定的负面影响，会使森林资源承受的压力加大，可能由此产生的森林旅游和自然保护区森林环境的生态功能之间的矛盾关系，所以，森林资源服务企业还应协调处理好开发与保护之间的关系。也是森林资源旅游业应特别关注的问题。

此外，森林资源服务业要采用低碳化运营方式，倡导选用无污染或低污染的交通工具，在建筑设计上引入低碳理念，建设依赖于自然的旅游住宿设施，注重自然通风采光的设计，考虑再生能源和新型建筑保温材料的使用等。

二、林业企业社会责任与诚信现状及存在的问题

（一）调查发现

发现一：中小型企业在社会责任指标表现上与大型企业相比并无显著差异，内资企业的指标表现不逊于外资企业。与普通公众的想象不同，对承担社会责任报以热情的并不仅限于大型企业。以各种社会责任指标来衡量，中小型企业的表现都不逊于大型企业。而且，在促进就业和企业经营绩效方面，中小企业表现尤为突出。国有、民营企业等内资企业的社会责任指标表现并不逊于外资企业，甚至总体表现还优于后者。然而，有外资参与的企业与国内其他所有制类型的企业相比，愿意承担社会责任的比例明显要高。这至少从一个方面说明，外资企业对企业社会责任的参与意识更为强烈。

发现二：企业自身的组织保障和内部制度建设是影响社会责任履行效果的重要因素。调查中发现，对于社会责任的管理体系，大型上市企业普遍给予高度的组织保障，并在战略规划上提到相当明确的位置。在社会责任管理措施保障方面，大型上市企业

普遍表现更为正规化、日常化、专门化。上市企业相比而言，更重视活动的持续性和可操作性，组织体系保障到位，社会责任履行的追踪落实以及后续的服务工作都有更为成熟和系统的管理方法，因而所产生的社会效应也更为广泛和显著。例如，在公益慈善活动上，上市企业通常有明显的活动领域和指向，一般以项目形式来运作，注重与权威部门的合作，有专人全程监控和进行效果评估，犹如管理一个投资经营项目一样，管理工作组织相当严格。而一般民营企业则随意性较大，在组织制度建设上明显不足，缺乏管理和宣传。产生的直接后果是，即使民营企业事实上在履行社会责任方面投入更大，但公众的感知明显不如对大型上市企业强烈。

发现三：法律规范与社会监督是企业履行社会责任的强大推动力。在调查中发现，很多企业特别是国企都明确提出，法律、法规和政府各项规定、与社区居民(包括农民)维持和谐的关系以获得支持，是企业履行社会责任的重要源动力。

企业在生产经营活动中，必然会与各种利益相关者发生联系，也会受到社会方方面面的密切关注，这些都对企业形成了种种有形、无形的影响与压力。作为一种战略措施，企业主动改进与利益相关者的关系，积极承担社会责任，改善企业社会责任绩效，可以回避、减轻或转移政府、投资者和公众媒体等来自外部利益相关者的直接影响与压力。然而，转型时期的中国市场体系尚不健全，市场进入、竞争和市场交易秩序也不规范。在这种情况下，公众监督、行业协会以及整个市场机制的作用是有限的。特别是由于信息披露手段的缺乏，很多情况下，企业的不良社会责任表现并不直接影响其运营绩效，因此会产生不负责任的机会主义行为，以节省成本、获取利益。彻底消除这些不合理的现象，必须依赖法治建设，尤其需要我国加强以法律的强制性规范来推动企业社会责任意识的形成和实践参与。

发现四：企业与公众对社会责任的理解存在显著偏差。总体上，当前中国企业对社会公益责任认知度最高，其次是经济责任，但在法律责任、环境责任以及企业文化责任上认知偏低。而在对普通社会公众进行的大样本随机抽样调查中发现，公众对企业社会责任的理解集中在环保、员工权益保护、产品质量和售后服务方面。尤为令人惊讶的是，对于几乎所有企业都极为重视的慈善捐助，公众的反应却相当冷淡。公众最为关注的员工权益保护和环保问题恰恰被企业有意无意地回避或忽略。由此可以判断，相当一部分企业对社会责任的理解和履行并没有充分考虑到公众的需求。没有将“以人为本”的原则放在首位，这样就无法实现履行社会责任的真正目的。

(二)现阶段我国林业企业社会责任存在的主要问题

随着我国改革开放的不断深入，经济建设突飞猛进的同时也引发了大量的社会问题。企业社会责任的缺失也是我国经济发展在一定时期内出现的社会问题。在我国，企业社会责任起步较晚，整个社会对企业社会责任的认识较为笼统，企业社会责任意识还没被普遍社会成员所接受和认同，因此，我国企业社会责任在发展过程中存在着许多问题，主要问题有以下几个方面：

1. 企业还没有广泛地树立起社会责任观，企业家责任意识淡薄

事物的发展都需要有其过程，企业社会责任的发展也需要经历一个渐进过程。按照企业社会责任研究者的一般认识，企业社会责任的产生和发展大致要经历如下的五个阶段：①消极看待社会责任阶段；②被动应对社会责任阶段；③主动担当企业社会责任阶段；④制定社会责任发展战略阶段；⑤社会责任与企业文明阶段。

我国改革开放以来，企业在社会经济发展中扮演了重要的角色，但是对承担社会责任的认识才刚刚起步。调查显示，我国大多数企业还处于企业社会责任承担的第一阶段，少数企业进入被动应对的阶段，几乎还没有企业踏入主动承担社会责任的阶段。在我国，许多企业仅仅把自身定位于一个经济实体，片面强调企业自身的经济利益，在经营过程中只以经济利益为目标，忘却和否定企业应具有的社会目标，忽视乃至排斥它所具有的伦理意义，导致企业社会责任感缺失。

2. 有关企业社会责任履行的法律法规不完善

我国在加入 WTO 后，制定出台了诸多法律法规，但是不可否认，我国对企业社会责任立法的研究还处在初级阶段，还没有相关的立法对企业社会责任做出有效的具体规范，关于企业社会责任的规定只是散见于一些法律法规和行政性文件中，而且我国关于企业社会责任的立法体系过于分散，有关我国企业社会责任的规定涉及诸多法律法规，没有形成较为完备的立法体系，可操作性不强。如企业在履行社会责任时涉及劳动合同、工资、劳动安全、女职工和未成年工人特殊保护和职业培训等行为时，须参照《中华人民共和国劳动法》执行；在涉及股东权利等时，须参照《中华人民共和国公司法》执行；在涉及排污、开采等行为时，须参照《中华人民共和国环境保护法》。这就使得企业既增加了遵守法律的成本，又不能对其行为进行有效的规制。

3. 企业社会责任承担的社会监督机制缺失

公众利益的维护和保证除政府提供法律、行政支持外，社会监督也是很重要的保障，民间组织或团体、舆论、媒体等对企业社会责任承担的督促作用有时甚至会超越政府力量。在西方发达国家，企业社会责任也是主要靠公众或各种社会运动的推动发展起来的。但是在我国，民间自发性监督组织数量少，没有比较完整的正式组织，组织民众参与的力量有限，监督机构不重视，监督人员素质差，管理水平低，这些原因导致社会监督的影响力非常有限，他们督促企业承担社会责任的效果不明显，再加上中国传统文化积垢的影响，使得人们的维权意识普遍较弱，对民间组织或团体的能量和运作方式知之甚少。因此，就中国企业社会责任承担的现状来说，社会监督的缺失或不力也是很重要的影响因素。

三、中国林业企业社会责任缺失的原因分析

（一）法规不完善、法制建设滞后

我国法律在对企业承担社会责任的立法上仍存在一定缺陷。各国立法的实践证明，公司法及其他相关法律对企业社会责任的规定是企业承担社会责任的重要途径和有力保障，尽管我国现行的公司法和一些专门法中有许多关于公司社会责任的规定，如《公司法》第 5 条规定：“公司从事经营活动，必须遵守法律、行政法规，遵守社会公德、

商业道德，诚实守信，接受政府和社会公众的监督，承担社会责任。”还有诸如《劳动法》、《公司法》、《消费者权益保护法》、《产品质量法》、《环境保护法社会保障法》以及其他一些规范公司的法律法规中，也渗透着企业社会责任的意思，但除了公司法概念模糊地提到社会责任外，其他都没有明确提出这些法律规定的责任就是企业社会责任。而且在《公司法》中所规定的公司社会责任只是道德层面上的要求，并不是法律上的要求，然而在道德上要求企业保护利益相关者的合法权益并对资源和环境履行义务是没有多少约束力的，只有立法设计使企业的违法成本远远高于守法成本，这时企业才会主动约束自我，把守法经营变成一种自觉的行为，才能促进企业履行社会责任。因此，构建系统的法律制度，通过国家强制力来有效遏制企业侵犯社会利益的行为势在必行。

（二）企业自觉履行社会责任的意识不强

中国尚处于社会主义初级阶段，市场经济和企业发展得还不够成熟，企业从单纯执行国家计划到强调企业的盈利，想的最多的就是如何追求更多的经济效益，企业为了生存纷纷降低成本，特别是减少在生产安全方面的投资，这给生产安全事故的频频发生埋下了祸根。企业尚未形成重视社会责任的自觉意识，关键在于企业的董事股东和经营管理者缺乏社会责任的自身体察，以至于很难形成一套体现社会责任的规范和行为准则，同时又由于企业员工素质比较低，很难推动“以人为本”的管理理念的确立，从而造成了社会责任的缺失。

中国市场体系尚未发育完全，导致公众监督、行业协会以及整个市场机制的作用是有限的，特别是信息披露手段的缺乏。在很多情况下，企业的不良社会责任表现并不直接影响其生产运营的效果，因此不会引发企业自觉负担社会责任的动力。

（三）企业经营者素质差异与企业社会责任缺失的不均衡性

现代经营理念认为企业在创造利润、对股东利益负责的同时，必须要承担对员工、社会和环境相应的责任。企业社会责任缺失的原因之一就在于现代经营理念并没有渗透到企业的运营中去，导致企业只注重眼前利益，忽视长远利益。改革开放后兴起的本土企业绝大多数未完整接触过企业社会责任的理念，对社会责任的内涵没有统一认识，在履行社会责任时表现出不均衡性。有的企业认为承担社会责任就是付出有损于本企业利益的代价，把社会责任与企业对立起来；有的认为企业责任是在遵循游戏规则的同时赚取利润，因而企业只需要对股东及员工负责。有些经营者则热衷于各种社会活动，认为企业的社会责任就是多捐助。认识的不一致和不全而影响企业社会责任的履行。因而，一个企业如何理解和对待社会责任取决于企业管理者们的经营理念和思想境界。其实，企业既是一个追求利润的经济实体，又是一个在一定社会环境中活动的社会组织。企业在追求自身经济利益时，必须从道德的角度使自己的经营行为符合社会的长远利益。

四、构建我国林业企业社会责任的几点建议

推动企业履行社会责任的事业是一项浩大的系统工程，既包括宏观层面的又包括微观层面的；既包括企业内部，又包括企业外部；既包含道德范畴，又包含法律范畴；既包括企业行为，又包括政府行为。所以发展企业社会责任必须从企业、政府和社会等多方面着手：

（一）企业要树立以人为本的科学发展观，建立和谐的价值观

随着社会经济、文明的进步，企业承担社会责任已成为不可逆转的潮流，也是企业竞争实力的根本体现。企业社会责任的发展是构建和谐社会的重要部分，构建和谐社会要求坚持以人为本的科学发展观，即以人为中心开展工作，把人才放在第一位，真正把人才作为发展与否、发展快慢的核心要素。作为和谐社会建设中的主力军，企业应当真正体现出以人为本，把以人为本的理念渗透到企业管理的每个角落。企业要强调一切以人为本，一切以人为核心，一切以人为目的，立足于人的素质的提高和积极性的充分调动，充分激发人的创业激情，充分发挥人的多样性创造才能，使企业的各项工作人性化、人文化和人本化，以实现员工生产安全、就业机会均等和薪酬公平等，实现员工与企业共同发展。

建立和谐的价值观，必须从企业的各方面入手。企业应该积极倡导诚信经营，主导拒绝生产假冒伪劣产品，不欺骗消费者，依法纳税，不偷税漏税，以促进社会的和谐发展。企业是资源消耗最大、最容易对环境产生污染的部门，保护生态环境，企业负有不可推卸的责任。因此，企业必须强化资源节约意识，增强资源节约的主动性和自觉性，走新型工业化发展道路，走出一条科技含量高、经济效益好、资源消耗低的工业化新路子。

（二）政府要尽快完善与企业社会责任标准相关的法律法规制度，发挥法律在强化企业社会责任方面的推动和规范作用

政府在市场经济发展过程中作为一只有形的手，有义务对企业提出社会责任方面的规范性要求，通过政策和法律等手段多层次多渠道对企业加以引导。法律作为国家的一种强制性手段，具有崇高的权威，企业作为社会的一员，其行为也处于法律的监督之下。企业社会责任依靠国家法律强制力来执行，可使其获得社会的普遍认同，提高权威性，成为全体社会成员公认的原则，让企业的经营行为有章可循。企业作为市场经济的主体必须主动承担其对国家和社会应尽的法律义务，如缴纳税费、生产质量合格的产品、诚实守信等，也应当依法对国家、社会、生态环境、消费者、员工等利益相关者承担的市场秩序维护责任、经济责任、环境保护责任、消费者利益保护责任、员工安全与福利责任和对股东的责任等基本法律义务，这也是现代法治社会的基本要求，企业在这里承担的不仅是法律责任，更是其应尽的法律义务。建设企业社会责任不能只是寄托于社会道德规范，还必须依托法律加以强制执行。因此，政府必须制定和健全与企业社会责任相配套的法律、法规和政策，积极吸取国际上的新规定，在我

们原有的立法基础上，对企业社会责任进行比较系统的立法，加快与国际接轨。

随着我国开放程度的快速提高，要尽可能促使现有的有关企业社会责任的法律法规在内容和标准上与国际标准同步。2006年1月1日《中华人民共和国公司法》修订案正式施行，在法律上明确规定了企业要承担的社会责任，而目前新的《公司法》中设计一套充分强化企业社会责任的具体制度，强化企业社会责任理念。由于我国企业社会责任立法相对较晚，还需要不断完善，由于我国还未形成一套完整的规范企业行为的法律，因此，在立法过程中要把企业社会责任作为一个法律概念，将其原则性和一般性的规定纳入《全民所有制企业法》、《合伙企业法》、《个人独资企业法》等相关法律之中，如对企业经营的目标、企业社会责任的定义、原则以及企业社会责任的制度安排等等，最终形成以《公司法》为核心，以《劳动法》、《消费者权益保护法》、《安全生产保护法》、《环境保护法》等相关部门法为补充的法律体系，使这些规定企业社会责任的法律法规构成了我国企业经营的刚性底线，从而促使企业承担社会责任。

（三）要充分发挥舆论媒介、行业协会、非政府组织等的作用和加强社会公众的监督，建立良好的信息披露机制

实践证明，舆论监督以其发表的公开性、传播的快速性、影响的广泛性、揭露的深刻性、导向的明显性、处置的及时性等特点和优势，可以迅速将人们的注意力聚焦，形成强势舆论，通过对社会舆论的引导，形成对企业社会责任问题的广泛关注。强大的社会舆论、鲜明的民心民意可让责任型企业一举成名，也可让无责任心的企业一落千丈，当然这在很大程度上需要大众传播媒介组成的监督子系统积极参与。就因为舆论监督具有极强的监督和控制功能，所以新闻媒体以舆论、宣传、教育影响和引导内外资企业的公众价值观和行为方式，可以预防和制止企业的越轨行为，实现对企业社会责任的有效监督，从而引导企业转变观念，朝着积极履行社会责任的方向发展。构建企业社会责任要充分发挥舆论媒体的作用、提高相关利益者的维权意识与行动能力，加强企业社会责任建设的宣传，加大对企业责任履行状态的信息传递，营造企业社会责任的氛围，逐步形成企业自觉承担社会责任的社会环境。

良好的信息披露制度在很大程度上能起到监督和制约的功能，建立信息披露制度可以加强企业履行社会责任的自觉性和主动性，有利于企业信息的公开透明。从西方国家走过的历程看，企业社会责任信息披露经历了一个由自愿性披露到强制性披露，再到自愿性披露和强制性披露相结合的发展过程。所以，我国必须加快相关法律法规的制定和完善，对企业社会责任信息披露作出强制性规定，从而推进企业社会责任的履行。

（四）借鉴和推行企业社会责任的国际标准，对社会责任标准进行本土化改造，建立新型企业社会责任评价体系

企业社会责任的评价体系应当成为一个国家企业是否承担社会责任及承担社会责任程度的价值标准，科学有序的价值评价标准是企业发展方向的指航标，它能够在一定程度上指引企业实现健康的可持续发展。我国目前社会上对企业的评价标准还往往停留在经济标准上，远远不能在社会经济全球化背景下提高企业竞争力。构建企业社

会责任评价体系，最为重要同时也是最为基础的问题是企业社会责任评价体系的规范化问题。SA8000 标准是全球第一个可用于第三方认证的社会责任国际标准，包括对企业禁止使用童工、强迫劳动、安全卫生、结社自由和集体谈判权、歧视、惩罚性措施、工作时间、工资报酬及管理体系等，旨在通过有道德的采购活动改善全球公认的工作条件，最终达到公平而体面的工作条件，SA8000 是一个国际统一标准，不仅适用于发达国家，也适合于发展中国家。目前，企业社会责任在国际上已经形成一场浩浩荡荡的社会运动，而且，据悉，国际标准组织（ISO）也将成立专门的企业社会责任（CSR）委员会，将企业社会责任正式纳入企业标准化范畴。

建设新型企业社会责任评价体系要从中国实际出发，需要认真研究 SA8000 国际标准，尤其是借鉴其保护劳工利益的科学标准，通过研究和探索，制定出中国企业应当承担的社会责任的基本要素，建立起有中国特色的企业社会责任标准，并以此作为企业社会责任自我评价和第三方评价的依据，从而规范企业行为，提高企业履行社会责任的自觉性和能力，为提升我国企业在国际市场上的竞争力创造条件。

（五）我国企业要以积极的态度应对社会责任国际标准，国家、社会应积极培养企业家慈善捐助的热情

企业实施社会责任国际标准已经成为必然发展的趋势，企业只有顺应这种历史潮流，才能在日益复杂的国际竞争中处于常胜不败的地位，企业管理者只有顺应历史的潮流，才能在日益复杂的国际竞争中处常长胜不败的地位。相反，企业若放弃社会责任，要么被法律所制裁，要么被社会所抛弃。因此，企业管理者必须高度重视社会责任，以积极的态度应对社会责任国际标准。

企业公益慈善作为企业社会责任的最高表现形式，可以解决“市场不为政府不能”的事情，可以克服第一次分配的弊端，弥补第二次分配的不足。近年来，我国已颁布实施了一些与慈善事业相关的法律和政策，直接为慈善事业的发展提供了保障和支持，这方面，我国可以借鉴美国的法律制度，把慈善捐助与税收结合起来，建立一套有效的激励企业慈善活动的税收制度。但是企业社会责任不等于慈善捐助，社会慈善捐助不能本末倒置，企业社会责任不只是向红十字会捐款，也不只是建几所学校。三鹿、蒙牛、伊利每年都进行一些社会捐赠活动和公益事件，投入社会资金上千万，但是这些企业最基本的产品质量安全都无法保障，他们将企业社会责任本末倒置，有意或无意地将企业社会责任等同于公益捐赠。

五、推动林业企业履行社会责任的措施

（一）制定林业企业社会责任披露指引

针对林业企业的特点，有针对性地研究制定对林业企业社会责任披露指引。我国目前现有的企业社会责任指引一般都是针对所有上市企业而制定的，由于缺乏针对性，林业企业因其所具有的特殊性的限制，执行起来具有一定的难度。为此我国应针对林业企业的特点及相应的社会责任的特殊性，研究制定对林业企业社会责任披露指引，

为我国林业企业社会责任披露提供指导意见和理论依据，以促使林业企业社会责任的履行。

（二）建立林业企业社会责任评价体系

我国应建立林业企业社会责任评价体系，根据林业企业的社会责任特点，建立评价指标体系，并支持社会研究机构开展林业企业社会责任评价。可以通过与国际知名企业进行指标核对，以发现我国林业企业履行社会责任绩效的弱项，不断提高管理水平，并加强宣传，扩大林业企业的社会影响，通过社会责任工作提升企业的核心竞争力。

（三）政府采用低碳激励措施

为推动我国森林旅游服务企业低碳化运营，政府应对企业采取低碳化激励措施。低碳化运营需要政府应用经济手段，采取管理措施，进行宣传教育，要运用市场机制和经济手段，通过税收优惠、政策鼓励、资金扶持、经济补偿等方式，引导林业企业经营者开展低碳经营；对高能耗、高排放、高污染的企业，按照其开发利用资源的程度，污染破坏资源与生态环境的程度，征收排污税等。

（四）对林产工业企业进行企业环境审计

企业环境审计是通过对企业的环境报告以及经营管理情况的环境影响评价，监督其环境保护和管理责任的履行，并对其环境保护和管理责任的履行状况进行评价和鉴证，同时对其提出的有关环境管理问题提供咨询，从而实现对其环境保护和管理责任履行过程进行控制的一种特殊的控制活动。对林产工业企业进行环境审计，可以使林产工业企业在生产经营活动中有履行社会责任的压力，若将环境审计结果与财政划拨结合，更可以促使林产工业企业主动承担社会责任，积极创新科学砍伐模式，倾向于使用设计科学节能环保的设备，建立资源环保制度，促使林产工业企业生产良性循环。

第四部分 行业报告篇

我国林业产业中，人造板、松香、木地板、家具、经济林产品产量均处于世界首位，成为世界林产品生产、消费和贸易大国，在国民经济中的地位日益显著。本篇选取其中有代表性的优秀产业进行专题分析和研究，以点观面，以理论分析实践，中国林业产业创新升级和打造绿色增长点将成为产业发展的未来。

2013年家具行业经济运行分析及2014年预测

中国家具协会　中国轻工业联合会

摘要： 在新一轮的转型调整期，我国家具行业政策环境和外部条件发生了显著变化，本文从经济运行、出口贸易、区域经济、国内家具市场四个大方面，全面细致地分析了2013年全年家具行业的运行情况，并对产业竞争力做出了综合评价，指出了影响家具行业发展的因素，进而对2014年家具行业发展作出了展望。最后提出减少出口企业经营风险、加大鼓励出口政策导向保持出口贸易市场稳定、建立走出去指导目录、加大传统产业扶持政策继续改善融资环境等政策建议，以期进一步推动我国家具行业发展。

进入2013年后，家具行业面临的政策环境和外部条件发生了显著的变化，为了给经济转型升级创造条件，国家主动调整了宏观经济增速预期，给行业经济运行增加了不确定性。这种不确定性的主要影响因素是：宏观经济调整的时间节奏、宏观经济调整的幅度以及调整后的宏观经济增速合理区间的社会认同度。由此，行业进入了新一轮的转型调整期。

政策环境和外部条件变化的主要表现是，国家主动放缓了宏观经济增速预期，减少了刺激经济的手段和过度的人为干预，以便更好地发挥市场的调节作用；将"提质增效"作为经济工作目标，将转变经济增长方式摆在更加突出的位置；把改善民生作为经济工作的着力点和落脚点，释放改革红利，增加有效的市场需求。

纵观全年的运行情况，以下两个因素对家具行业发展起到了至关重要的作用：一是，国内居民消费持续扩大，在一定程度上弥补了投资拉动和国际市场需求的不足；二是，开拓国际新兴市场的努力取得了新的成效，新兴市场和自贸区贸易规模扩大，对出口的拉动作用显著。这种市场结构的变化，适应了宏观经济调整带来的机遇和挑战，反映了"扩内需、调结构、转方式"的内在要求。

2013年，是全面深化改革的一年。党的十八届三中全会通过了《全面深化改革的若干重大问题的决定》，对深化改革的若干重大问题作了全面阐述，制定了深化改革的路线图，明确了任务目标。中央经济工作会议强调，要坚持稳中求进、改革创新的总基调，将转变经济增长方式摆在了更加突出位置。

一、经济运行分析

2013年，家具行业为较好地适应了宏观经济调整带来的变化，在宏观经济增速放缓、国际市场需求不足的情况下，加快推进产业转型升级，较好地实现了发展速度与发展质量的统一。随着宏观经济调整的基本到位，调整压力得到有效释放，家具行业的经济运行质量全面回升，经济总量保持了较快的增长。

中轻家具景气指数是依托于中国轻工业经济运行及预测预警系统，以国家统计局、海关总署的动态数据为基础，利用一系列经济指标建立的统计分析模型，可反映家具行业经济运行状态，以供参考决策。2013年12月家具行业景气指数分析如下：

中国轻工业信息中心发布2013年12月中轻家具景气指数。12月，中轻家具景气指数95.15，其中：主营业务收入景气指数为94.48，出口景气指数为104.33，资产景气指数为102.55，利润景气指数为87.73。

从中轻家具景气指数的全年走势来看，处于在“稳定”区间内的100基准线以下平缓运行。2月96.05为全年最高值，3~6月逐月微幅走低，7~9月缓步回升，11月暂时回落，12月比11月回升了0.10个百分点(图1)。

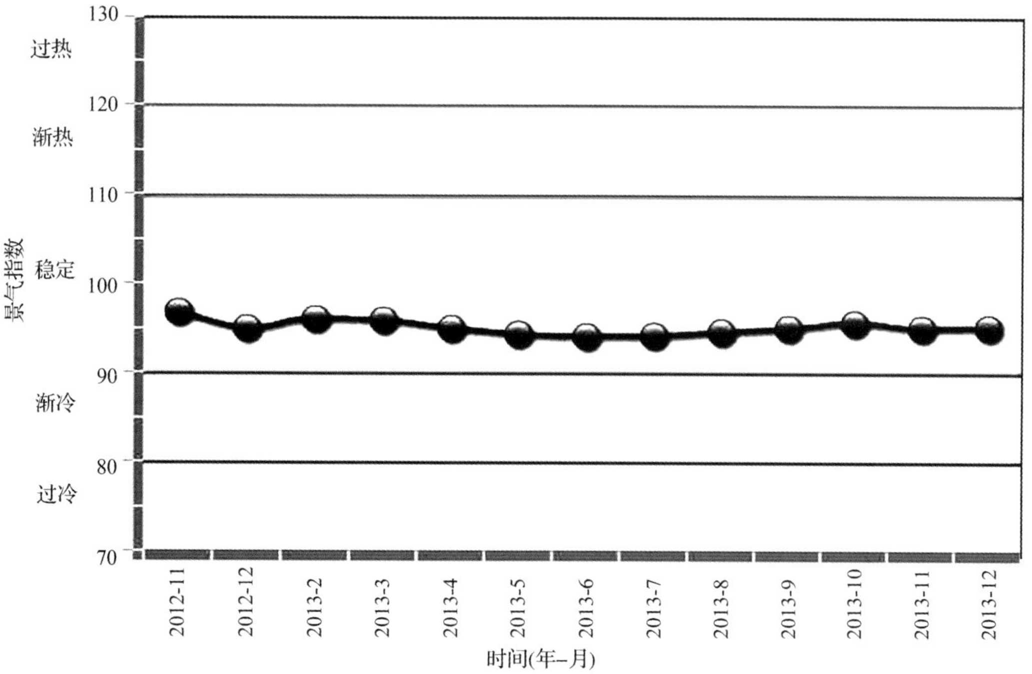

图1 2012年11月至2013年12月中轻家具行业景气指数变化态势

（数据来源：中国轻工业经济运行及预测预警系统）

2013年12月，家具景气指数山西保持“过热”，由于青海、甘肃的加入该区间，使得发展过热地区增至3个，占全国地区总数(下同)的9.68%；随着河北、宁夏与云南从“稳定”转变为“渐冷”后，处于“稳定”区间的地区减少为11个，占全国的35.48%；处于“渐冷”区间的地区虽然有上述3个地区加入，但同时因吉林和海南转变为“过冷”，导致该区间只有4个地区，占全国的12.90%；有12个地区属于“过冷”区间，占全国的38.71%，其中有7个地区低于70。

2013年中国家具行业的发展从运行特征看，表现出以下四个特点：

（一）行业发展稳中求进，经济运行整体平稳

2013年，家具行业规模以上企业4716个，累计完成主营业务收入6462.75亿元，同比增长14.30%，高于轻工全行业13.66%的平均水平（表1）。

表1　近五年轻工全行业与家具行业主营业务收入变化

年　份	轻工全行业		家具行业	
	主营业务收入（亿元）	增速（%）	主营业务收入（亿元）	增速（%）
2009年	92595.49	12.25	2911.00	10.71
2010年	120245.75	30.39	3793.08	30.77
2011年	160235.73	29.30	4992.30	25.71
2012年	177202.23	15.43	5438.90	13.84
2013年	203101.51	13.66	6462.75	14.30

注：①表中均为规模以上企业数据，2011年起规模以上企业的统计标准变为年主营业务收入2000万元及以上全部工业法人企业；②2009年和2010年的数值均为当年1～11月的累计值。

数据来源：中国轻工业经济运行及预测预警系统。

伴随着国家宏观经济调整，2013年上半年家具行业的经济增速放缓，这种阶段性的趋势变化，是市场为适应宏观经济调整做出的必然反应。随着宏观经济调整基本到位，家具行业的运行质量全面回升，发展速度进入比较合理的区间。从家具行业的经济运行轨迹看，与全国工业经济运行走势相似，上半年工业增加值的月度增速呈震荡下行走势，下半年企稳回升后保持平稳发展的态势（图2）。

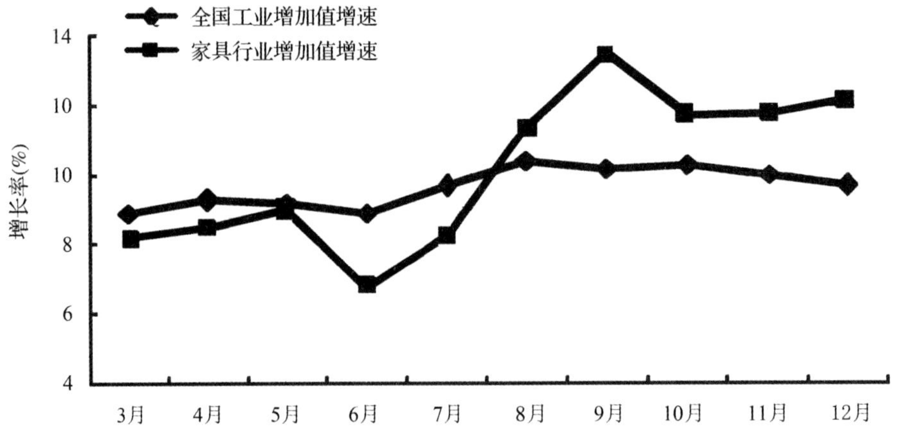

图2　2013年全国工业与家具行业月度工业增加值增速比较

（数据来源：国家统计局网站，表中数据均为规模以上企业扣除价格因素的实际增长率）

（二）调整压力得到释放，发展环境有所改善

随着宏观经济调整的快速到位，调整压力得到释放，此轮宏观经济调整对家具行业的直接影响相对有限。2013 年，行业经济运行企稳向好，与调整后的宏观经济增速相适应的行业合理的发展速度初步形成，从全年经济运行走势分析，15% 左右是较为合理的增长区间。

发展环境有所改善的主要表现是：行业发展的基本面向好，民生工程、新型城镇化建设等政策导向更加清晰，发展前景更加明朗；市场在资源配置中起决定作用，政府对经济的人为干预减少，企业市场地位增强；发展混合所有制经济、自由贸易区建设、扩大内陆沿边开放、支持非公有制经济发展等一系列改革，为行业健康持续发展提供了制度保障。

（三）效益实现同步增长，经营状况整体稳定

提质增效是产业转型升级、产业结构优化的必然要求。在产业规模保持合理适度增长的同时，效益指标得到改善，产业结构优化，产业集中度、劳动生产效率稳步提升。2013 年，家具行业经济运行反映出上述特点，主要表现为利润增速与主营业务收入增速基本持平（表 2），企业平均规模继续扩大，大中型企业主营业务收入占比增加，企业结构有所优化。

表 2 近五年家具行业规模以上企业效益变化

指标名称		2009 年	2010 年	2011 年	2012 年	2013 年
利润总额	金额（亿元）	127. 32	186. 08	289. 42	344. 66	403. 88
	增速（%）	28. 92	46. 80	32. 20	19. 39	14. 01
投资额	金额（亿元）	644. 26	838. 83	1192. 33	1557. 25	1948. 79
	增速（%）	25. 9	30. 0	28. 8	30. 2	27. 2
资产总计	金额（亿元）	2002. 08	2440. 21	2867. 55	3278. 95	4039. 11
	增速（%）	12. 31	23. 46	23. 50	13. 71	16. 85
亏损额	金额（亿元）	14. 59	11. 14	12. 21	16. 75	17. 70
	增速（%）	-3. 80	-19. 96	66. 71	19. 74	13. 10

注：①2011 年起规模以上企业的统计标准变为年主营业务收入 2000 万元及以上全部工业法人企业；②2009 年和 2010 年的“利润总额”、“资产总计”和“亏损额”对应的数值均为当年 1 ~ 11 月的累计值；③“投资额”在 2009 年和 2010 年为“行业城镇投资”，2011 年起为“固定资产投资（不含农户）”。

数据来源：中国轻工业经济运行及预测预警系统和国家统计局网站。

（四）内需增长贡献突出，居民消费成为热点

2013 年，家具行业整体运行平稳，主要得益于国内消费带动。国家统计局数据显示，2013 年，家具行业规模以上企业的内销率达到了 76. 51%，内需增长对新增主营业务收入的贡献率为 87. 82%；限额以上企业（单位）商品累计零售额同比增长 12. 7%，其中，家具类商品累计零售额增长 21. 0%（表 3），远远超过汽车类 10. 4%、家用电器

和音像器材类14.5%的增长，家具类商品零售额增幅已经连续三年超过家用电器、汽车类商品，成为持续的市场消费热点。

表3　2013年限额以上企业(单位)家具类商品零售情况

	本月		累计	
	零售额(亿元)	增速(%)	零售额(亿元)	增速(%)
2月	—	—	241.7	20.9
3月	147.1	24.9	388.9	22.4
4月	142.4	22.0	531.1	22.3
5月	151.8	21.1	684.1	22.0
6月	165.6	18.2	849.8	21.3
7月	153.9	17.6	1002.8	20.7
8月	161.1	21.3	1164.4	20.8
9月	174.7	19.9	1340.2	20.6
10月	194.7	20.6	1534.6	20.6
11月	198.3	24.8	1733.0	21.1
12月	222.9	20.1	1957.5	21.0

注：表中增速均为未扣除价格的名义增速。

数据来源：国家统计局网站。

二、出口贸易分析

(一)市场格局有所优化，新兴市场成为亮点

2013年，全球经济仍处于脆弱的复苏阶段，消费需求不足，我国家具传统出口市场表现不佳。在市场倒逼机制的作用下，出口市场多元化的步伐加快，新兴市场及自贸区成为出口贸易的增长点。对东盟的出口占比连续五年超过日本，2013年达到了12.21%。

从出口市场国别和贸易额看，2013年，我国对美国、欧盟、日本三大传统市场累计出口277.52亿美元，同比增长2.02%，占出口总额的52.26%，比上年减少了2.20个百分点。对新兴市场出口整体增速较快，其中对自贸区和金砖国家(除中国外)出口额117.67亿美元，同比增长27.17%，对新增出口值的贡献率达到79.86%，拉动全行业出口值增长5.03个百分点(表4)。

表4　2013年家具行业主要商品出口主要国际市场情况

主要国际市场		2013年出口值(亿美元)	2012年出口值(亿美元)	增速(%)	占比(%)
家具行业主要商品		531.01	499.53	6.30	100.00
传统市场	美国	149.02	139.02	7.19	28.06
	欧盟	100.18	105.31	-4.87	18.87
	日本	28.33	27.71	2.22	5.33

（续）

主要国际市场		2013 年出口值（亿美元）	2012 年出口值（亿美元）	增速（%）	占比（%）
自贸区	中国—东盟	64.83	50.36	28.73	12.21
	中国—新加坡	16.68	12.17	37.05	3.14
	中国—巴基斯坦	0.39	0.27	45.99	0.07
	中国—新西兰	2.22	1.94	14.19	0.42
	中国—智利	2.33	2.98	-21.63	0.44
自贸区	中国—秘鲁	1.43	0.74	93.95	0.27
	中国—哥斯达黎加	0.21	0.21	3.19	0.04
	内地—港澳	18.69	9.62	94.28	3.52
	内地—台湾	3.10	2.64	17.42	0.58
	中国—冰岛	0.04	0.03	63.40	0.01
	中国—瑞士	0.48	0.64	-25.23	0.09
金砖国家（除中国外）		23.95	23.12	3.60	4.51
其他市场		135.81	134.96	0.63	25.58

数据来源：中国轻工业经济运行及预测预警系统。

（二）不确定性因素增加，外贸形势依旧严峻

从近两年家具行业月度出口情况对比看，2013 年月度出口额增速回落，共有 7 个月的增速为负，其中 5～9 月连续 5 个月出现负增长（图 3）。月度负增长的情况在近年也曾出现过，但都是在同比基数高增长的情况下发生，与今年的情况存在很大的不同。这种状况提供了以下启示：一是外贸市场不确定性增加，增速放缓或将成为一种常态；二是可开发的新增市场容量减少，未来国际市场竞争更加激烈；三是传统竞争优势受到更多挑战，转变外贸发展方式的任务显得更加急迫。

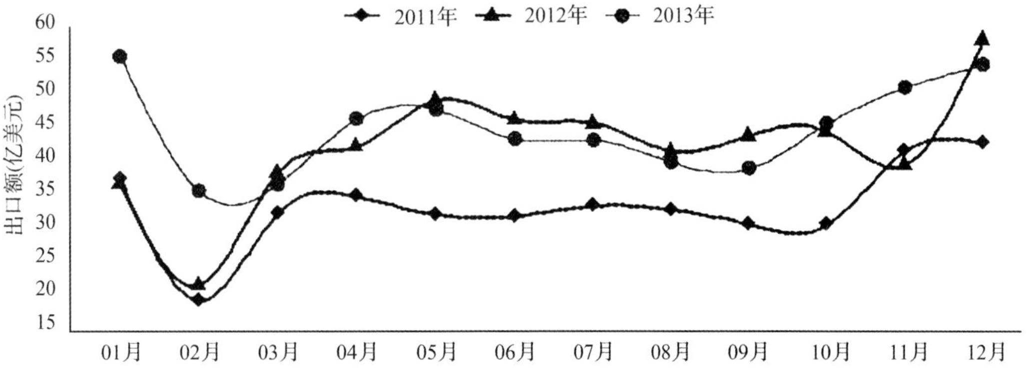

图 3　家具行业近三年月度出口值对比

（数据来源：中国轻工业经济运行及预测预警系统）

（三）出口单价继续提升，营利模式有所优化

出口商品单价提升，已经成为家具行业出口增长的主要实现形式。根据海关数据

统计，近三年有65%的出口家具的单价逐年提升。2013年，家具行业40种8位编码出口商品中，累计出口值为正增长的有31种，占77.50%，其中有9种实现了20%以上的增长；累计出口量呈负增长的有15种，占37.50%；量减价增的有8种，占20.00%；量价齐跌的有7种，占17.50%；出口单价提升的有28种，其中15种(占28种商品的53.57%，下同)提价增幅在0~10%之间(不包括10%)，7种(占25.00%)在10%~20%之间(不包括20%)，6种(占21.43%)在20%及以上，这些商品出口单价提升，对家具出口值增长的贡献率达到了86.80%(表5)。

表5　2013年家具行业8位编码商品出口量价情况

商品编号	商品名称	出口值增速(%)	出口量增速(%)	出口单价增速(%)	量价比较	出口单价增速幅度归类
94011000	飞机用坐具	-2.89	-9.20	6.95	◎	△
94012010	皮革或再生皮革制面的机动车辆用坐具	186.36	28.42	122.98		☆
94012090	非皮革或再生皮革制面的机动车辆用坐具	6.73	0.58	6.12		△
94013000	可调高度的转动坐具	5.84	0.86	4.94		△
94014010	皮革或再生皮革制面的能作床用的两用椅(但庭园坐具或野营设备除外)	-49.28	-44.00	-9.43	◎	↓
94014090	非皮革或再生皮革制面的能作床用的两用椅(但庭园坐具或野营设备除外)	1.60	4.65	-2.91		↓
94015100	竹制或藤制的坐具	-33.55	70.78	-61.09		↓
94015900	柳条及类似材料制的坐具	-63.08	-9.89	-59.02	◎	↓
94016110	皮革或再生皮革制面带软垫的木框架坐具	1.53	-2.55	4.19	◎	△
94016190	非皮革或再生皮革制面带软垫的木框架坐具	18.06	6.57	10.78		○
94016900	其他木框架坐具	12.58	1.45	10.97		○
94017110	皮革或再生皮革制面带软垫的金属框架坐具	15.90	18.07	-1.84		↓
94017190	非皮革或再生皮革制面带软垫的金属框架坐具	-2.82	0.85	-3.64		↓
94017900	其他金属框架坐具	1.64	1.09	0.54		△
94018010	石制的坐具	39.57	-9.70	54.57	◎	☆
94018090	其他未列名坐具	26.19	2.52	23.09		☆
94019011	机动车辆用座椅调角器	26.68	18.35	7.04		△
94019019	机动车辆用坐具的其他零件	8.81	7.29	1.41		△
94019090	非机动车辆用坐具的零件	4.96	3.33	1.57		△
94021010	理发用椅及其零件	26.10	0.12	25.94		☆
94021090	牙科用椅及其零件；理发用椅的类似椅及其零件	19.08	364.36	-74.36		↓

（续）

商品编号	商品名称	出口值增速（%）	出口量增速（%）	出口单价增速（%）	量价比较	出口单价增幅度归类
94029000	其他医用家具及其零件（如手术台、检查台、带机械装置的病床等）	9.05	12.61	-3.16		↓
94031000	办公室用金属家具	9.68	-6.64	17.48	◎	○
94032000	其他金属家具	4.77	2.92	1.80		△
94033000	办公室用木家具	4.52	1.38	3.10		△
94034000	厨房用木家具	16.89	11.50	4.83		△
94035010	卧室用红木家具	-63.60	-50.09	-27.07	◎	↓
94035091	卧室用漆木家具	-49.26	-40.52	-14.69	◎	↓
94035099	卧室用其他木家具	1.42	-7.37	9.49	◎	△
94036010	其他红木家具	6.94	-20.62	34.72	◎	☆
94036091	其他漆木家具	-14.31	-35.35	32.54	◎	☆
94036099	其他木家具	3.33	-1.64	5.06	◎	△
94037000	塑料家具	7.63	1.06	6.49		△
94038100	竹制或藤制家具	28.90	57.51	-18.17		↓
94038910	柳条及类似材料制家具	47.78	109.70	-29.53		↓
39263000	塑料制家具、车厢或类似品的附件	25.24	5.21	19.04		○
94038920	石制家具	-7.92	-17.85	12.08	◎	○
94038990	其他材料制家具	0.10	-6.14	6.65	◎	△
94039000	家具的零件	22.99	7.76	14.13		○
94041000	弹簧床垫	3.69	-6.11	10.44	◎	○

注：①◎表示量减价增的商品，◎表示量价齐跌的商品；②↓表示出口单价负增长的商品，△表示出口单价提价幅度在0～10%之间（不包括10%）的商品，○表示出口单价提价幅度在10%～20%之间（不包括20%）的商品，☆表示出口单价提价幅度在20%及以上的商品。

数据来源：根据中国轻工业经济运行及预测预警系统相关数据计算得出。

（四）外贸环境整体趋紧，传统竞争优势弱化

2013年，外贸环境整体趋紧表现在以下三个方面：一是贸易保护措施有增无减。据英国智库“全球贸易预警（Global Trade Alert）”的统计，国际金融危机爆发以来，二十国集团成员出台的贸易限制措施中，近90%仍在实施。世界各国新出台了近300项以邻为壑的贸易措施。二是贸易摩擦常态化和多样化的趋势更加明显。发达国家推行的木材采伐溯源制度，对木制家具出口产生影响。三是以美国主导的自贸区谈判正在潜移默化地改变着贸易规则，打破现有的贸易格局，对未来出口的负面影响开始显现。

同时，受国内生产要素成本上涨、人民币升值、融资成本增加等因素影响，家具出口的综合成本不断攀升，出口企业的利润空间遭到严重挤压，经营压力持续增加，部分订单流失，部分产能向周边国家转移。

三、区域经济分析

(一)东部家具行业发展分析

1. 行业发展现状

在我国家具产业版图上，东部的产业基础好，产业规模、质量效益、出口占比等方面都拥有举足轻重的地位，形成了珠三角、长三角、环渤海三大家具产业区，产区内产业集聚效应明显，是我国家具生产制造和出口的主要地区。2013年，东部家具行业规模以上企业3386个，占全国家具行业(下同)的71.80%；累计完成主营业务收入4515.74亿元，占69.87%；累计出口484.60亿美元，占91.26%；累计实现利润255.54亿元，占63.27%；累计资产总计2990.78亿元，占74.05%。

2. 发展环境分析

受区域市场容量、环境承载能力等条件的制约以及区域经济结构调整等因素的影响，近年来区域优势弱化，发展速度明显放缓。产业转型升级的任务艰巨。

从区域发展环境分析，东部地区仍具有明显区域优势，主要表现为：产业发展基础好，产业链完整；市场成熟，销售渠道和配套设施齐全；就原料和市场两头在外的企业而言，区域优势较内陆更加明显；东部地区实现的出口额占比超过九成，巩固东部地区在出口贸易中的地位，对巩固我国家具出口贸易大国地位具有战略性意义。

从区域发展环境分析，东部地区也暴露出劣势和不足。主要表现为：资源环境压力逐年增大，面临产业结构调整的冲击；劳动力等生产要素成本逐年增加，企业的营利能力降低；出口市场需求不足，一些出口企业经营风险和市场转型风险加大；国内市场重心向内陆转移，地域市场优势逐渐弱化。

(二)中部家具行业发展分析

1. 行业发展概况

随着“中部崛起”战略的实施，依靠趋于比较优势，家具行业中部地区快速发展，成为东部产业梯度转移的重要承接地。外部企业和资本注入，改变了本土家具行业的构成，缩小了东部与中部的发展差距。区域内家具产业集群迅速崛起，促使企业从“小而散”向“聚而集”的方向发展，并且立足于本地和周边市场，最大限度地扩大本地市场占有份额，分享改革对地方经济发展带来的红利，推动行业步入了发展的黄金期。

中部家具行业发展后劲足，规模迅速扩大。2013年，规模以上企业的累计资产总计为649.72亿元，同比增长41.16%，是全国家具行业投资增长最快的区域；累计完成主营业务收入1310.81亿元，同比增长19.17%；累计实现利润100.46亿元，同比增长20.43%，基本实现了规模和效益的同步增长。

2. 发展环境分析

中部地理位置2012年，中部人口约占全国总人口的32%，GDP约占全国经济总量的25%，具备丰富的劳动力资源和巨大的潜在市场，属于产业凹地。

从区域发展环境分析，中部地区的区域优势主要表现为：地理位置优越，贯通南北、连接东西，交通运输便利，辐射面较广。尤其是国家规划的“三纵两横”城市群辖区，具有较好的投资潜力；在承接东部产业转移中，综合成本优势明显，国家统计局数据显示，2013 年中部地区家具行业规模以上企业平均主营业务收入利润率为7.66%，远高于东部地区5.66%的平均水平；国内家具市场重心向内陆转移，区域市场优势逐步显现。

从区域发展环境分析，中部地区也存在不足。主要表现为：行业发展基础不及东部。在发展过程中，部分地方政府在未多方调研的情况下，盲目上马家具园区和家具市场的建设，企业良莠不齐，产能的急剧扩大与市场需求之间的矛盾开始显现。

（三）西部家具行业发展分析

1. 行业发展概况

受地域和发展水平的限制，西部家具行业除四川外，其他地区的行业基础薄弱，企业规模小、布局分散、专业化程度低。2013 年，西部规模以上家具企业 396 个，占全国家具行业总量（下同）的8.40%；累计完成主营业务收入636.14 亿元，占9.84%；累计实现利润47.88 亿元，占11.85%；上述两项指标的增速分别比中部同行业低了2.04 个百分点和13.23 个百分点。

2. 发展环境分析

从区域发展环境分析，西部地区产业基础薄弱，发展水平与东中部地区有较大的差距。区域市场相对封闭，不同地区、不同民族间文化特色鲜明，产品主要满足区域内市场需求。在西部大开发战略推动下，区域内家具行业的生产经营状况向好，盈利能力提升。随着内陆沿边开放、周边国家和区域基础设施互联互通建设的加快，以及丝绸之路经济带的推进，西部地区的区域优势将逐步显现。

四、国内家具市场分析

（一）家具市场规模

按照国家统计局相关数据，根据建立的数据模型，对规模以上及以下企业实现的国内销售额进行模拟推算，2013 年度国内家具生产制造企业在国内实现的销售额为5300 亿～5550 亿元，国内家具市场总规模突破1 万亿元，为10600 亿～11100 亿元。

（二）家具市场特征

近年来，国内家具市场的重心向内地转移的趋势十分明显，在消费品市场中，家具商品市场活跃，成为持续的消费热点。需求多样化、消费需求升级是家具市场的两大基本特征，健康、环保、时尚、个性化是发展主题。

形成了两大消费群体：一是随着生活水平的提升，以家具更新为目标的消费群体；

二是以改善生活为目标的消费群体。两种消费群体不同的消费需求、消费结构变化决定了市场定位和销售方式更新。

从不同区域的市场特点看，东部沿海地区以消费升级带动而形成的市场规模持续扩大，购买意愿更多地表现为家具更新；中西部以改善型消费需求为目的消费群体仍然是市场主流，不同的区域反映出不同的消费特征，体现出消费需求的多样性。

国内家具市场结构基本形成，根据目标市场定位，构成了跨区域辐射市场、城市中心市场、专卖店等多层面覆盖，家具专卖市场、建材市场、品牌连锁等相互渗透、相互融合的多元化、网络化的市场格局。同时，电子商务的兴起，促进了新的营销模式的发展，店面与网络相结合成为一种趋势。主要表现出以下几个特征：

1. 各地流通市场急速扩容

据初步统计，全国家具市场约有7000多万平方米，面积在1万平方米以上的有3500多家。在河北香河、广东乐从、江苏蠡口和成都武侯等地，各种类型的家具卖场集中形成了区域品牌效应，构成了四大家具商贸之都。以香河为例，经历15年的发展，已建成30座单体家具城，总经营面积超过300万平方米，拥有1万多个品牌、7000多商家，成为仅次于乐从的北方最大家具集散地，2012～2013年度的交易额已达245亿元。

2. "泛家居"营销迅速崛起

泛家居的概念是经销商整合市场资源，打造更大的市场平台而推行的一种战略，用"家居"概念包容了更多商品，淡化了传统专业市场的属性，促使原有的家具卖场向泛家居转型，形成了相互渗透、相互交融的局面。居然之家已在全国大中城市开设了69家分店，总营业面积达300万平方米，年销售额超过250亿元；红星美凯龙有128家分店，总营业面积达1000多万平方米，年销售额500多亿元。

3. 营销渠道呈多元化拓展

我国的家具营销多元化格局逐步成型，除去代理商、批发商、零售商以外，还有国际品牌专卖店、家具超市、综合性居室用品店、连锁店、自营店、旗舰店、网络销售等多种渠道并存，不同的营销渠道各具特色。

在市场渠道多元化发展的今天，店铺销售仍然是主流营销渠道，经销商与制造企业的分工格局短期内不会打破。随着市场竞争加剧，以及目标消费群体的定位细化，营销模式正在发生变化，形成能够满足不同消费层次的专业化市场。从长远来说，网络营销将是一种发展趋势，与传统营销相结合，线下体验、线上购物成为一种时尚的消费方式。

4. 展会经济助推行业发展

在家具市场营销渠道多层次、广覆盖的情况下，展会对活跃市场、促进流通等方面的作用仍然不可替代。展会功能与时俱进，在强化交易功能的基础上，产品展示功能、流行趋势发布功能、品牌宣传功能也大大提升，成为企业占领市场制高点不可或缺的阵地。

以中国国际家具展览会为例，该展会已跻身世界三大家具展之一，是为家具行业发展而打造的一个有效展示交易平台，成为中外参展商寻找和巩固合作伙伴关系、开拓新市场、推出新产品、建立品牌形象、收集市场讯息的舞台。不仅贸易功效越来越显著，而且逐步成为家居时尚的引领者。

五、产业竞争力综合评价

为了客观地评价家具产业竞争力的变化情况，我们将产业竞争力构成分为组织竞争力、市场竞争力和要素竞争力三大项，下设九个指标进行分析评价。按照建立的数据模型进行综合评价，可以得到以下结果(表6)：

表6 2011～2013年家具产业竞争力综合评价表

	2011年	2012年	2013年	一级指标	2011年	2012年	2013年	二级指标	2011年	2012年	2013年
家具产业竞争力评价指数	103.78	98.90	98.56	B01 产业组织竞争力	40.00	38.01	39.95	C01 产业规模	41.08	36.89	38.76
								C02 产业集中度	19.11	18.99	21.31
								C03 劳动生产效率	39.82	39.14	39.80
				B02 产业市场竞争力	20.41	19.38	18.67	C04 国际市场竞争力	50.98	51.58	45.54
								C05 国内市场竞争力	51.06	45.34	47.82
				B03 产业要素竞争力	43.37	41.51	39.94	C06 价值能力	57.68	55.78	50.99
								C07 就业能力	10.17	9.99	9.97
								C08 融资能力	18.57	17.53	19.59
								C09 资产周转能力	22.00	20.47	19.29

数据来源：根据中国轻工业经济运行及预测预警系统相关数据，由数据模型计算得出。

综合评价结果比较客观地反映出家具行业产业竞争力状况和要素之间的变化情况，其评价结果完全符合家具行业的运行特点。如果对各项指标的评价值进行连续观察，更容易对竞争力要素变化对产业竞争力构成的影响做出分析和判断。

从综合评价结果看，家具行业产业竞争力整体上保持稳定，竞争力要素构成有所优化；反映行业经营状况、营利能力、成长性的指标稳中有升，对保持产业竞争力起到了重要支撑和拉动作用。

从分项评价指标观察，在产业组织竞争力指标中，产业集中度指标的评价值高于前两年，对产业组织竞争力的提升作用显著。产业集中度指标反映了企业平均规模的变化情况，评价结果显示企业具有较好的成长性。在产业要素竞争力指标中，价值能力、融资能力、资金周转能力反映了企业经营状况和盈利能力，从评价结果看，产业要素竞争力指标基本保处稳定，其中融资能力稳中有升。

六、2014年家具行业发展展望

(一)行业发展环境分析

2014年是全面深化改革年。从宏观层面分析，党的十八届三中全会通过的《关于全面深化改革若干重大问题的决定》(以下简称"《决定》"),全面阐述了经济体制改革的方向和目标,制定了深化改革的路线图,在许多重大问题上实现了理论创新,对全面深化改革作了部署。中央经济工作会议强调,要坚持稳中求进、改革创新的总基调,宏观经济政策更加务实和稳健。国家大力推进的新型城镇化建设、新农村建设等民生工程为家具行业发展创造了更大的市场空间。行业发展的基本面向好。国际方面,发达国家经济复苏步伐加快,提高了全球经济增长的预期,有利于全球贸易的增长。从年初情况分析,影响外贸出口的不确定因素减少,贸易环境将有所改善。

《决定》释放出大量改革的信号,对家具行业和企业而言是重大的利好。《决定》强调发挥市场在资源配置中的决定性作用,将更多的资源配置功能回归于市场,有利于营造公平竞争环境,强化企业的市场地位;有利于改善家具行业外部发展环境,扭转政府干预造成的投资过热的情况,使投资行为趋于理性,反映市场发展规律;有利于强化企业的市场主体、创新主体、经营主体地位,资源向优质企业集中。

混合所有制经济的提出,突破了原有的一些政策盲区,为民营经济的发展以及多种经济成分之间的相互融合提供了政策和制度保障。

金融体制改革提升了民营企业、中小企业的市场地位,增加了中小企业的融资渠道,有利于从根本上解决融资难的问题。

加快自由贸易区建设,加快内陆沿边开放,为优化家具行业对外贸易区域结构布局,为中西部地区开拓周边国际市场创造了条件,赢得了商机;创新加工贸易模式,有利于推动内陆产业集群发展的体制机制创新,从而带动区域产业结构优化和产业转型升级。

2014年,中央和地方将出台深化改革的配套的政策措施。要把握深化改革带来的机遇,寻找政策的对接点,分享改革红利,占领发展的制高点。

行业在迎来新的战略机遇的同时,也面临着巨大的挑战。发挥市场在资源配置中的决定性作用,只是减少政府的人为干预,更好地发挥市场这双"无形"手的作用,企业面临的市场环境没有改变,生产要素成本增加、环境治理压力加大、人民币升值等因素共同作用产生的负面的影响仍将持续,并在一定程度上加剧。近期内,要关注煤、电、气、运等价格形成机制的改革对生产经营活动的影响。

从国家宏观政策导向看,将转变经济增长方式摆在了更加突出位置。反映了在执政理念和发展观上的重大变化。强调在处理速度与发展质量的关系上,不能把发展简单化为增加生产总值,要保持国内生产总值合理增长,推进结构调整,努力实现经济发展质量和效益得到提高又不会带来后遗症的速度。

以上论述,对于指导行业发展,科学评价行业发展现状,改善行业管理都有重要的指导作用。需要统筹发展速度与发展质量的关系,把健康和可持续发展作为目标,大力推进行业经济增长方式的转变。实现上述目标,重点考虑以下几个因素:一是确定与国家宏观经济增速相适应的行业发展速度,保持与国家宏观经济合理、同步增长;二是全行业的效益指标整体有所改善,力争在2013年利润与主营业务收入基本实现同步增长的基础上,营利能力和水平有所提升;三是大中型企业在全行业中的作用进一步加强,产业集中度提高市场地位加强;四是,转变外贸发展方式取得新进展,贸易方式、贸易区域结构、产品结构、营利方式进一步优化。

（二）行业经济运行预测

1. 系统模拟运行趋势

根据中国轻工业经济运行及预测预警系统模拟的变化趋势（未考虑极端因素影响）可知，2014 年，家具行业规模以上企业（下同）的主营业务收入、利润总额，以及全行业出口值的运行轨迹与2013 年相似。其中，主营业务收入与利润总额的运行高度超过2013 年，继续呈现正增长趋势，而出口值的运行高度低于2013 年，显示出负增长走势（图 4 ~ 图 6）。

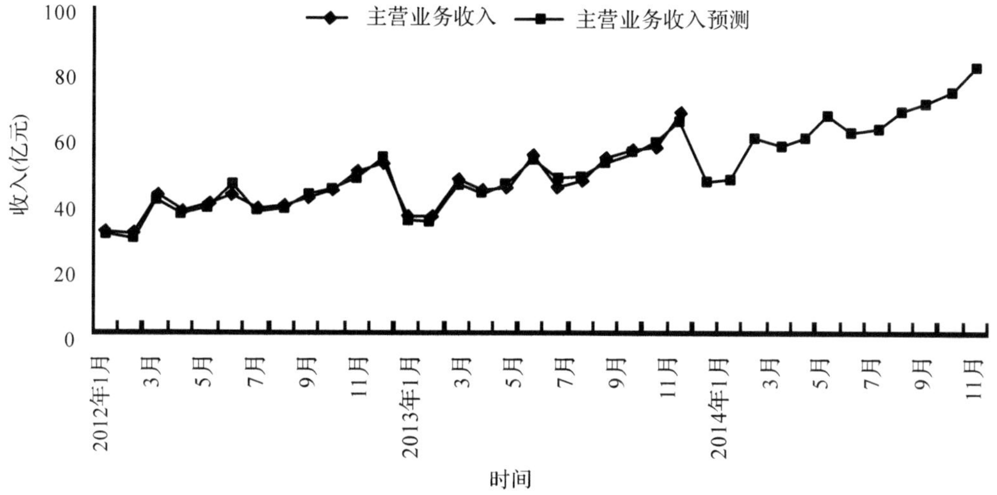

图 4 2014 年家具行业规模以上企业主营业务收入走势预测

（数据来源：中国轻工业经济运行及预测预警系统）

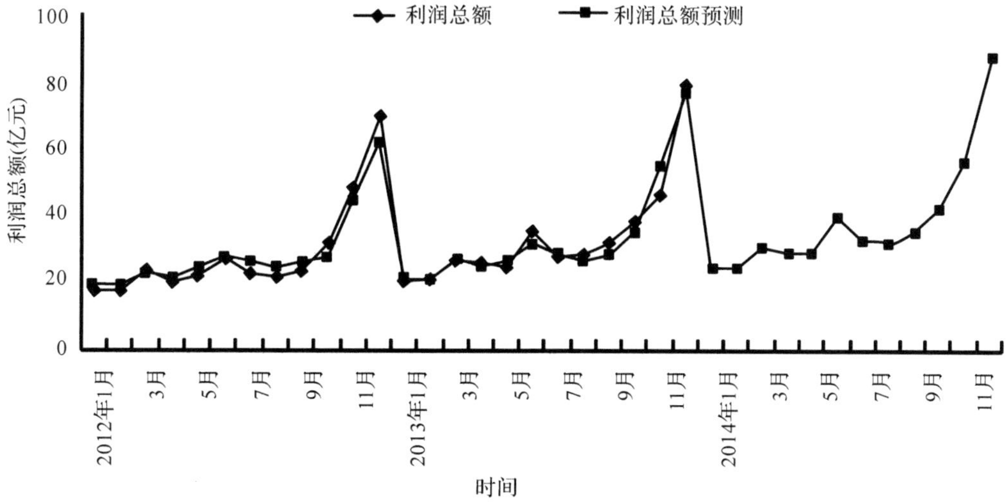

图 5 2014 年家具行业规模以上企业利润总额走势预测

（数据来源：中国轻工业经济运行及预测预警系统）

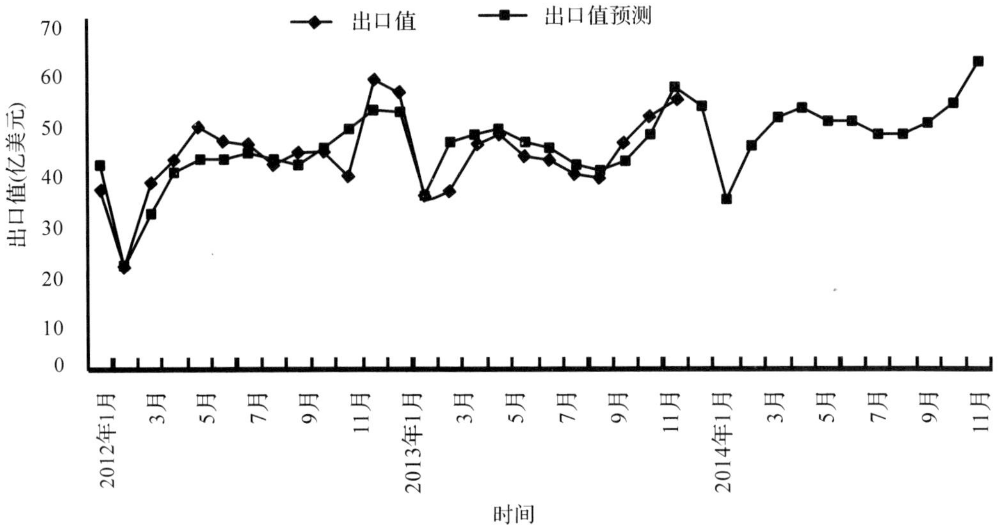

图 6　2014 年家具行业出口值走势预测

（数据来源：中国轻工业经济运行及预测预警系统）

2. 重要指标的预测

预计，2014 年家具行业规模以上企业将累计完成主营业务收入 7400 亿 ~ 7800 亿元，同比增长 15% ~20%；实现利润总额 470 亿元左右，同比增长 15% 左右。出口贸易额 580 亿美元左右，同比增长 10% 左右。

七、发展的政策建议

家具行业健康持续发展，离不开国家产业政策的支持。从行业面临的内外部环境看，发展环境整体趋紧的状况没有改变。主要表现为，产能过剩矛盾日益突出，市场无序竞争的状况难以改变；虽然企业融资难的状况有所缓解，但没有根本改变；受生产成本、人民币升值、国际市场需求放缓等综合因素的影响，传统竞争优势弱化，出口企业经营状况堪忧；木材进口受到出口国的贸易保护以及采伐许可等措施的制约，成为制约行业发展的瓶颈；美国主导的泛太平洋自贸区谈判进程对现有的区域贸易格局构成威胁，对出口产生重大影响。对此，提出以下政策建议：

（一）控制人民币升值速度，减小出口企业经营风险

2013 年，人民币升值的频率快、幅度高，对家具出口的影响突出。不仅加快了传统竞争优势的丧失，也加大了企业的经营风险。这种快节奏、大幅度的汇率调整超出了企业的承受能力，需要引起政府的重视。

（二）加大鼓励出口政策导向，保持出口贸易市场稳定

2012 年，商务部等十部委联合发布了《关于加快转变外贸发展方式的指导意见》，对加快外贸方式转变、扭转外贸出口下滑起到了积极的作用。需要加大鼓励出口政策

导向力度，推进各项措施的贯彻落实。家具出口基地和重点出口企业在出口中占比大，加大出口基地建设和重点出口企业的扶持力度，对增加出口、巩固出口大国地位，意义重大。

（三）建立“走出去指导目录”，加快“走出去”步伐

家具行业对进口木材的依赖程度高，国内红木家具的原料全部依靠进口。一些国家从保护本国资源出发，限制或禁止原木出口，对国内相关产业造成影响。要加快“走出去”步伐，在国外建立原料加工基地或生产基地，建议政府有关部门建立鼓励企业走出去的产品指导目录，政府与企业形成合力，并辅以必要的经济措施。

（四）加大传统产业政策扶持，继续改善融资环境

随着国内生产要素成本的不断提高，国内传统产业的经营环境趋紧，一些外资企业减小国内生产规模，开始将产能向国外转移。家具行业也面临类似的情况。建议采取税收优惠等措施，有选择地鼓励企业向国内内陆地区转移。企业普遍反映，困扰企业发展的融资难融资贵的状况没有改变，需要继续改善企业融资环境，尤其要加大对出口企业的信贷支持。

2013中国人造板产业发展现状及展望

钱小瑜

摘要：经过近20年的飞速发展，我国胶合板、纤维板、刨花板等人造板产品种类不断丰富，人造板产量稳稳占据世界第一的宝座，我国成为名副其实的人造板大国。然而10年黄金发展期过后，人造板产业整体增速放缓，在经济增长方式转变的大背景下，作为传统制造业的人造板产业也面临着新一轮的行业“洗牌”。人造板产业能否实现从“价格观”到“价值观”的转变？人造板企业将从哪些方面着手转型升级？人造板产业竞争力体现在哪些方面？本文从人造板产业发展态势说起，深入研究产业发展中存在的主要问题，通过分析相关产业政策提出解决方案，同时结合人造板企业转型升级的几个方面判断人造板产业未来发展趋势和产业竞争力所在。

我国人造板产量蝉联世界桂冠多年，越来越多的人造板产品进入国际市场。进入本世纪以来，我国人造板生产年均增长速度超过了20%，连续多年成为世界人造板生产、消费和进出口贸易的第一大国。然而持续上扬的曲线却随着房地产市场“入冬”、出口市场萎缩、刺激政策退出等因素的影响失去了动力，人造板产业增速放缓已经成为事实。人造板产业靠数量、规模拉动的模式已经走到了尽头，产业可以依赖的发展红利基本消失，人造板企业必须跳出原有发展模式，寻求新的产业发展突破口，以期在国内、国际环境不利的情况下，提升企业竞争力，为企业在波动的市场中谋求一席之地。

当前，我国经济正处于转变增长方式、提高GDP含金量的关键时期。新时期给人造板业提出了新要求，节能降耗成为企业必须履行的社会责任，倒逼其优化管理、整合内外资源、提高生产效率；房地产调控对人造板行业的传导作用依然明显，全行业面临着相对产能过剩带来的压力；消费的升级使得消费者对板材的适用性、功能性、环保型提出更高的要求，板材企业必须加大创新投入……在这样的背景下，人造板产业调整产业结构、加速转型升级成为整个产业发展的唯一出路。

一、人造板产业发展现状

我国人造板产业虽然发展迅速，但板种结构不尽合理，和先进国家相比，我国胶合板比例过大，刨花板比重偏小。以2012年产量为例，胶合板产量占人造板总产量近1/2，纤维板约占1/4，刨花板和细木工板各占1/8左右。

目前，我国各省份都有胶合板企业，总数合计有上万家，大多数是中小型民营企业，企业数排在前三位的省份是山东、江苏和广西。胶合板主要产品为建筑模板、装饰板和地板基材，原材料以速生人工林杨树和桉树为主，年产量超过1亿立方米，占全球总产量的70%，平均每年直接出口量占总产量的10%，属于资源消耗和劳动密集型产业。

我国纤维板生产线有800多条，年产量接近6000万立方米，占全球总量的60%，下游产业主要包括家具、地板、门窗和装饰包装，每年直接出口达总产量的5%。纤维板行业局部地区产能过剩，原材料供应紧张，产量排名前三位的省份是广西、河南和江苏。近几年是纤维板企业技术进步、淘汰落后产能、装备升级换代时期。

尽管我国刨花板产量接近2500万立方米，但仍然不能满足国内消费需求，每年需进口50万立方米弥补缺口。规模以上的刨花板企业中，福建、河南和广东省的产量排名居前三位。规模以下的小型刨花板企业产量约占总量的50%，主要生产低端家居产品基材，亟需技术改造、提升装备水平。

其他人造板中有2/3是细木工板，产量约2000万立方米，江苏、山东和安徽的产量排名居前三位。细木工板主要作为家具和室内装饰基材，同胶合板一样属于资源消耗和劳动密集型产业。

综合几大人造板品类发展情况来看，当前我国人造板行业发展态势可简单概括为“增速减缓、调整加快、发展平稳”十二个字。

（一）增速减缓

随着我国宏观经济发展速度的减缓，人造板行业也逐步刹车进入了怠速发展阶段，从21世纪第一个十年平均20%以上的高速发展逐渐降到10%以下。

受国内房地产调控和国际社会购买力下降的双重影响，人造板产量增速放缓。2013年1~10月，全国共生产人造板2.18亿立方米，同比增长5.67%，是21世纪以来增长速度最慢的一年。其中：胶合板累计产量12669.8万立方米，同比增长8.51%；纤维板累计产量4759.07万立方米，同比增长4.07%；刨花板累计产量1110.7万立方米，同比增长2.35%；装饰板累计产量2.64亿平方米，同比下降4.82%。截至2013年6月底，规模以上人造板企业产品销售收入同比增长14.58%，与近年来年均20%~30%的增长率相比增幅明显降低（表1），行业整体发展速度减缓。

表1　2011~2013年规模以上企业人造板销售收入

指标名称	2013年6月	2012年6月	2011年6月
企业总数（家）	4655	4496	4580
亏损企业数（家）	282	329	287
总资产（亿元）	2554	2249	2126
负债（亿元）	1161	1049	999
资产负债率（%）	45.47	46.65	47.01

（续）

指标名称	2013年6月	2012年6月	2011年6月
行业平均资产规模(万元)	5487	5002	4641
销售收入(亿元)	3069	2679	3869
行业平均收入规模(万元)	6543	5958	8447
利润总额(亿元)	182.9	150.6	211.7
利润总额比去年同期增减(亿元)	33.4	27.0	62.7
净资产收益率(%)	13.12	12.55	18.78
流动资产周转率(次)	2.64	2.46	3.82
成本费用利润率(%)	6.35	6.19	6.02
产品销售收入同比增长(%)	14.58	20.46	38.03
资本保值增值率(%)	116.57	106.47	120.57
行业亏损面(%)	6.06	7.32	6.27

（二）调整加快

我国人造板行业以中小民营企业为主，私营企业销售收入比例超过70%（图1），行业集中度不高。截至2013年6月底，规模以上人造板企业共有4655家，平均资产规模5487万元，同比增长9.70%；平均收入规模6543万元，同比增长9.82%；资产负债率45.47%，同比下降2.53%；行业亏损面6.06%，同比下降17.21%。2013年1—9月销售收入近5000亿元，利润总额近300亿元（图2）。

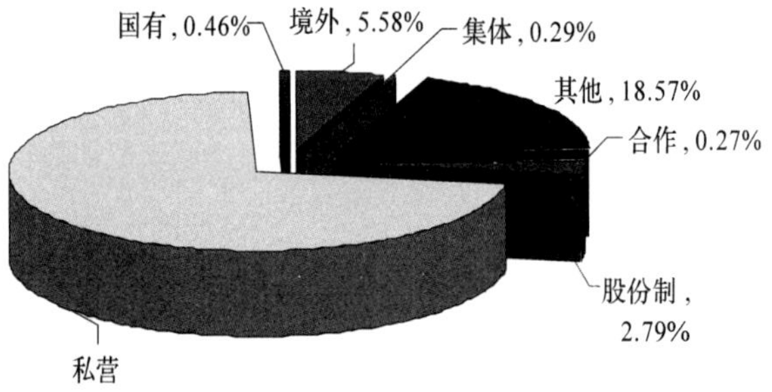

图1　2013年1~6月规模以上人造板企业销售收入所有制分布

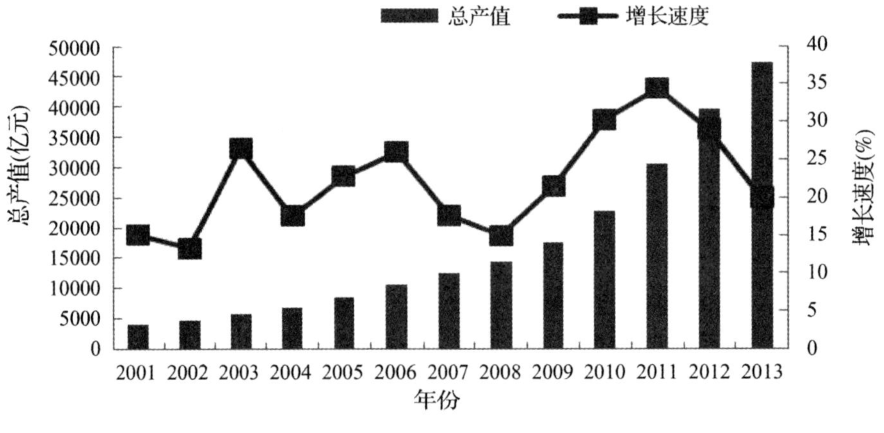

图2　规模以上人造板企业经济状况

随着行业发展步伐的放缓和国产连续压机的问世，行业的产品结构调整、生产装备升级、风投资本介入、企业并购重组、营利模式探索，整体进入结构调整、转型升级、多元化发展阶段。在民营企业仍为人造板行业主力军的同时，中林集团、中粮集团、中航集团、中国诚通集团等大型中央企业纷纷加盟，新的龙头企业正在崛起，为加快行业内结构调整创造了条件。

（三）发展平稳

近5年来，人造板行业总资产稳定增长，企业数量基本持平，行业销售毛利率和净利润率稳定小幅增长（图3）。近3年国内人造板价格指数也一直稳定在130左右。尽管行业亏损面略有减少，但由于受国内房地产调控和国际市场下滑的负面影响，收入增长率出现大幅下降；虽然利润总额有所增加，但是销售利润率低于7%，行业营利能力仍处于较低水平。

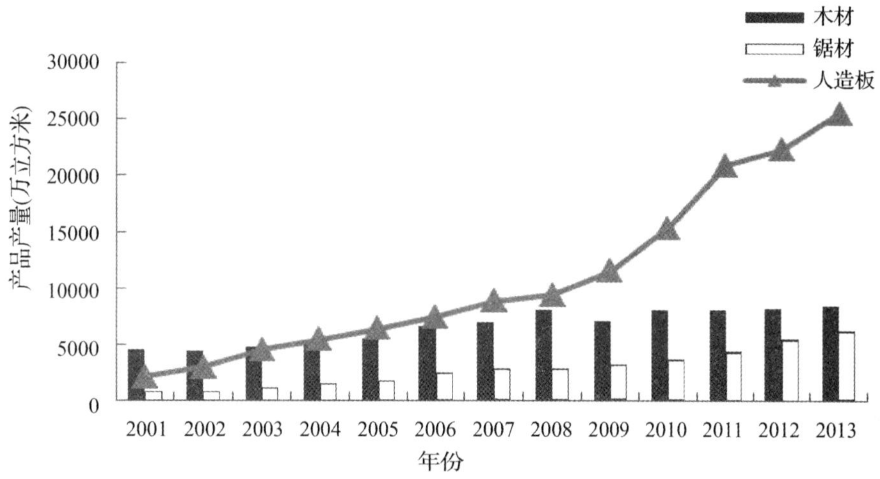

图3　规模以上人造板企业利润率

总体来说，当前人造板行业生产规模发展减缓，资源瓶颈仍然存在，产品结构亟待调整，技术创新有待加强，预计到“十二五”末期行业将保持平稳发展的态势。

二、人造板产业发展亟须解决的问题

从人造板的品类来看，人造板业是高效利用林业“剩余物”、次小薪材的产业，在提高木材资源综合利用率、增加森林碳汇、发展循环经济等方面具有显著的战略意义。然而由于我国人造板产业行业门槛较低，产业结构严重不合理，由此带来一系列连锁反应，集中表现在高端市场供应略显不足、低端市场竞争激烈、部分企业库存积压严重、小企业受市场波动影响面临停产的局面。

总体来看，我国人造板产业大而不强，缺乏国际竞争力，产业结构不够合理，初级低档产品多，精深加工产品少；产业总体素质有待进一步提高，市场上企业规模普遍偏小，产品科技含量低，国际名优品牌少，人造板产业科技贡献率较低；企业应对风险能力有待加强，面对知识产权保护、反倾销等国际贸易摩擦，大部分企业应对乏力；产业政策和服务体系不够完善，社会中介服务体系不健全，政府和非政府组织的服务作用没有得到充分发挥等。这些因素严重制约着我国人造板业的发展，具体表现在以下几个方面。

（一）产品阶段性供过于求

不同阶段、特殊地区涌现的大规模、高增速、高强度、非理性投资引发阶段性、区域性人造板产品供需关系失衡及木材原料供求关系失衡，产能过剩风险凸显，引发产品低价竞争，质量下降，原料价格上涨，企业效益下滑，不利于产业持续发展。

（二）原料持续供应压力增大

人造板生产能力急剧膨胀，生产量迅速增长，支撑人造板工业发展的原料供应能力滞后于人造板生产发展的进程。天然林资源保护二期工程实施，木材采伐量大幅下降，局部地区受原料供应能力的制约出现生产停滞、产量回落现象。

（三）劣质产品扰乱市场秩序

人造板产品质量是社会关注的热点，各级政府加大了监管力度。“十一五”期间我国人造板产品质量监督抽查结果公布，纤维板年度产品合格率为76%～90%，胶合板为63%～90%，细木工板从67%逐年提升到83%，而刨花板仅在60%～66%之间。2013年3季度国家监督检查结果虽有好转，但合格率仍未达到90%，甲醛释放量超标为主要不合格项。部分企业生产的低劣人造板产品，危害消费者健康，严重扰乱了市场秩序，损害行业声誉，影响产业发展，必须严厉打击。

（四）国际贸易摩擦频发

受全球复杂政治经济形势影响，贸易保护主义抬头，人造板及其下游产品国际贸易摩擦频发，技术性贸易壁垒和绿色贸易壁垒泛滥。我国人造板及其下游产品出口遭遇打压，胶合板、地板、木家具频遭“双反”，同时人民币汇率升值进一步增加了产品出口难度，人造板产品国际市场竞争力下降。

（五）落后产能亟须淘汰

我国现有人造板生产能力构成中，存在较大比例的装备水平低、技术落后、产品质量差、能源与资源消耗大、环境污染严重、劳动条件差、安全隐患高的落后产能，大约有近40%的生产线是20世纪的老设备，亟待技术改造、调整升级，应采取有效措施加快淘汰落后产能。

（六）企业效益普遍下滑

人造板行业是一个市场充分竞争的行业，优胜劣汰是其必然规律。受原辅材料及能源价格上涨、运输及物流成本增高、劳动力成本快速上升等多种因素综合影响，人造板生产经营成本上升，效益下滑，招工、融资难度增加，企业生产经营困难。尤其是劳动密集型企业及下游产业的比较优势逐渐下降，制造业外移趋势凸显。

三、人造板产业发展困局的破解之策

对人造板产业而言，后危机时代人造板产能不断扩张的发展模式已经不能适应当今社会发展的需要，产业结构调整转型是人造板行业发展的必由之路。我国人造板行业要继续扩大规模，势必会受到资源、环境、能源等多方面的约束，这就要求人造板行业重新洗牌。

目前，国内许多行业尤其是传统行业已经陷入产能过剩的怪圈，国家发布相关调控政策但收效甚微。人造板行业似乎也没能逃出这个怪圈。那么人造板企业如何转型？一方面人造板企业首先熬摸清“家底”，弄清制约企业发展的症结所在；另一方面，行业主管部门应当适时调整产业政策，为人造板企业创造良好的政策环境，帮助企业渡过难关。

（一）优化产业结构，促进产业升级

发挥木材经营加工许可及人造板产品生产许可制度，在调整布局、改善结构、规范市场竞争秩序、质量管理、安全生产、清洁生产等方面的监管作用，各省份根据森林资源及生态环境承载能力合理配置人造板生产规模，实施总量控制并优化结构，提升行业的整体素质。

定期修编《产业结构调整指导目录》，以适应技术发展。防止盲目投资和低水平重复建设，落实对鼓励类投资项目建设的信贷支持政策、进口设备免征关税和进口环节增值税政策以及其他优惠政策，严格禁止淘汰类人造板项目投资建设，对于现有落后产能限期技术改造或关闭，逾期不能达到要求的可采取惩罚性电价措施限制生产，取消享受一切优惠政策。

发挥规模效应，提高产业集中度。除秸秆人造板、竹质人造板、沙生灌木人造板等特殊产品外，鼓励达到起始规模的新建、改建及扩建人造板项目，限制低于起始规模的新建、改建及扩建人造板项目。

鼓励和支持企业依据《“十二五”农作物秸秆综合利用实施方案》中秸秆原料化利用的要求，研究开发具有自主知识产权的秸秆人造板产品、工艺技术和装备。

（二）加强政策扶持，确保原料可持续供应

放宽商品林采伐、运输与抚育经营管理，由投资主体自主决定抚育经营方式和强度，试点在非天然林资源保护区取消木材运输证管理、调整人工速生桉树木材采伐限额管理为按批准的经营方案指导下的备案管理、停止征收人工速生桉树木材育林基金和检尺费。禁止地方征收林业保护建设费、价格调节基金等不合理收费，必须收取的费用须经省级物价管理部门批准。

引导并鼓励企业及各种社会力量投资建设原料林基地，促进林板一体化工程持续

发展科学合理利用全国宜林地、疏林地、无立木林地等可造林地，完成造林任务。

依据《国家鼓励的资源综合利用认定管理办法》，认定符合国家资源综合利用和扶持政策的人造板生产工艺、技术和产品，落实回收木材利用、竹质人造板、秸秆人造板、果木人造板、沙生灌木人造板等支持政策，落实国家资源综合利用规定享受的税收、运行优惠政策，鼓励企业开展资源综合利用。

落实免征生产原木、原竹产品的农林特产税和种植林木、林木种子和苗木作物以及从事林木产品初加工的所得税政策，落实逐步降低征收直至免征育林基金的政策。

完善以"三剩物"、次小薪材和农作物秸秆等农林剩余物为原料生产的人造板产品增值税优惠政策，凡未达到起始规模要求的企业不得享受增值税优惠政策，凡经省级以上环境保护部门监督抽查出现污染排放未达到标准要求的企业当年不得享受增值税优惠政策，凡经省级以上质量技术监督部门质量监督抽查出现产品质量不合格的企业当年不得享受增值税优惠政策。

依据《林业贷款中央财政贴息资金管理办法》和《关于做好集体林权制度改革与林业发展金融服务工作的指导意见》落实信贷扶持，加大林业信贷投放、开发林业信贷产品、拓宽林业融资渠道、完善财政贴息政策、健全林权抵押贷款制度。

推广森林抚育财政补贴工作。参照公益林森林保险保费补贴试点实施方法，将商品林纳入森林保险范畴，保费支付以财政补贴为主。

（三）强化市场监管，打击劣质产品

发挥主管部门在人造板工业生产和流通领域中监管作用，完善人造板生产、销售、使用环节的监管方式，开展人造板产品质量安全监测工作，实施质量监督抽查，增强监督抽查密度，继续加大对人造板生产集聚区和重点产品的监控力度，创造公平、透明、合理的市场竞争环境。建立人造板生产、贸易经营主体信用监督制度，畅通举报渠道，加强社会监督。进一步加强人造板标准制修订工作，形成以国家标准和行业标准为核心、地方标准和企业标准相配套的标准体系，做到监管有依据、检测有法规、处罚有措施。

（四）拓展境外市场，积极应对贸易摩擦

培植多元化的出口市场。充分利用高层对话和国际合作平台开拓人造板产品与人造板机械装备出口市场，在巩固传统国际市场的基础上，积极开拓新兴市场。完善和促进国家森林可持续经营认证体系建设。继续执行人造板产品出口退税政策。

发挥政府监管、行业自律和企业联盟的作用，建立健全贸易摩擦应对机制和预警体系，提高协调解决国际贸易争端的能力，积极、妥善处理国际贸易争端，依法维护公平市场竞争和企业的合法权益。

（五）扶持龙头企业，发挥辐射带动作用

分期分批认定产业化龙头企业，加强运行监测管理，鼓励企业诚信经营，制定和实施品牌战略，努力打造自主品牌，形成以品牌带动的产业发展机制，增强企业竞争

力。加强产业园区建设，支持企业产业链发展，促进产业聚集。促进企业建立研发中心，提升自主创新能力，重视建设新技术、新产品孵化器与示范基地，发挥工程设计将科技创新成果向生产力转化的作用，提高科技成果转化率，优化企业结构。加大财政金融支撑力度，对于符合国家政策支持的新建企业给予启动资金支持，对于有发展需求的现有企业给予技改资金支持，促进企业转型升级健康发展。拓宽企业贷款渠道，对国家大力扶持的项目给予贷款贴息支持。支持符合条件的重点龙头企业在国内上市。加强企业间的协调与磋商，促使全行业共同遵守行业准则。

四、国家相关宏观政策解读

党的十八届三中全会强调，“加快转变经济发展方式，加快建设创新型国家，推动经济更有效率、更加公平、更可持续发展。”工业是我国国民经济中资源、能源消耗和污染物排放最多的领域，要实现经济发展方式变革，工业必须转型升级，走绿色发展道路。

我国已经进入经济转型升级的关键时期，2014 年既是全面贯彻落实十八届三中全会精神的开局之年，也是全面深化改革的开局之年，刚刚闭幕的中央经济工作会议、中央农村工作会议和中央城镇化工作会议（以下分别简称“经济会议”、“农村会议”、“城镇化会议”）传递出许多重要的新信息。

经济会议强调“努力实现经济发展质量和效益得到提高又不会带来后遗症的速度”，明确“必须继续实施积极的财政政策和稳健的货币政策”，突出了中央坚持稳中求进、改革创新的工作核心。所谓“稳”就是保持经济增速和就业基本稳定，防止出现大的风险；所谓“进”，就是改革要有突破、结构调整要取得进展、民生要有改善。“稳中求进”、“改革创新”的表述，意味着 2014 年的经济增长仍会是中高速水平，货币财政政策也会保持稳定。经济发展的出发点和落脚点是改善民生，“人民对美好生活的向往，就是我们的奋斗目标”，这是一年前习近平总书记向社会做出的承诺。2014 年是全面建成小康社会决定性阶段的重要一年，更多更公平的民生保障将成为托举我国经济前进的重要力量。农村会议进一步细化了城镇化时间表，提出了 3 个“1 亿”目标，即到 2020 年，要解决约 1 亿进城常住的农业转移人口落户城镇，约 1 亿人口的城镇棚户区和城中村改造，约 1 亿人口在中西部地区的城镇化。城镇化会议也指出，新型城镇化要找准着力点，有序推进农村转移人口市民化，深入实施城镇棚户区改造，注重中西部地区城镇化。“在中西部和东北有条件的地区，依靠市场力量和国家规划引导，逐步发展形成若干城市群，成为带动中西部和东北地区发展的重要增长极”。由此可见，未来无论是棚户区改造还是城市人口落户，中西部的城市群都将成为主要阵地。引导棚户区改造一直是新一届政府的主要工作之一。2014 年城镇保障性安居工程建设的目标任务是基本建成 480 万套以上，新开工 600 万套以上，其中棚户区改造 370 万套以上，为人造板行业发展提供了巨大的市场空间。

十八届三中全会通过的《中共中央关于全面深化改革若干重大问题的决定》（简称《决定》），启动的发挥市场配置资源决定性作用的改革，将继续释放新的活力，有利于以中小企业为主体的人造板行业稳定发展。人造板行业迫切需要按照三中全会的精神，转变发展方式，同时处理好生存、发展、稳定之间的关系，把人造板企业做优做强，实现企业可营利，财政可增收，就业可充分，风险可控制，民生可改善，资源环境可持续的经济发展目标。

五、人造板产业转型之“变”

伴随着各方的努力，我国人造板行业已走过“金九银十”，虽然市场总的供销形势向上向好，但具体品类的市场行情表现冷热不均。当前我国经济 U 型反转态势已基本确立，中国正处在第四次工业革命——“绿色工业革命”路口，正是人造板产业转型升级的良好时机。那么转型当下，人造板产业有哪些新变化？这些变化对整个产业的创新升级产生了哪些影响？

（一）技术改造，装备升级

随着国产人造板连续压机生产线的问世和《产业结构调整指导目录》的颁布，人造板行业全面进入技术进步装备升级阶段。以纤维板行业为例，截至 2012 年底，全国关闭、拆除或停产纤维板生产线累计达到 162 条，淘汰落后生产能力 500 万立方米/年。2013 年初，全国新建纤维板生产线 55 条，设计生产能力达到 687 万立方米/年，其中连续平压生产线 34 条，合计生产能力为 527 万立方米/年，占在建纤维板生产能力的 77%。在建纤维板生产线陆续在 2013～2014 年期间投入运行，将进一步淘汰落后产能，提高行业整体质量水平。

（二）并购重组，行业洗牌

由于国内股市暂停 IPO，多数进入人造板领域的 PE 急于寻找退出途径，加上市场低迷，行业经济不景气，过去的 2013 年是人造板行业资产重组、企业并购最活跃的一年，业内多条大鳄易主、卖壳、兼并。例如：吉林森林工业集团通过收购中盐银港人造板公司 88.12% 的股份，实现了对中盐银港的控股；赣州稀土集团以其所拥有的赣州稀土 100% 股权认购广东威华公司非公开发行的新股 14.76 亿股，从而取得广东威华股份控股权；广西丰林木业集团股份有限公司收购亚洲创建（惠州）木业有限公司 75% 股权，获得该公司实际控股权……产业资本的介入将企业资源重新优化配置，洗牌重组刷新了人造板行业龙头企业的排序，平均企业经济规模增长接近 10%，提高了行业规模集中度。

（三）低醛环保标准提高

目前，我国人造板生产使用的胶黏剂大多是以甲醛为原料的脲醛树脂胶，板材向周围环境释放甲醛，是甲醛污染的主要来源。如果含游离甲醛的人造板制品占室内空间比例较小时，其释放出的甲醛对人体危害有限，但大量的人造板制品，如地板、家具、门窗、隔板等集中装饰于有限的空间，室内甲醛含量就会成倍增加，成为危害健康的隐形杀手。

2013 年，美国《复合木制品甲醛标准法案》升级版 CARB 认证Ⅱ的出台，对木制品基材人造板提出了更高的环保要求，尽管对我国木制品出口造成极大影响，但是也促进了国内低醛和无醛人造板胶黏剂的发展。随着消费者对于居家环保要求日益提高，大型龙头企业的内控生产标准纷纷制定出高于国家标准的 E_0 级指标，并停止生产 E_2 级人造板。不少企业使用大豆制成的生态黏合剂、异氰酸酯（MDI）胶黏剂和三聚氰胺改性胶黏剂生产人造板，与产业链末端品牌企业联合推出无醛、低醛木制品，市场运作效果不错。预计国家强制性标准《室内装饰装修材料 人造板及其制品中甲醛释放限量》GB 18580—2001 和相关的人造板国家标准近期将做出相应修订。

（四）出口受阻，市场萎缩

2013 年，我国胶合板出口频遭"双反"，印度尼西亚和俄罗斯的胶合板大量进入国际市场，使我国胶合板失去市场优势。2013 年 1 ~ 11 月，我国胶合板出口美国 121.1 万立方米，同比下降 16.36%，出口总量 931.71 万立方米，同比只增长 2.06%；中密度纤维板出口 160.5 万吨，同比下降了 6.36%。

于 2013 年 3 月 3 日生效的欧盟《原产国标签法》要求，出口到欧盟市场的木制品必须获得 FSC"身份证"，即证明生产企业采购的木材产自合法开发的森林。《原产国标签法》对我国运营规范、产品顺利通过 FSC 认证的大型企业影响不大，但对多数中小木制品出口企业冲击较明显。

（五）政策宽松，管理优化

同时，国内房地产政策调控也大大抑制了人造板下游产业家居装饰行业的市场需求。2013 年 1 ~ 10 月全国木质家具累计总产量 1.89 亿件，同比下降 12.65%，直接影响到人造板市场价格全年持续低迷。

2013 年，国家林业局发布林资发［2013］96 号文《关于规范木材运输检查监督管理有关问题的通知》和林造发［2013］123 号文《进一步改进人造板检疫管理的通知》，分别对人造板运输证发放和检疫手续进行了重大调整。按照新规定，胶合板、纤维板、刨花板、以木（竹）材为主辅原材料的家具和木（竹）制工艺品不再纳入凭证运输范围；在确保不发生林业有害生物传播前提下，对具有热压、粉碎等工序且能达到除害处理要求的人造板种类，如刨花板、纤维板、胶合板、饰面人造板，不再实施检疫，进一步优化了人造板产品流通环节的管理。

国家质检总局和海关总署 2013 年 8 月 1 日发出公告，对 1507 个海关商品编码项下的一般工业制成品不再实行出口商品检验，其中涉及木材加工机械、野生动植物制品及木材加工制品 3 个类别的 41 种林产品。

2013 年 6 月银监会、国家林业局联合印发《关于林权抵押贷款的实施意见》（银监发［2013］32 号）推动集体林权抵押贷款。同时，商务部、财政部联合印发《境外经济贸易合作区确认考核和年度考核管理办法》（商合发［2013］210 号），鼓励建设以矿产、森林、油气等资源开发、加工和综合利用等为主导的资源利用型园区。

财政部、国家发展改革委通知，决定自 2013 年 8 月 1 日起，在全国统一取消和免征 33 项行政事业性收费，其中涉及林业系统的有：取消绿化费、林地补偿费，免征陆生野生动物资源保护管理费。

（六）两板期货上市活跃

2013 年 12 月 6 日，林木类期货胶合板和纤维板同时在大连商品交易所上市交易，填补了国内林产品期货品种空白，开创期货市场服务林木产业的新领域，对人造板行业来说意义重大。两板期货上市能有效降低企业的资金风险，稳定产品的价格，减少市场无序竞争，规避价格风险，汇集有效信息，创造合理利润，完善自身体系，构架宏观战略的优质平台。期货品种的价格信息能够反映出产业链其他环节行业的变化情况，可以开拓企业视野，拓宽企业经营思路。企业对相关期货品种合约进行买入套保，不但可以节省现金流，而且能够提前锁定成本和利润，有效规避价格变动风险，通过套期保值操作转移市场风险，增强企业驾驭市场和抵御市场风险的能力，充分利用期货市场的资本杠杆作用，现货与期货有机结合，实现新的营利模式。

两板期货开市以来，引起了社会的广泛关注，企业参与积极性很高，主要合约 1405 交易活跃，分别出现几个涨停板和跌停板。我国胶合板和纤维板的行业集中度很低，中小型民营企业居多，经营水平良莠不齐。随着两板期货影响力和交易量的不断扩大，将带动人造板柜台交易 OTC 的发展，不符合国家标准的人造板产品将被逐步淘汰。相信运用市场化的手段，不断挤压不达标准、落后产能的生存空间，倒逼企业调整结构、转型升级，定能促进整个行业的健康平稳发展。

六、人造板产业发展前景展望

2014 年是全面贯彻落实党的十八届三中全会精神、全面深化改革的一年，总体来看，全年的需求环境与去年大体相当，外部环境有所改善，投资增幅略有回落，消费基本稳定，经济增长速度有可能略低于去年，宏观政策的总基调是稳中求进，改革创新。

工信部、发改委、财政部等 12 个部委联合发布的《关于加快推进重点行业企业兼并重组的指导意见》提出，以九大行业作为重点，推进行业兼并收购，鼓励大型骨干企业开展跨地区、跨所有制兼并重组，延伸产业链，并参与全球资源整合与经营。目前，国内 A 股市场 23.82 万亿元人民币，GDP 达 51.93 万亿元人民币，资本化率只有 45.8%。而美国纳斯达克（NASDAQ）市值合计 20.21 万亿美元，GDP 累计 15.83 万亿美元，资本化率高达 128%。经济越发展，对资本化的需求就越大。随着我国资本市场 IPO 的开闸和新三板政策的调整，预计 2014 年将给人造板行业带来结构性投资机会，为企业带来了通过并购整合发展的巨大商机。同时，两板期货也为企业重组、产业升级提供了机遇。通过金融资本的杠杆引导企业兼并重组，建立规范的法人治理结构，我国人造板行业必将提高产业集中度，由规模扩张向质量提升发展。人造板企业通过产品创新、商业模式创新、管理机制创新等手段，利用资本市场的力量，并购整合各方资源、淘汰落后产能、优化资源配置，谋求转型升级和高速成长，是新经济形势下行业发展的大势所趋。一批拥有国际知名品牌和核心竞争力的大中型人造板企业，引领产业链上下游企业专业化分工、协作共赢，有效整合全球资源，将率先跨入世界人造板及其制品的先进行列。行业优势企业将由"有限公司"发展成"集团公司"，通过兼并收购、整合优化，跨入人造板企业的3.0时代——组建"航空母舰"型的超大企业，推动我国人造板行业由中国制造走向中国创造，赢得主动，赢得优势，赢得未来。

《林业发展"十二五"规划》明确指出，我国正处于工业化、城市化阶段，日益增长的社会需求形成了国内林产品市场的巨大空间，为林业发展提供了广阔的市场；城乡居民消费层次和消费结构不断升级，对林业的需求已呈现出明显的多样化趋势，森林旅游快速发展，这些都为培育林业新的经济增长点提供了动力。近期，国家林业局制定、发布了一系列林业发展专题规划，强调发展壮大林业产业，以生态系统功能稳定为前提，推进国家木材战略基地和速生丰产林、丰产竹林、种苗与花卉、名特优经济林等林业基地建设，积极发展林业生物产业，搞好森林旅游，提升林业产业发展水平，打造若干林业产业集群，加快企业兼并重组，推动林业总产值的迅速提高。预计国内木材战略储备基地建设和进口木材战略储备基地建设、林业境外资源开发、集体林权抵押贷款、木材加工业结构调整升级、森林旅游等领域将迎来更大的发展空间。

当前，我国人造板行业的发展已经不是速度问题，而是资产质量和结构调整问题。预计2014年人造板产量将超过2.5亿立方米，达到我国人造板产量的峰值。企业并购、资产重组将是今后三五年内我国人造板行业发展的趋势。雄厚的产业基础、完善的产业链、成熟的工人队伍、一批名牌产品、一支优秀的企业家队伍，都将是推动人造板行业持续、稳步、健康发展的动力，而技术创新仍然是企业提升竞争力的主要途径。在行业洗牌的过程中，人造板企业要用创新文化改造传统经营理念，以科技创新引领企业转型升级，运用宽带互联网、移动互联网、物联网、云计算、大数据等信息技术不断拓展市场发展空间，开发新产品、新需求，寻找产业结构调整的新动力、新路径，通过降低成本、提升全员劳动生产率和核心竞争力来完善产业链，提升价值链，创建最佳商业运营模式，实现企业战略发展目标。

2013年中国地板行业年度报告

中国林产工业协会地板专业委员会

摘要： 报告对2013年我国地板行业的整体表现、销量统计、地板行业的分化、出口情况、地板行业的质量状况、地板行业热点问题、产业特征及2013年与地板行业相关的国家政策，进行了全面系统的调查梳理，对2013年我国地板行业消费情况及发展趋势进行了整理分析，对2013年我国地板标准情况、地板新产品与新工艺，第二届中国林业产业创新奖(地板业)获奖情况、我国地板专利情况以及其他主要铺地材料市场状况进行了全面介绍、系统分析和综合评述。

一、2013年地板行业盘点

(一)2013年我国地板行业整体表现

2013年，中国地板行业在内外因共同作用并在较为复杂的市场环境下，整体呈现低速增长态势。外销方面，由于欧债危机的不断发酵和人民币对美元汇率的迭创新高，加之贸易摩擦的日趋常态化和严峻化，欧美主要出口市场的恢复较为缓慢，尤其是欧洲市场的需求更是持续疲弱，美国经济复苏带来的新拉动影响较为有限；内销方面，伴随着2013年年初“国五条”等一系列房地产调控政策的出现，我国对房地产市场的调控在2013年呈不断升级态势，这些更多地抑制需求的调控政策，对房地产市场起到了一定的降温作用，也直接冲击到了下游的木地板市场。另外，在企业要素成本和营销成本不断上升、新旧销售渠道碰撞日趋激烈、价格战和同质化竞争等因素的共同作用下，木地板在国内市场的竞争堪称白热化，大部分地板企业的营利能力有所下滑，行业洗牌激烈程度前所未有。

在这样的背景下，积极进取的企业都加大了产品研发、品控管理、市场营销、资源整合、渠道升级等方面的力度，地板产品的整体品质在提升，品牌竞争力在提升，行业集中度也在提升。随着行业大整合的日益展开，价格竞争的效果越来越弱，行业企业已经意识到整合的重要，行业内部正出现越来越多的资源互补式的合作，将使行业发展更加健康有序，也将推动地板行业的转型升级。

(二)2013 年我国地板销量统计

经过 20 多年的发展，我国地板行业已形成包括实木地板、强化木地板、实木复合地板(多层实木复合地板、三层实木复合地板)、竹地板、软木地板五大品类，及从生产到销售、铺装、售后服务等完善的产业体系。我国已成为世界上地板生产大国和消费大国。目前我国从事木地板的生产企业约有 1500 多家，主要分布在浙江、江苏、广东、吉林、辽宁、黑龙江、上海等地，形成浙江南浔实木地板集群、江苏横林强化木地板集群、浙江安吉竹地板集群、东北三层实木复合地板集群等产业集群。

据中国林产工业协会地板专业委员会对我国具有一定规模的地板企业不完全统计，2013 年我国地板销量约 4 亿平方米，同比增长约 6.0%。其中强化木地板约 2.24 亿平方米，同比增长 6.2%；实木复合地板约 9460 万平方米，同比增长 10.0%；实木地板约 4250 万平方米，同比增长 1.9%；竹地板 3500 万平方米，其中全竹地板约 2500 万平方米，与 2012 年相比基本持平；其他地板约 365 万平方米。

2008—2013 年我国木地板总销量变化趋势如图 1 所示，强化木地板、实木地板、实木复合地板及竹地板销量的变化趋势如图 2 ~ 图 5 所示。

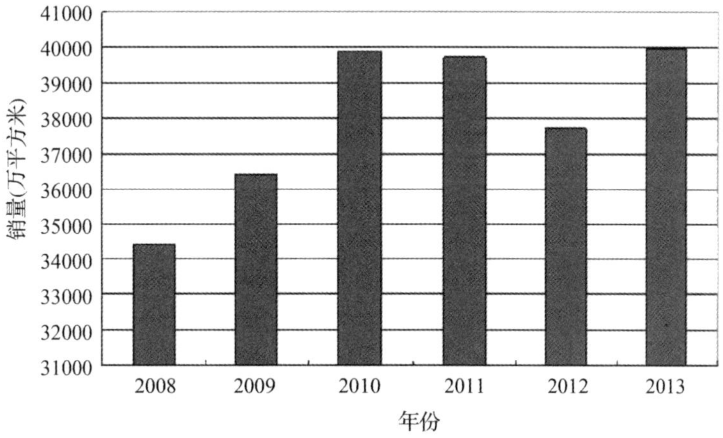

图 1 2008—2013 年我国木地板总销量

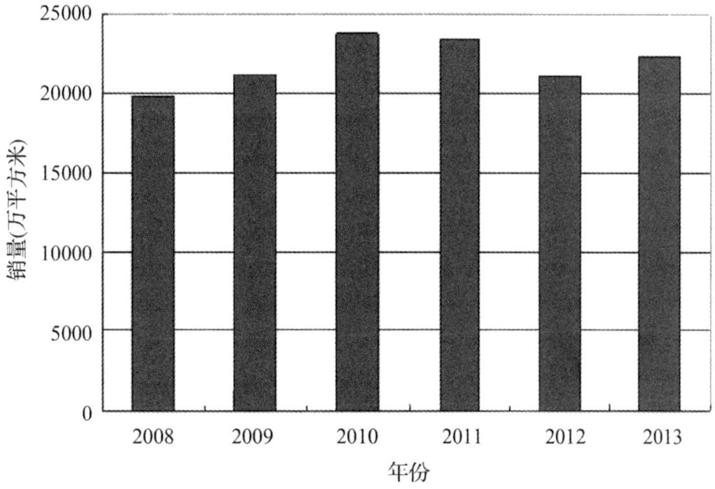

图 2 2008—2013 年我国强化木地板销量

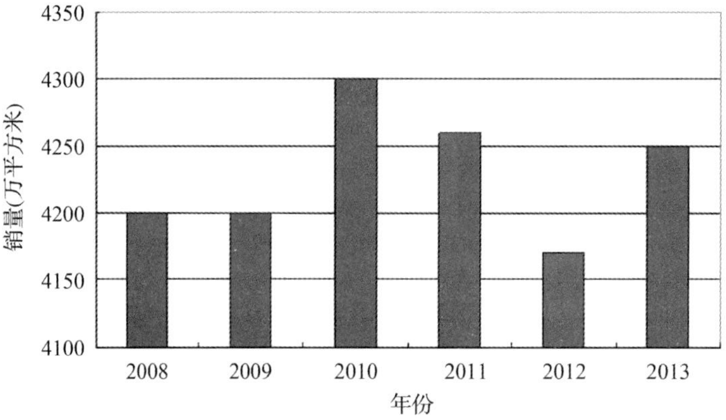

图 3　2008～2013 年实木地板销量

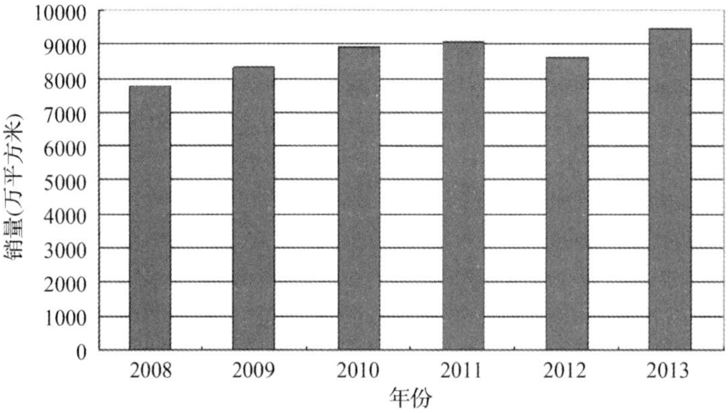

图 4　2008～2013 年我国实木复合地板销量

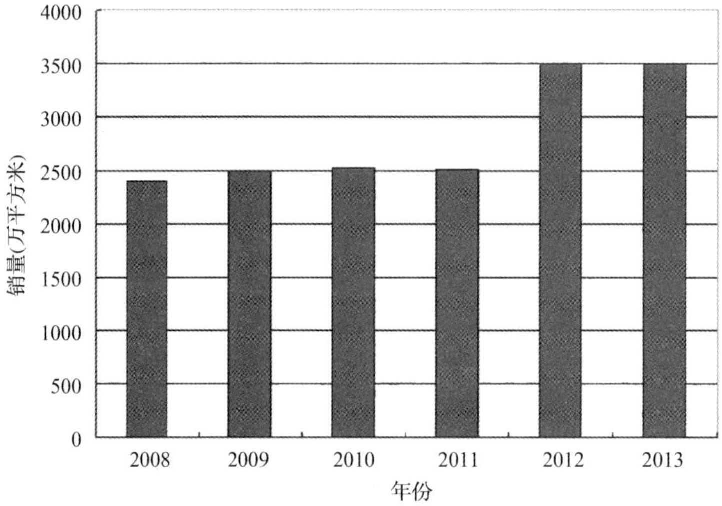

图 5　2008～2013 年我国竹地板销量

（注：2012 年在竹地板销量的统计中，新加入了竹木复合品类的统计，故数字变化较大。）

（三）2013 年我国地板行业的分化

1. 品牌分化

我国地板行业近年一直在洗牌，2013 年更是洗牌比较剧烈的一年，但总体上我国的地板品牌仍较多，品牌的集中度还比较低，目前最大品牌的市场份额在 10% 左右，这也是我国地板产业发展现阶段的鲜明特征。然而，随着人员、终端、营销上的成本飞速上升，随着大品牌家居卖场的渠道下沉，很多小品牌一方面很难进入大的卖场，一方面又随着传统建材市场的衰落而失去了自己的销售阵地。这必然加速品牌的分化。未来全国性的知名品牌的市场份额会逐渐加大，一些区域性的品牌会继续依靠当地资源和差异化产品维持活跃，低端产品的生存空间将会减小，低价、同质化的竞争状况也会逐渐得到改善。

2. 渠道分化

2013 年我国地板产业的主要销售渠道大致有 4 个，即建材市场、工程、装饰公司、电商。从 2013 年的市场情况看，4 大渠道各自显示的趋势为：

（1）建材市场　以建材市场为主的零售渠道在未来一段时间内仍然会是占比最大的一部分，但整个建材市场在数量上将有所下降，尤其是传统的硬件设施较为落后的建材市场的数量将逐渐缩减。

（2）工装　在工程方面，随着越来越多的精装房的出现，地板销售在工装领域的量将会越来越大，但由于地板企业与地产商还不具备品牌溢价能力，工程配套产品的价格将会比较低。另外，由于工程的周期和地产商的结算周期，对于地板企业来说，参与工程最大的风险就是资金的沉淀周期较长，严重时甚至会影响整个生产的运转。总体说，工装市场未来将是地板企业冲销量的阵地，并且参与其中的企业要有较强的品牌价值和资金实力。

（3）装饰公司　目前地板企业与装饰公司的合作，大多体现为各网点的经销商与装饰公司的合作。随着消费者越来越注重家装的专业设计，装饰公司渠道的销量会继续上升。

（4）电商　2013 年电商无疑是地板销售渠道上最大的亮点，众多品牌企业也纷纷开始规划、涉足电商领域，越来越多的网店接续出现。但由于地板行业本身的特点，电商渠道在目前还未能给企业带来明显的利润提升，还只是作为传统渠道的一个补充。可以肯定的是，电子商务对人们生活的改变将是革命性的，电商渠道也必然将成为地板销售的重要途径。在未来能够在电商渠道上实现重大突破的企业，一定是那些用互联网思维来重塑传统行业的企业，目前行业呈现的电商尝试，还只是体现在对电子商务表面的理解，各企业更多的是做跟进和探索。

3. 产品分化

（1）强化木地板　2013 年我国强化木地板的销量约 22400 万平方米，同比增长 6.2%。可以预见，在未来相当长的时间内，强化木地板仍然会是市场容量最大的地板品类，这是强化木地板的功能性和大众性的产品特点决定的。随着城镇化建设步伐的加快，强化木地板会成为未来三四级市场的主打品类。

(2)实木复合地板 2013 年我国实木复合地板的销量约 9460 万平方米，同比增长约 10.0%。实木复合地板是近年来增长势头最好的品类，在 2013 年全行业表现不佳的情况下，实木复合地板产销量依然增长 10%，一些大品牌的实木复合地板品类依然保持着较好的增长。随着人们对生活品质和审美情趣越来越高的追求，随着更多的家庭采取地热采暖的方式，实木复合地板将继续保持增长势头，也是木地板各品类中最大的亮点。而在实木复合地板当中，三层实木复合地板在 2013 年内销增长了 30%，在国内市场认可度得到显著提高，呈明显增长态势，成为实木复合地板品类中增长最大的品种。

(3)实木地板 2013 年我国实木地板的销量约 4250 万平方米，同比增长约 1.9%。从近几年的市场表现看，实木地板的增长和市场份额基本稳定。由于原材料价格的波动剧烈和国外对原木出口的不断限制，导致实木地板的成本越来越高，原材料来源的途径越来越窄。从目前实木地板的市场表现看，实木地板属于高端产品，受特殊消费人群青睐，整体处于稳中有升态势。

(4)软木地板 2013 年我国软木地板的销量约 200 万平方米。软木地板在我国还是小众的品种，市场还处在培育期，软木地板的品牌比较少。但软木地板在我国存在着非常大的发展空间，从环保和资源节约的角度上看，主要使用的是天然可再生的栓皮栎树皮制成，最重要的是使用起来舒适耐用。我国目前 90% 以上软木地板用于出口，在国外使用软木地板是一种高端的生活方式。2013 年我国软木地板进口数量增加，由于葡萄牙深陷欧债危机影响，其产品出厂价格几乎与我国产品持平，对我国本土软木地板生产企业造成较大冲击。未来我国软木地板企业的出路是：加大新品研发力度；坚定不移建品牌；做好持续性的服务。

(5)竹地板 2013 年我国竹地板销量 3500 万平方米，其中全竹地板约 2500 万平方米，与 2012 年相比基本持平。当前竹地板市场主要面临的问题是：同质化竞争较为严重；品牌集中度不高；恶性价格竞争较为突出。竹地板未来的潜力是毋庸置疑的，竹地板企业坚持创新，一定要在产品开发上加大投入，从而摆脱同质化和价格竞争。2013 年户外竹地板的增量突出，这主要得益于产品研发上的创新和能够快速实现产业化。另外，如何进一步提高资源利用率也是竹地板企业需要思考的问题。

4. 消费分化

近年来，我国木地板市场的消费分化越来越明显。从 2013 年来看，60 后、70 后已经成为中高端地板消费的主力，这也是消费能力最强的人群，并且他们在价值观、审美取向上几乎没有断层，其选择的产品风格大都较为内敛，而对产品的品质和身份象征相对重视；80 后、90 后已经成为地板消费的新势力，他们的消费倾向和消费习惯出现了明显的变化，其更加注重视觉和体验上的代入感，对花色和款式的选择也更为大胆张扬，新文化元素和新潮元素的注入往往会引起这个群体的关注。总体说，我国地板消费的分化将逐渐加大，如何开发适合各类人群的产品成为地板企业首先要思考的问题，产品定位将是赢得市场的首要因素。

（四）2013 年我国地板出口情况

通过对地板生产企业的调查及海关数据统计，涉及实木地板、实木复合地板、强化木地板、软木地板及竹地板出口的税则号共 16 个，每个税则号其中只包含部分相关地板产品(如税则号 44091010 的商品名称为：任一边、端或面制成连续形状针叶木地板条；而税则号 44092910 的商品名称为：其他任一边、端或面成连续状非针叶木地板条)。2013 年各品类地板所在税则号的出口量、出口额及出口国情况，以及近三年的发展趋势如下(以下基础数据来源于海关)。

1. 实木地板出口情况

实木地板所在的进出口海关税则号包括：44091010、44092910、44092990、44187990。各税则号的出口量和出口额分别如图 6 和图 7 所示。

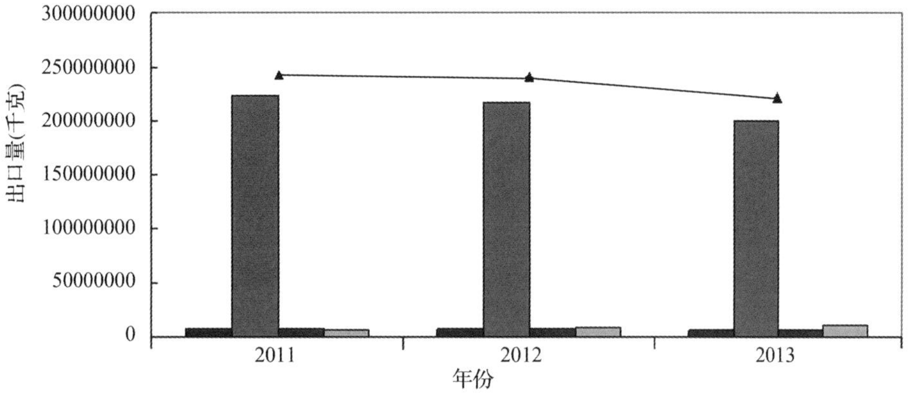

图 6　2011—2013 年我国实木地板所在税则号的出口量

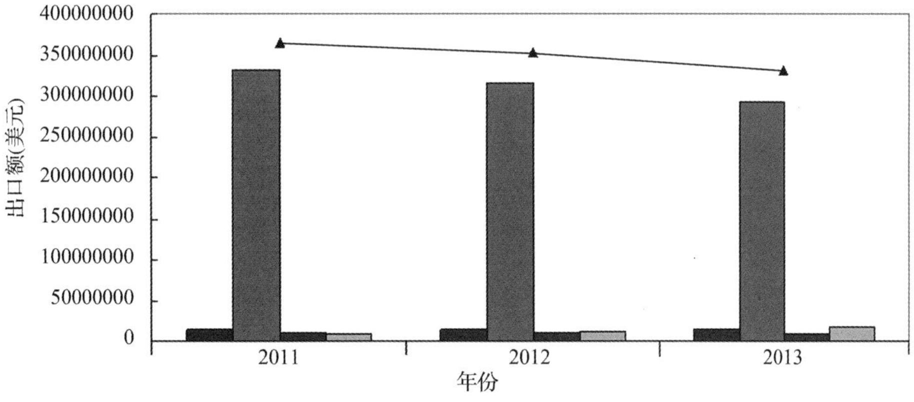

图 7　2011—2013 年我国实木地板所在税则号的出口额

海关税则号 44091010，2013 年，出口量为 6488236 千克，同比下降 7.0%；出口额为 14646959 美元，同比增长 2.5%。与 2012 年相比，2013 年我国实木地板所在税则号 44091010 的出口量下降，出口额略有增长。2013 年海关税则号 44091010，中国产品出口额位居前十的国家和地区依次为：日本、美国、韩国、加拿大、英国、澳大利亚、德国、秘鲁、新加坡、新西兰。

海关税则号44092910，2013年，出口量为199842797千克，同比下降8.4%；出口额为291649915美元，同比下降7.6%。与2012年相比，2013年我国实木地板所在税则号44092910的出口量和出口额均有下降。2013年海关税则号44092910，中国产品出口额位居前十的国家和地区依次为：美国、日本、加拿大、英国、俄罗斯、韩国、澳大利亚、法国、比利时和新加坡。

海关税则号44092990，2013年，出口量为5828333千克，比2012年下降22.3%；出口额为8585260美元，同比下降17.8%。与2012年相比，2013年我国实木地板所在税则号44092990的出口量和出口额均有下降。2013年海关税则号44092990，中国产品出口额位居前十的国家和地区依次为：日本、美国、香港、印度、英国、澳大利亚、马来西亚、加拿大、俄罗斯和荷兰。

海关税则号44187990，2013年，出口量为10377647千克，同比增加23.3%；出口额为17164023美元，同比增长38.7%。与2012年相比，2013年我国实木地板所在税则号44187990的出口量和出口额均大幅增长。2013年海关税则号44187990，中国产品出口额位居前十的国家和地区依次为：美国、马来西亚、加拿大、日本、韩国、哈萨克斯坦、英国、印度尼西亚、香港和尼日利亚。

2013年，我国实木地板类产品所在税则号的出口总量为222537013千克，同比下降7.7%；出口总额为332046157美元，同比下降5.9%，出口额和出口量均下降。

2. 强化木地板出口情况

强化木地板的进出口海关税则号包括：44111319、44119290、44111419。各税则号的出口量和出口额分别如图8和图9所示。

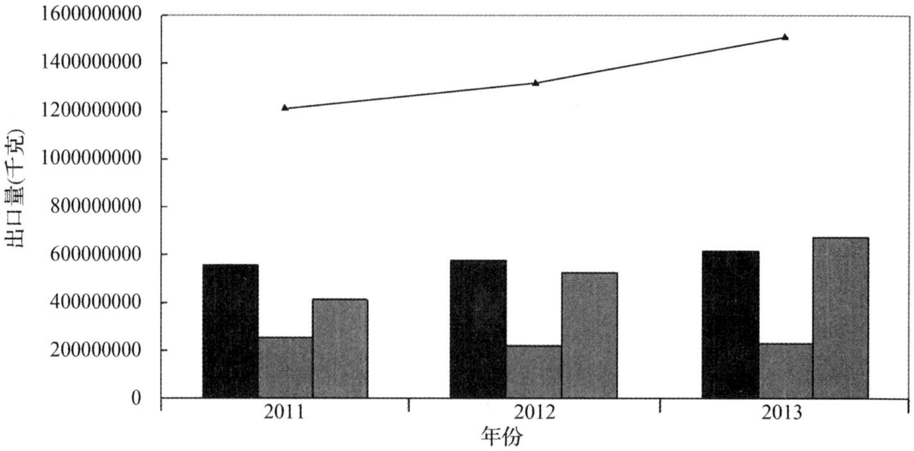

图8　2011—2013年我国强化木地板所在税则号的出口量

海关税则号44111319，2013年，出口量为616054639千克，同比增加6.7%；出口额为415509991美元，同比增长6.9%。与2012年相比，2013年我国强化木地板所在税则号44111319的出口量和出口额均有小幅增长。2013年海关税则号44111319，中国产品出口额位居前十的国家和地区依次为：美国、俄罗斯、韩国、智利、乌兹别克斯坦、伊朗、哥伦比亚、加拿大、印度和罗马尼亚。

海关税则号44119290，2013年，出口量为222925212千克，同比增加2.0%；出口

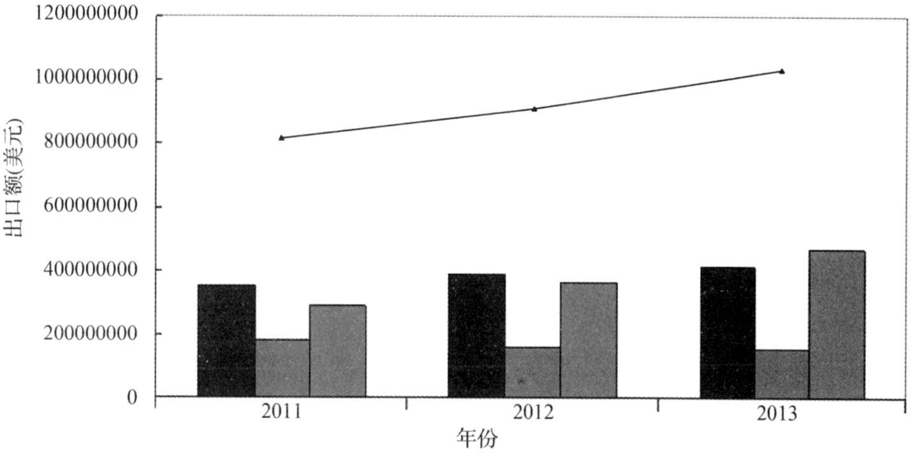

图 9　2011—2013 年我国强化木地板所在税则号的出口额

额为 155722908 美元，同比下降 2.0%。与 2012 年相比，2013 年我国强化木地板所在税则号 44119290 的出口量微升，出口额微降。2013 年海关税则号 44119290，中国产品出口额位居前十的国家和地区依次为：美国、加拿大、韩国、俄罗斯、澳大利亚、蒙古、伊朗、印度、越南和智利。

海关税则号 44111419，2013 年，出口量为 672441642 千克，同比增加 28.4%；出口额为 465617614 美元，同比增长 27.6%。与 2012 年相比，2013 年我国强化木地板所在税则号 44111419 的出口量和出口额均大幅增长。2013 年海关税则号 44111419，中国产品出口额位居前十的国家和地区依次为：美国、俄罗斯、加拿大、澳大利亚、越南、罗马尼亚、格鲁吉亚、乌兹别克斯坦、英国和哈萨克斯坦。

2013 年，我国强化木地板所在税则号的出口总量为 1511421493 千克，同比增加 14.6%；出口总额为 1036850513 美元，同比增长 13.6%，出口量和出口额齐升。

3. 实木复合地板出口情况

实木复合地板的进出口海关税则号包括：44129910、44129410、44123900、44123290、44123210。各税则号的出口量和出口额分别如图 10 和图 11 所示。

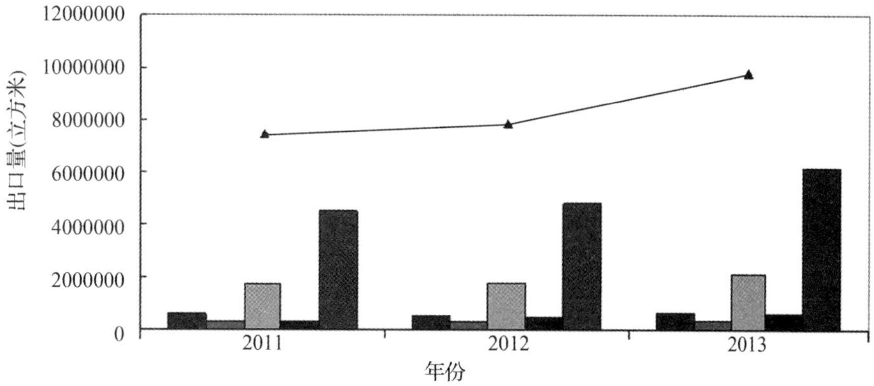

图 10　2011—2013 年我国实木复合地板所在税则号的出口量

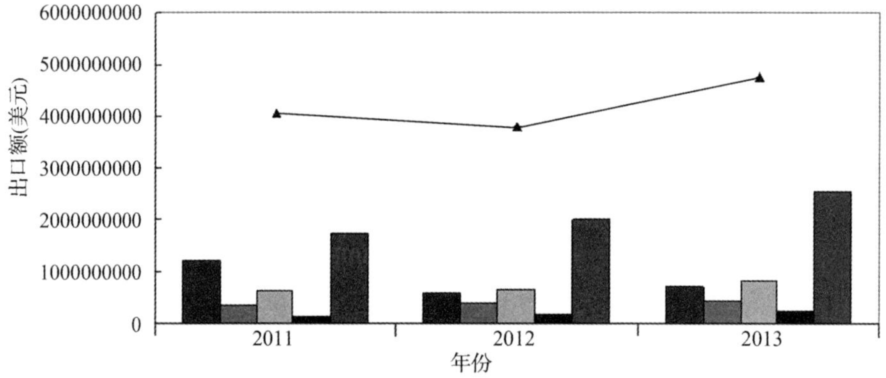

图11　2011—2013年我国实木复合地板所在税则号的出口额

海关税则号44129910，2013年，出口量为625873立方米，同比增加21.9%；出口额为710799839美元，同比增长21.6%。与2012年相比，2013年我国实木复合地板所在税则号44129910的出口量和出口额均大幅增长。2013年中国产品出口额位居前十的国家和地区依次为：美国、加拿大、日本、英国、意大利、比利时、韩国、俄罗斯、荷兰和约旦。

海关税则号44129410，2013年，出口量为348551立方米，同比增加14.4%；出口额为430900792美元，同比增长15.3%。与2012年相比，2013年我国实木复合地板所在税则号44129410的出口量和出口额均增长。2013年海关税则号44129410，中国产品出口额位居前十的国家和地区依次为：美国、比利时、意大利、德国、瑞典、日本、英国、荷兰、加拿大和丹麦。

海关税则号44123900，2013年，出口量为2114139立方米，同比增加21.2%；出口额为818493011美元，同比增长25.0%。与2012年相比，2013年我国实木复合地板所在税则号44123900的出口量和出口额均大幅增长。2013年海关税则号44123900，中国产品出口额位居前十的国家和地区依次为：阿联酋、日本、沙特阿拉伯、韩国、台湾、卡塔尔、新加坡、香港、比利时和科威特。

海关税则号44123290，2013年，出口量为614497立方米，同比增加26.8%；出口额为248197984美元，同比增长30.4%。与2012年相比，2013年我国实木复合地板所在税则号44123290的出口量和出口额大幅增长。2013年海关税则号44123290，中国产品出口额位居前十的国家和地区依次为：韩国、以色列、日本、英国、美国、台湾、香港、新加坡、澳大利亚和瑞典。

海关税则号44123210，2013年，出口量分别为6149229立方米，同比增加26.9%；出口额为2562013636美元，同比增长27.9%。与2012年相比，2013年我国实木复合地板所在税则号44123210的出口量和出口额均大幅增长。2013年海关税则号44123210，中国产品出口额位居前十的国家和地区依次为：美国、日本、英国、菲律宾、泰国、以色列、越南、韩国、阿联酋和印度尼西亚。

2013年，我国实木复合地板所在税则号的出口总量为9852289立方米，同比增加24.8%；出口总额为4770405262美元，同比增长25.3%，出口量和出口额齐升。

4. 软木地板出口情况

软木地板的进出口海关税则号为 45049000，出口量和出口额如图 12 所示。

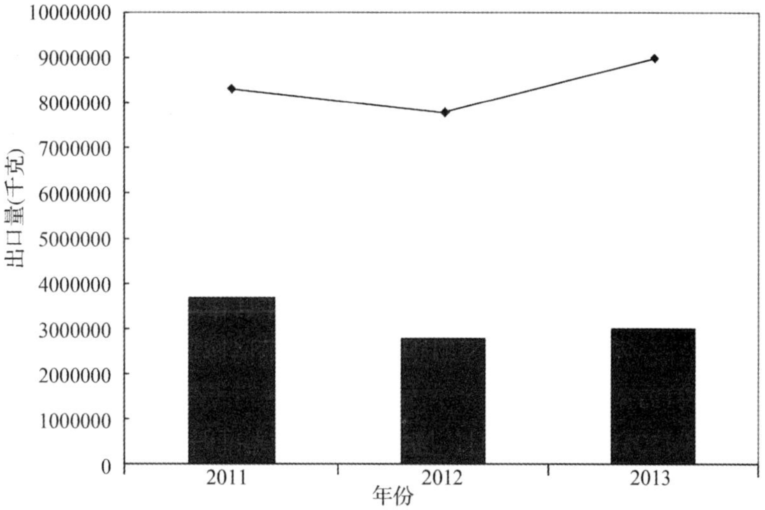

图 12 2011—2013 年我国软木地板所在税则号的出口量及出口额

软木地板海关税则号 45049000，2013 年，出口量 2992834 千克，同比增加 7.4%；出口额为 8988185 美元，同比增长 15.4%。与 2012 年相比，2013 年我国软木地板所在税则号 45049000 的出口量和出口额均增长。2013 年海关税则号 45049000，中国产品出口额位居前十的国家和地区依次为：美国、加拿大、德国、日本、俄罗斯、意大利、英国、澳大利亚、瑞典和比利时。

5. 竹地板出口情况

竹地板的进出口海关税则号包括：44092110、44187210、44187910。各税则号的出口量和出口额分别如图 13 和图 14 所示。

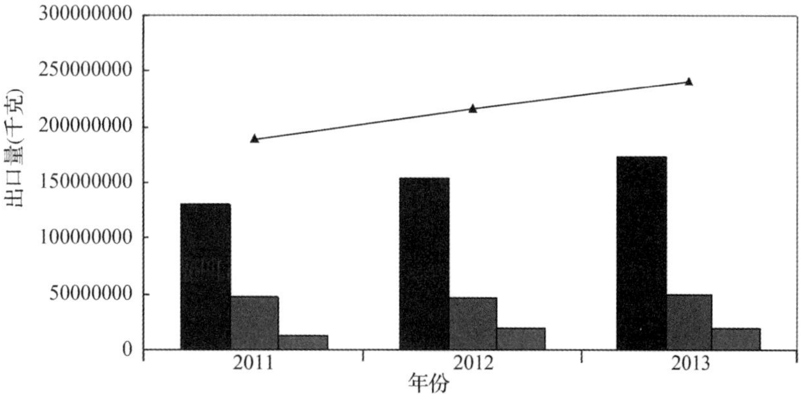

图 13 2011—2013 年我国竹地板所在税则号的出口量

竹地板海关税则号 44092110，2013 年，出口量为 173015361 千克，同比增加 12.8%；出口额为 311582164 美元，同比增长 2.2%。与 2012 年相比，2013 年我国竹地板所在税则号 44092110 的出口量和出口额均增长。2013 年海关税则号 44092110，中

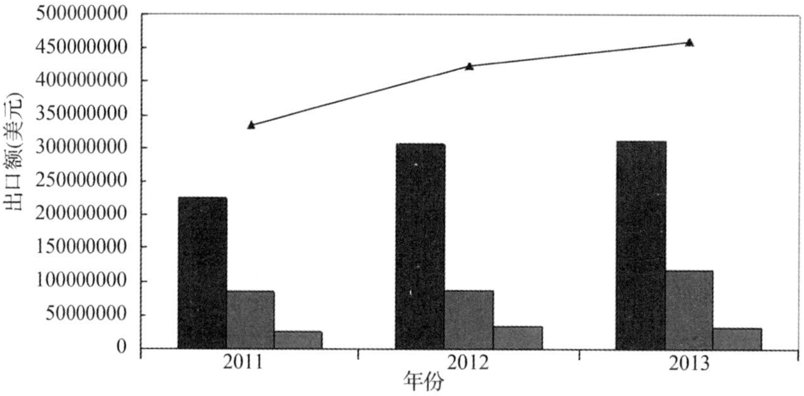

图 14　2011—2013 年我国竹地板所在税则号的出口额

国产品出口额位居前十的国家和地区依次为：美国、澳大利亚、荷兰、加拿大、德国、法国、英国、俄罗斯、日本和波兰。

竹地板海关税则号 44187210，2013 年，出口量为 49958946 千克，同比增加 9.1%；出口额为 11802382 美元，同比增长 37.14%。与 2012 年相比，2013 年我国竹地板所在税则号 44187210 的出口量和出口额均增长。2013 年，海关税则号 44187210，中国产品出口额位居前十的国家和地区依次为：美国、澳大利亚、荷兰、加拿大、波兰、德国、墨西哥、比利时、俄罗斯和意大利。

竹地板海关税则号 44187910，2013 年，出口量为 18578597 千克，同比增加 3.2%；出口额为 30516163 美元，同比下降 6.6%。与 2012 年相比，2013 年我国竹地板所在税则号 44187910 的出口量增加，而出口额下降。2013 年海关税则号 44187910，中国产品出口额位居前十的国家和地区依次为：澳大利亚、美国、德国、加拿大、俄罗斯、格鲁吉亚、韩国、新加坡、厄瓜多尔和智利。

2013 年，我国竹地板所在税则号的出口总量为 241552904 千克，同比增加 11.2%；出口总额为 460122156 美元，同比增长 8.6%，出口量和出口额齐升。

(五)2013 年我国地板行业的质量状况

2013 年，我国木地板产业快速发展，以强化木地板、实木复合地板为主的各品类木地板在铺地材料市场中的市场份额约占到 30%。木地板的生产工艺和技术装备越来越成熟，尤其是主流企业在生产工艺、技术装备等方面可达到国际一流水平。由于木地板是终端消费品，其质量与人们的日常生活息息相关，政府有关部门、行业协会和消费者都十分关注木地板产品质量。我国主流地板企业依据标准生产，对地板产品理化性能、外观质量、规格尺寸及偏差等技术要求严格把关，产品质量可以满足国家标准和市场要求。

根据有关部门的监督抽查结果，结合行业现状，近年各品类地板产品质量综合合格率均在 90% 以上。然而由于我国木地板生产企业数量众多，发展不平衡，个别企业仍存在产品质量不稳定的情况，需要不断改进。分析国家质量监督检验检疫总局近年组织的抽检累计结果，强化木地板主要不合格项目为表面耐磨不达标；实木复合地板主要不合格项目为浸渍剥离性能不达标；实木地板主要不合格项目为含水率不达标；竹地板主要不合格项目为浸渍剥离性能不达标。相关企业在以上各方面应加大重视力度，找出原因，提高产品质量，为消费者提供放心产品。

（六）2013年我国地板行业热点问题及产业特征

1. 城镇化建设将成为地板消费的最大动力

有关数据显示，过去十年，是城市化发展的黄金十年。房地产开发总量606.3亿平方米，住宅施工面积277.8亿平方米，住宅竣工总面积152.9亿平方米，开发存量453.4亿平方米；未来十年，是城镇化发展的黄金十年。到2020年将有3亿农村户口转为城镇户口，总计将达10.2亿，住房面积总量将无比巨大；消费结构中吃、穿、行消费相对过剩、比例减少，剩余收入主要用于住房和投资，尤其改善性住房消费占比越来越高，且二次装修在未来5~7年将进入释放高峰期。

2013年"两会"的政府工作报告中，新型城镇化建设被视为未来我国经济增长的核心动力。当前，推进新型城镇化已被提到了国家层面的议事日程上，我国城镇化进程将出现一个新的拐点。未来十年，城镇化建设将成为我国经济发展的最大引擎，这必将为我国房地产行业和地板行业带来巨大的发展机遇。在国家大力支持城镇化的阶段，消费者对家居的需求量也将越来越大，而随着消费观念的逐步放开，与房地产配套的地板家居市场也将迎来一次很好的发展机遇。

新型城镇化的作用相当积极，为二三线城市家居市场带来的机遇显而易见。城镇化加速过程中，大量新楼房和保障房涌现，进而带动大批量家居产品的消费，对家居业来说，未来市场的潜力非常巨大。目前，我国大多数消费者的观念还偏于保守，过去的城镇化并没有让这些人的消费观念转变过来。但随着80后、90后逐渐成为社会的重要力量，在促进消费、拉动内需方面，他们将发挥着越来越重要的作用，而且随着他们渐渐进入婚嫁年龄，对住房的需求也将越来越强烈，与住房配套的家居市场也将从中得利。

众所周知，经过近十年发展，地板行业在一线城市增速放缓，市场新的增长点主要还是婚房和二次装修的刚性需求，份额较为有限。所以，最近两年市场增速连续放缓，个别地区甚至出现了萎缩的情况。而新型城镇化给地板行业带来了新"蛋糕"。但地板企业在开拓新蓝海的同时，也要对症下药、因地制宜。农村城镇化和城镇城市化，对家居产品要求不同，地板企业要针对不同市场开发不同产品，采用不同的营销方法，不能照搬一线城市的经验。比如，就农村城镇化而言，农村居民收入不高，大都属于初级消费，产品单价、品质、用料都要有针对性，价格是消费者考虑的首要因素，因此企业应着眼投放高性价比的产品；而就城镇城市化而言，企业则可增加产品的设计含量和产品附加值。此外，企业还要注意研究目标市场的房型和目标消费群体的生活习惯。

2. 房地产政策对地板行业的影响

2013年2月20日，国务院常务会议确定了5项加强房地产市场调控的政策措施，堪称最严厉的房地产调控措施，称为"国五条"。3月1日，国务院办公厅发布《关于继续做好房地产市场调控工作的通知》，从抑制投资投机性购房、增加供应等六个方面细化了新“国五条”的相关规定。“国五条”主要目的是压制投资性需求，平抑房价保障刚需。从全年的情况看，2013 年是房地产调控趋紧的一年，对房地产市场起到了一定的降温作用，尤其明显的是各地房地产市场出现了分化局面，二三线城市表现趋于平稳，一线城市的调控压力较为明显，房地产调控对地板行业的冲击也是比较明显的。

与此同时，国家再度强调保障房建设，保证低端保障房的有效供给。在未来的发展中，保障房消费群体将会成几何倍数扩大，对于家居行业来说，这部分客户将成为各大企业争夺的重点对象。随着国家大力执行保障房建设，这部分消费群体不断扩大。另外，在房产限购的政策下，更多本有意购买房产的消费者或许会将注意力转而放到对原住所的改造和装修中，这也将对地板消费形成一定拉动。

地板作为建材的重要环节，刚性需求和改善性住房是其主要客户群体，如何给消费者实惠，给地板企业提出了更高的要求。地板企业要从梳理、强化管理制度、提高工作效率、完善产业链、降低物流成本等方面下足工夫，不断压缩生产成本，才能将利润让利给消费者，让消费者得实惠。此外，在调控升级的情况下，房地产行业的发展速度必将逐渐稳定下来，更多的房地产开发商开始由注重量的增加改为注重质的发展，这对地板行业带来的发展动力非常大，当消费者更加注重时尚与个性的家居装修方案时，设计的创新就越发凸显，这也将是未来地板企业可以重点利用的优势之一。

国家出台一系列房地产调控政策，本质上促进了建材行业步入品牌集中化发展的健康轨道，并有效规避机会式、无序性发展及扩张所带来的风险。

3. 创新是地板行业转型升级的根本出路

“十二五”是我国经济结构性调整的重要时期，随着城镇化步伐的加快，中央一系列重民生政策的落实和新的扶贫规划的起步实施，特别是保障性安居工程首批 1000 万套住房陆续竣工入住，为我国木地板开启了快速恢复经营活力，可以稳步增长 15 ~ 20 年的巨大国内市场空间。可以预见，随着我国经济发展方式的转变和可持续、平稳较快发展战略措施的逐步落实，今后我国地板企业将在新一轮发展中面临市场变化、成本升高和人员流失的严峻挑战，亦为优势企业提供了兼并重组、转型升级的良机。因而，改变单纯重视加工制造环节的思维定势，加快结构调整、装备升级和营销网络建设，坚持以技术创新为支撑，应对市场变化不断推出适销对路产品，努力提高品牌创建能力，是当今地板企业做优做强的不竭动力。

创新是地板企业应对市场变化，把握和引领市场而不断进行生产要素重新组合的行为。地板企业要立于不败之地，地板行业要转型升级，创新是必由之路。地板企业要紧紧围绕市场进行产品创新、技术创新、市场创新、资源创新和机制创新，提高产品环保性能，加大技改投入、装备升级换代，努力降低生产成本，不断提高产品质量，加快新产品开发，适时推出市场亟需产品，坚持订单生产，提供定制规格产品，获得国际国内相关产品和企业认证，才能做优做强、稳步发展，由“中国制造”走向“中国创造”。

相关数据表明，在建材领域中，地板行业的品牌认可度远远高于其他行业。未来几年，地板行业的品牌差距将越来越大，市场格局将由杂乱无序的价格战转向较为明晰的品牌竞争。当市场发展到一定水平时，统领行业的必然是自动化程度高、规模化定制、标准化生产的大型企业。少数全国性的强势品牌将成为市场的领导者，跨行业发展的相关品牌会成为市场新的挑战者，一批区域性的优势品牌依然会是市场的追随者，而更多的新锐品牌将作为市场的新生代，不断涌现。

4. 多元化发展渐成趋势，未来前景还需辩证看待

2013年，随着我国木地板市场的竞争日趋激烈和要素成本的不断上升，多数地板企业的利润率有所下降，面对尚难摆脱的价格战漩涡与同质化竞争，一些能力较强的地板企业便开始找寻新的利润增长点，在同属木业范畴内进行跨界整合，谋求木制家居集成化发展不约而同地成为了大家的共识，行业一体化家居消费体验日趋强劲。在木制品领域内进行跨界整合有着先天优势。例如涉足木门的地板企业，其装备、技术、人才皆有共性之处，转型后生产风险相对较小。另外，地板企业本身拥有成熟的工艺、资源、渠道，完全可与木门、衣柜、橱柜等产品的生产销售进行资源共享。从需求上看，地板、木门、衣柜、橱柜等都是生活必需品；从利润上看，多元化发展可以提高企业总体产值，降低综合成本。如果能抓住时机整合资源，不仅能抢得市场先机，实现多元化经营，还增强了抵御市场风险的能力，同时扩大了市场规模。

然而，对于地板企业多元化发展的前景，还需要辩证看待。从经营战略的角度上讲，跨界整合不仅能够分散商家的经营风险，在一定程度上也能够规避单一领域未来的市场波动给商家带来巨大的影响和损失，而且还能够增加利润增长点；从产品的角度来看，庞大的产品集群不仅可以满足消费者的需求，还可以为商家聚集更多的客户资源。但尽管市场潜力很大，多元化发展同时也存在着发展隐患，如果人力、资本、渠道、管理等没能与之配套，跨界越快项目越多，风险也就越大。增加一个品种产品，意味着竞争对手发生了变化，原来的格局也会随之变化。所以首先自身要有一定的基础，有专业的售后服务、技术体系，不能盲目冲动，应该在企业战略发展的框架下稳步进行。另外，多元化产品的品质和服务最终被认可，这是需要时间考验的过程。短期可能会使其在业内没有主导地位，从而与品牌家居卖场无缘。

5. 电子商务成为新兴渠道的最大亮点

数据显示，2013年中国电子商务交易规模9.9万亿元，同比增长21.3%。目前中国4.2亿的网民中有1.5亿网民选择网上购买商品，占网民总数的35%。就地板行业来说，随着电子商务的普及，网购已成为地板行业日益关注的销售渠道。然而，由于地板销售的服务链长，从生产、销售、物流、配送、安装、售后等环节通过网络来协调时，伴随的问题也很多。从其他行业的电商发展和同业国外的经验来看，电子商务将成为地板行业未来的主要销售渠道，但这要建立在配送、安装、售后服务等环节形成有机配套的基础上。

（1）解决经销商向服务商转变的问题　线上线下的结合与服务可能只要形成一定的价格体系和物流体系，投入一定人力、物力、财力进行系统运营还是可以找到出路的，这当中所要考虑的就是如何节省成本、减少流通环节、更多优惠、便利消费者的问题。电子商务的崛起对传统渠道冲击明显，从终端来讲，经销商的利益必定受到严重影响，如果传统经销商向服务商转变，营利模式将会发生改变。

虚实结合的O2O立体化营销模式是家居行业的必经之路。经销商务必从以销售为导向的零售商转化成为系统运营商、体验服务商、产品流通商、终端展示商。同时，经销商将从单一销售行为，转变为集咨询、设计、体验、安装、服务于一体的系统化运营，驱动价值链快速运转，实现利益最大化。

(2)需要解决的三个问题　第一，物流匹配。地板物流方面实际开展的难度远超预计，现在物流和电子商务平台都不够完善，深究其原因，因为地板产品几乎都属于大件，在物流方面容易产生各种问题。第二，商品匹配。消费者怎么能够快速地找到自己想要的商品，这是一个商品匹配的过程，要靠技术不断优化。第三，差异化问题。如何开发不同产品线规避经销商利益冲突也是敏感问题。目前，地板行业的主流销售渠道是分销体系。进入电子商务的产品，生产商无论是给消费者让利还是按当地店面价格销售，都可能伤害到当地经销商的价格利益，容易引起矛盾。

(3)加强管理与信息整合　电子商务系统本身就是一个信息化平台，通过这样一个系统，对历年来的销售记录、产品的评价信息管理、营销策略等，都可以一一考究与分析；内部信息化系统，将为企业在电子通路上全速起航提供动力与支持。内部信息化系统的使用一方面可以联动企业各省、地区分公司各个单元。另一方面，内部信息化系统集合了网上电子商务所销售产品的数据与传统渠道的生产、库存、销售管理数据，保证产品生产、库存、销售相关信息有据可查，企业基于该系统进行数据分析。电子商务系统是营销、销售、客户评价数据的参考与分析平台，只有内部动力与外部系统结合，做好管理，提升信息化能力，站在高起点上，地板企业才能借电子商务飞得更高、更远。

互联网时代，迫使企业必须建立一个适应互联网时代的生态系统，建立汇集资源的生态圈，用最快的速度把各种资源汇集到一起，促使资源与利益分配更公开、公平。

6. 跨界营销为品牌赢得更多市场

截至2013年，地板行业经过了19年的快速发展，营销手段也从单纯的产品营销到品牌营销。然而，因为自身行业特质，不可避免地存在产品同质化严重的现象。如何实现有效营销，真正做到从行业品牌向消费者品牌的转变是摆在家居人面前的一大难题。

“跨界”代表一种新锐的生活态度与审美方式的融合。跨界营销的实质，是实现多个品牌从不同角度诠释同一个用户特征。跨界营销通过行业与行业之间的相互渗透和相互融合，品牌与品牌之间的相互映衬和相互诠释，使企业整体品牌形象和品牌联想更具张力，对合作双方均有裨益，让各自品牌在目标消费群体得到一致的认可，从而改变了传统营销模式下，品牌单兵作战、单枪匹马易受外界竞争品牌影响而削弱品牌穿透力、影响力的弊端。

对地板企业而言，成功的跨界营销可以通过多种品牌的互补加深消费者对一种产品的品牌印象，最大限度降低了同类品牌的干扰性作用，对帮助企业由行业品牌向消费者品牌转变起到关键性作用，解决了品牌与消费者多方面的融合问题。

7. 三四级市场是地板行业新蓝海

“城镇化”作为经济动力新引擎，无疑是推动传统行业由外向转内向的最大力量，三四级市场在“城镇化”的推动下，将成为地板市场新蓝海。

开拓三四级市场面临的挑战：由于三四级市场的消费水平、居民购买力相对来说较低，能否针对三四级市场开发、推出适合市场需求的产品是非常关键的。在渠道建设上，由于三四级市场在全国呈点状分散分布，单个区域市场容量小，且层次参差不一，管理幅度大、难度高，对一线品牌来说，就需要变换经营思路，建立区域滚动开发的深度营销体系，建立标杆市场、以点带面，形成规模效应。同时，加强区域品牌的推广也是非常重要的。此外，三四级家居市场的物流配送、售后服务都因为区域分散而可能导致更高的成本与质量的下降。

三四级市场的开发策略：首先，产品方面，针对三四级市场的特定需求，地板企业需要在消费需求调研的基础上推出具有性价比的针对性产品。需求调研是地板行业薄弱的环节，企业在产品开发上要采用科学的、量化的调研技术和手段，在设计的源头上着手。根据当地收入、人口、房地产市场状况等数据，对其市场做出分析。其次，品牌方面，个别地板企业目前采用了多品牌的策略，对于担心进入三四级市场影响品牌价值的企业来说，调整品牌组合或新推出针对于三四级市场的品牌将是一个非常好的选择。对于在一二级城市竞争中处于弱势的品牌来说，适时调配资源、大举进攻三四级市场，更是一次重生的战略机会！在不同的市场，推出不同的品牌，或者同一品牌推出不一样的系列、不一样的价格。第三，渠道方面，三四级市场的特点是范围广、地域大而分散，地板企业不可能在每个市场都建立分公司或者办事处，因此必须依靠当地经销商，必须建立和谐、共赢的厂商关系，共同开拓市场。加强区域市场渠道终端的精细化营销，尤其加强对终端导购的培训督导，终端导购的素质能力很大程度就决定了产品销量。第四，物流方面，三四级市场普遍存在物流配送的难题，小批量提货、频繁配送、难以预测的退换货，给物流造成很大压力。目前，很多企业开始进行了有效的尝试与探索，已开始在全国多个区域中心城市建立自己的物流配送中心。企业在完善物流体系的硬件建设的同时，对于软性的信息系统建设也要重视起来。

8. 突破贸易壁垒

2013 年，欧美国家经济危机不断发酵，随着欧美地区失业率的不断上升和本国制造业的逐渐空心化，贸易保护主义有所抬头，以关税和环境为名的各种条款对我国地板出口造成极大冲击，并且这些壁垒在近年呈现逐渐加剧的趋势。

面对越来越高的出口门槛，我国地板企业要正视现实，首先从自身做起，把低碳环保的理念落实到采购、加工、铺装等各个环节，提高木材的利用率，降低生产成本。在保证地板产品的外观质量和使用性能的基础上尽量多使用速生树种，优化珍贵树种的使用。用低成本、低能耗、低排放的生产方式，将生产过程对环境的污染降到最低，使发展绿色产业链，成为地板行业的主流经营模式。

(七)2013 年与地板行业相关的国家政策

2013 年是极不平凡的一年，11 月 12 日，在举国上下的期盼中，在全球注视的目光中，十八届三中全会在北京胜利闭幕。全会审议通过了《中共中央关于全面深化改革若干重大问题的决定》(以下简称《决定》)。《决定》提出的“处理好政府和市场的关系，使市场在资源配置中起决定性作用和更好发挥政府作用”、“公有制经济和非公有制经济都是社会主义市场经济的重要组成部分，都是我国经济发展的重要基础”等诸多论述，让地板企业看到了民营企业的发展机遇，坚定了发展信心。

1. 减少行政审批与监管

(1)2013年到2014年2月，国务院先后四次发文：关于取消和下放一批行政审批项目的决定(国发〔2013〕19号，国发〔2013〕27号，国发〔2013〕44号，国发〔2014〕5号)

经研究论证，国务院决定，取消和下放一批行政审批项目(其中有2项属于保密项目，按规定另行通知)，现一并予以公布。各地区、各部门要抓紧做好取消和下放管理层级行政审批项目的落实和衔接工作，加快配套改革和相关制度建设，在有序推进“放”的同时，加强后续监管，切实做到放、管结合。要按照深化行政体制改革、加快转变政府职能的要求，继续坚定不移推进行政审批制度改革，清理行政审批项目，加大简政放权力度。

(2)2014年2月7日，国务院关于印发注册资本登记制度改革方案的通知(国发〔2014〕7号)

①实行注册资本认缴登记制。②改革年度检验验照制度。③简化住所(经营场所)登记手续。④推行电子营业执照和全程电子化登记管理。

(3)2014年2月17日，工商总局关于停止企业年度检验工作的通知(工商企字〔2014〕28号)

国务院发布的《注册资本登记制度改革方案》将企业年度检验制度改为企业年度报告公示制度。据此，总局决定，自2014年3月1日起停止对领取营业执照的有限责任公司、股份有限公司、非公司企业法人、合伙企业、个人独资企业及其分支机构、来华从事经营活动的外国(地区)企业，以及其他经营单位的企业年度检验工作。

(4)2013年6月18日，国家林业局关于规范木材运输检查监督管理有关问题的通知(林资发〔2013〕96号)

根据《森林法实施条例》的规定，木材凭证运输的范围为国家标准、行业标准所列的原木、锯材、竹材和木片。胶合板、纤维板、刨花板、以木(竹)材为主辅原材料的家具和木(竹)制工艺品不纳入凭证运输范围。各级林业主管部门受理申请办理木材运输证，除按照《森林法实施条例》第三十六条规定应当提交的证明文件外，不得要求申请办理者提交育林基金等有关税费票据，切实保护木材运输证申领人的合法权益。运输直达进口目的地的进口木材，无须办理木材运输证。

(5)2013年8月7日，国家林业局关于进一步改进人造板检疫管理的通知(林造发〔2013〕123号)

根据人造板生产工艺的不同，对人造板检疫实行分类管理。其中，在确保不会造成林业有害生物传播危害的前提下，对具有热压、粉碎等工序且能够达到除害处理要求的人造板种类不实施检疫。

(6)2013年12月23日，工商总局关于开展在工商登记管理中搭车收费等问题专项整治的通知(工商个字〔2013〕207号)

坚决纠正借工商登记管理之机搭车收费、搭载附加条件等损害群众利益的各种违规违纪行为。主要包括五个方面：①利用工商登记管理环节，采取暗示、刁难或设置障碍等方式搭车强制收费；②借工商登记管理之机强制个体工商户和私营企业加入个私协会；③违反法律法规规定，在工商登记中强制提交流动人口婚育证明；④在工商登记管理中违规增加其它证明文件或违规违纪搭载收取其他费用。

(7)2013 年 8 月 15 日，财政部 国家发展改革委关于免收出口商品检验检疫费等有关问题的通知(财综 2013[85]号)

自 2013 年 8 月 1 日起至 2013 年 12 月 31 日，对所有出境货物、运输工具、集装箱及其他法定检验检疫物免收出入境检验检疫费。

(8)2014 年 1 月 27 日，财政部 国家发展改革委关于 2014 年继续免收出口商品检验检疫费的通知(财综[2014]6 号)

自 2014 年 1 月 1 日起至 2014 年 12 月 31 日，对所有出境货物、运输工具、集装箱及其他法定检验检疫物免收出入境检验检疫费。

2. 加强质量监督监管

(1)2013 年 2 月 27 日，国务院办公厅关于印发贯彻实施质量发展纲要 2013 年行动计划的通知(国办发〔2013〕18 号)

①强化惠民生产品和服务的质量监管。②加强服务“三农”产品质量安全监管。

(2)2013 年 5 月 17 日，国务院办公厅关于印发 2013 年全国打击侵犯知识产权和制售假冒伪劣商品工作要点的通知(国办发〔2013〕36 号)

①开展生产流通环节治理整顿。深入开展生产源头专项治理，全面开展质量安全风险排查活动，打击各类质量违法行为。围绕农资、食品、建材、汽车配件等重点产品继续开展“质检利剑”行动。狠抓城乡结合部等重点区域的执法打假。②打击侵犯专利权违法行为。集中开展知识产权执法维权“护航”专项行动，加大对涉及民生、重大项目及涉外等领域专利侵权行为的打击力度。做好专利侵权调处和假冒专利查处工作。

(3)2014 年 2 月 4 日，国务院批转全国打击侵犯知识产权和制售假冒伪劣商品工作领导小组《关于依法公开制售假冒伪劣商品和侵犯知识产权行政处罚案件信息的意见(试行)》的通知(国发〔2014〕6 号)

对属于主动公开范围的假冒伪劣和侵权行政处罚案件信息，自行政执法机关作出处罚决定或处罚决定变更之日起 20 个工作日内予以公开。对食品药品、卫生器材、农业生产资料等事关人民群众健康和安全领域的假冒伪劣和侵权行政处罚案件信息，应根据相关法律、法规的规定，及时予以公开。

(4) 2013 年 12 月 2 日，国务院办公厅关于加强农产品质量安全监管工作的通知(国办发〔2013〕106 号)

①落实监管任务。加强检验检测和行政执法，推动农产品收购、储存、运输企业建立健全农产品进货查验、质量追溯和召回等制度。②推进农业标准化生产。要坚持绿色生产理念，加快制订保障农产品质量安全的生产规范和标准，加大质量控制技术的推广力度，推进标准化生产。

(5)2013 年 7 月 23 日，工商总局关于加快促进流通产业发展的若干意见(工商市字

〔2013〕112号)

加大市场监管执法力度，为流通产业健康发展营造良好的市场环境。①依法加强对关系国计民生、人民群众生命安全等商品的日常监管。②加大流通领域商品质量监督检查力度。③完善打击侵犯知识产权和制售假冒伪劣商品违法行为长效机制。

(6)国家质量监督检验检疫总局公告(2013年第124号)

根据《中华人民共和国产品质量法》和《产品质量监督抽查管理办法》的规定，质检总局联合国家林业局共同组织对国内生产的胶合板、浸渍纸层压木质地板、刨花板、细木工板、竹地板等5类林木制品质量进行了国家监督抽查。质检总局已责成相关省、直辖市质量技术监督部门按照有关法律法规，对本次抽查中不合格的产品及其生产企业依法进行处理。

3. 中小企业和中小投资者相关政策

(1)我国的地板企业大多数属于中小企业或微型企业，可以享受国家关于中小企业的优惠政策。工业和信息化部、国家统计局、国家发展和改革委员会、财政部联合印发了《关于印发中小企业划型标准规定的通知》(工信部联企业[2011]300号)，对中小企业划型的标准作出了明确的规定：①林业企业。营业收入20000万元以下的为中小微型企业。②工业企业。从业人员1000人以下或营业收入40000万元以下的为中小微型企业。

(2)2013年8月8日，国务院办公厅关于金融支持小微企业发展的实施意见(国办发〔2013〕87号)

①确保实现小微企业贷款增速和增量“两个不低于”的目标；②加快丰富和创新小微企业金融服务方式；③着力强化对小微企业的增信服务和信息服务；④积极发展小型金融机构；⑤大力拓展小微企业直接融资渠道；⑥切实降低小微企业融资成本；⑦加大对小微企业金融服务的政策支持力度；⑧全面营造良好的小微金融发展环境。

(3)2013年7月29日，财政部、国家税务总局关于暂免征收部分小微企业增值税和营业税的通知(财税[2013]52号)

为进一步扶持小微企业发展，经国务院批准，自2013年8月1日起，对增值税小规模纳税人中月销售额不超过2万元的企业或非企业性单位，暂免征收增值税；对营业税纳税人中月营业额不超过2万元的企业或非企业性单位，暂免征收营业税。

(4)2013年03月08日，工业和信息化部关于开展扶助小微企业专项行动的通知(工信部企业〔2013〕67号)

为贯彻《国务院关于进一步支持小型微型企业健康发展的意见》(国发[2012]14号)精神，优化企业发展环境，引导和促进小微企业提高发展质量和效益，实现持续健康发展，我部决定在2013年开展扶助小微企业专项行动。

(5)2013年12月31日，工信部等九部委关于促进劳动密集型中小企业健康发展的指导意见(工信部联企业〔2013〕542号)

主要任务：①加快企业转型升级；②提高产品和服务质量；③加强品牌建设。

政策措施：①引导民间投资发展劳动密集型企业；②切实降低企业税费负担；③加大财政政策扶持力度；④缓解融资困难；⑤营造良好的市场环境；⑥促进企业集

聚发展；⑦加强公共服务；⑧加强指导协调。

(6)2013年7月23日，国家发展改革委关于加强小微企业融资服务支持小微企业发展的指导意见(发改财金[2013]1410号)

各省级备案管理部门应依据《国务院办公厅转发发展改革委等部门关于创业投资引导基金规范设立与运作指导意见的通知》(国办发[2008]116号)，加快设立小微企业创业投资引导基金，吸引社会资本设立创业投资企业，主要投资于小微企业。支持符合条件的创业投资企业、股权投资企业、产业投资基金发行企业债券，专项用于投资小微企业。

(7)2013年12月25日，国务院办公厅关于进一步加强资本市场中小投资者合法权益保护工作的意见(国办发〔2013〕110号)

中小投资者是我国现阶段资本市场的主要参与群体，但处于信息弱势地位，抗风险能力和自我保护能力较弱，合法权益容易受到侵害。维护中小投资者合法权益是证券期货监管工作的重中之重，关系广大人民群众切身利益，是资本市场持续健康发展的基础。

4. 循环经济相关产业政策

2013年1月23日，国务院发布关于印发循环经济发展战略及近期行动计划的通知(国发〔2013〕5号)，主要有：①加强林竹加工业节能降耗。大力发展木材精深加工，严格控制木材粗加工项目。加快淘汰高耗能落后工艺、技术和设备，推动木材、竹材加工设备节能改造。②推动林竹废弃物资源化利用。③构建林业循环经济产业链。④发展绿色建材产品。重点加快发展节能玻璃、太阳能玻璃、复合多功能墙体材料、木塑复合材料等新材料。

5. 电子商务相关政策

2013年4月15日，发展改革委等十二部委关于进一步促进电子商务健康快速发展有关工作的通知(发改办高技[2013]894号)。①统筹推进电子商务发展环境建设；②推动电子商务企业会计档案电子化试点工作；③推进商贸流通领域电子商务创新发展；④促进林业电子商务发展。

二、2013年我国地板行业消费情况及发展趋势

(一) 2013年我国地板消费分析

1. 不同消费群体消费特征差异性明显

对地板消费群体来说，性别、年龄、受教育程度等均是影响消费的因素。不同群体因其群体的差异性，在选购地板时消费差异性较明显。例如，80后90后的消费者将逐渐成为消费主体，这些消费者的消费喜好更感性，追求个性及差异化，“一站式”装修、成品家居采购等省心省力的服务，通常更受到欢迎。在地板产品消费方面，更喜欢借助网络上的信息和沟通，进行品牌评价、价格衡量、产品对比、卖场选择，购买

决策前期的准备工作很多都是在网络上完成。

2. 不同地域消费者喜好差异明显

消费习惯分为华东、华中、华南相对偏好实木地板；东北、华北相对偏好强化木地板和实木复合地板，西北、西南相对比较偏好强化木地板。在北方供暖区域，消费者一般比较青睐可以用于地采暖系统的强化木地板及实木复合地板。北方相对偏好浅色，南方相对偏好深色。

3. 不同级别市场意向消费信息渠道侧重不同

不同级别城市的意向消费者对不同信息渠道的比例各有侧重，其中一线城市意向消费者首选网络媒体，而二三四线市场意向消费者则更看重朋友推荐。

随着市场级别的深入，电视广播和户外广告对信息收集影响逐步扩大。卖场导购、装修公司和工人的意见也是一大信息来源，这在一线城市消费者中表现突出，但随着市场的下沉其重要性逐步下降。

4. 消费者选购周期长，注重促销

地板产品品牌、品类较多，消费者选购时往往会自装修前就开始多方了解，仔细比较，选购周期较长，通常历时2个月以上。近年来，家居市场的竞争愈演愈烈，团购、节假日促销等各种推广活动频繁，消费者已经习惯于享受促销优惠，实际下单主要集中于促销期间。

5. 中低端产品占地板消费的份额较大

木地板产品，尤其是高端地板产品，价格相对一般的地面铺装材料略高。从我国地板市场消费情况来看，中低端地板产品的消费比例相对较大，消费水平较高的一线城市消费者选购高端地板产品较集中，但即使在一线城市高端地板产品的消费比例仍较小。

6. 消费需求逐步升级

消费者的需求也在随着国内环境不断变化，消费需求也在逐步升级。不久前消费者关注更多的是地板产品质量安全，随着人们生活压力的逐渐增大，生活节奏逐渐加快，消费者在对家居产品的选择上，“视觉的简洁”、“方便使用”、“容易打理”、“长时间的牢固使用”成为消费者关注的重点。消费者在采购地板产品时，除了对产品质量的要求外，更青睐选购便于打理、维护的产品。随着消费者需求的逐步升级，地板企业也在革新技术工艺，开发新产品、新服务，满足消费者的需求。

（二）我国地板行业发展趋势分析

1. 地板行业将迎来新的洗牌格局

当前，木地板市场总体来说处于供大于求的状态，因此，地板行业竞争激烈，新旧品牌呈现出优胜劣汰的趋势。由于地板行业进入门槛相对较低，不断有新的地板品牌进驻地板市场“试水”，意在地板市场分得利润。但地板生产成本近年来不断上升，市场的微利时代已经到来，市场优胜劣汰趋势也愈加明显，让已经在地板市场站稳脚跟的地板厂商变得无法适从。在市场竞争中，有些企业的销售量无法满足自身运营，只能选择退出市场。

2. 大数据引发企业改变发展模式

精确的数据分析能为企业带来精准的决策依据，能快速有效地改进企业存在的问题。渠道建设需要数据，产品生产过程需要数据，员工管理需要数据、消费方式需要数据、服务水平需要数据体现。数据代表精确和效率，现在消费者越来越理智，在市场细分趋势越来越明显的情况要建立现代企业经营管理制度，就要对每一个环节透彻分析，通过各方面的数据来制定总的发展战略。

3. 地板营销“微”观化

在快节奏的生活时代，二维码也逐渐进入人们的生活圈，诸多商品纷纷把二维码印在包装上，二维码将改变未来商家的营销方式和品牌塑造方式。在地板行业，可以集防伪、传播、促销三大价值于一体的二维码也已经逐渐进入消费者视线。

消费者可扫描防伪层的二维码，查看产品信息，有效解决防伪或窜货问题，对地板产品进行有效的信息化管理。消费者在扫描二维码的时候，同时也直接把产品和消费者的信息一并反馈到企业数据库中，方便地板企业跟踪服务。

4. 差异化满足市场需求

低成本投入是每个企业的追求，但地板企业还是需要集中财力，生产出在外观、功能上具有某种独特性能的产品，寻找自身产品与其他产品不同的核心卖点。定位差异化是要找到产品的更精准定位，细分消费人群，以满足消费者多元化需求。服务理念差异化是企业根据自身特点制定区别于竞争者的服务策略，打造全方位创新服务理念。

5. 步入服务制胜时代

地板品牌的服务竞争不断升温，很多地板品牌纷纷推出“金管家”、“360°全方位”、“4S”等为方式的地板服务机制。从目前看，地板行业的整体服务水平依然比较落后，而全方位顾客至上的服务策略，不仅会极大地提升自身的竞争力，而且会引导整个地板行业向服务精细化方向发展，促进地板行业的良性发展。

三、2013 年我国地板标准情况介绍

随着我国木地板产业的发展，木地板标准化建设进程不断加快。目前，我国已基本形成一个较完善的木地板标准体系，标准涉及木地板原辅材料、生产、铺装验收和使用等方面。截至 2013 年 12 月 31 日，我国与木地板直接相关的标准有 51 项，其中 28 项木地板产品标准，10 项木地板生产原料、辅料以及产品安装、维护用材料的产品标准，2 项性能测试方法标准，4 项木地板生产线建设与生产综合能耗方面的标准，以及 7 项安装、验收与维护方面的标准，我国现行或即将实施的木地板及其相关标准见表 1。

表1 我国木地板及相关标准目录

标准编号	标准名称	发布部门	实施日期	状态
GB/T 18103 - 2013	实木复合地板	国家质量监督检验检疫总局	2014 - 6 - 22	现行
GB/T 28992 - 2012	热处理实木地板	国家质量监督检验检疫总局	2013 - 6 - 1	现行
GB/T 28997 - 2012	舞台用木质地板	国家质量监督检验检疫总局	2013 - 6 - 1	现行
GB/T 27649 - 2011	竹木复合层积地板	国家质量监督检验检疫总局	2012 - 4 - 1	现行
LY/T 1330 - 2011	抗静电木质活动地板	国家林业局	2011 - 7 - 1	现行
LY/T 1611 - 2011	地板基材用纤维板	国家林业局	2011 - 7 - 1	现行
LY/T 1614 - 2011	实木集成地板	国家林业局	2011 - 7 - 1	现行
LY/T1984 - 2011	重组木地板	国家林业局	2011 - 7 - 1	现行
LY/T 1986 - 2011	直接印刷木地板	国家林业局	2011 - 7 - 1	现行
GB/T 24507 - 2009	浸渍纸层压板饰面多层实木复合地板	国家质量监督检验检疫总局	2010 - 4 - 1	现行
GB/T 24508 - 2009	木塑地板	国家质量监督检验检疫总局	2010 - 4 - 1	现行
GB/T 24509 - 2009	阻燃木质复合地板	国家质量监督检验检疫总局	2010 - 4 - 1	现行
GB/T 15036. 1 - 2009	实木地板 第1部分：技术要求	国家质量监督检验检疫总局	2009 - 12 - 1	现行
GB/T 15036. 2 - 2009	实木地板 第2部分：检验方法	国家质量监督检验检疫总局	2009 - 12 - 1	现行
LY/T 1854 - 2009	室内高湿场所用木地板	国家林业局	2009 - 10 - 1	现行
LY/T 1858 - 2009	涂饰浸渍纸层压木质地板	国家林业局	2009 - 10 - 1	现行
LY/T 1859 - 2009	仿古木质地板	国家林业局	2009 - 10 - 1	现行
LY/T 1861 - 2009	户外用木地板	国家林业局	2009 - 10 - 1	现行
GB/T 23471 - 2009	浸渍纸层压秸秆复合地板	国家质量监督检验检疫总局	2009 - 9 - 1	现行
GB/T 18102 - 2007	浸渍纸层压木质地板	国家质量监督检验检疫总局	2008 - 5 - 1	现行
LY/T 1739 - 2008	装饰单板层压木质地板	国家林业局	2008 - 5 - 1	现行
LY/T 1700 - 2007	地采暖用木质地板	国家质量监督检验检疫总局	2007 - 10 - 1	现行
LY/T 1657 - 2006	软木类地板	国家林业局	2006 - 12 - 1	现行
GB/T 20240 - 2006	竹地板	国家质量监督检验检疫总局	2006 - 10 - 15	现行
GB/T 20239 - 2006	体育馆用木质地板	国家质量监督检验检疫总局	2006 - 9 - 15	现行
GB/T 19995. 2 - 2005	天然材料体育场地使用要求及检验方法 第2部分：综合体育场馆木地板场地	国家质量监督检验检疫总局	2006 - 5 - 1	现行
GB/T 18103 - 2000	实木复合地板	国家质量监督检验检疫总局	2000 - 8 - 1	现行
WB/T 1049 - 2012	阻燃木质地板	国家发展和改革委员会	2012 - 7 - 1	现行
SB/T 10953 - 2012	木地板清洗剂	商务部	2013 - 9 - 1	现行
HG/T 4223 - 2011	木地板铺装胶粘剂	工业和信息化部	2012 - 7 - 1	现行
LY/T 2058 - 2012	实木地板坯料	国家林业局	2012 - 7 - 1	现行
WB/T 1052 - 2012	木地板养护油精	国家发展和改革委员会	2012 - 7 - 1	现行
WB/T1050 - 2012	木地板铺设辅料	国家发展和改革委员会	2012 - 7 - 1	现行

（续）

标准编号	标准名称	发布部门	实施日期	状态
GB/T 26390－2011	浸渍纸层压木质地板用表层耐磨纸	国家质量监督检验检疫总局	2011－9－15	现行
GB/T 24599－2009	室内木质地板安装配套材料	国家质量监督检验检疫总局	2010－4－1	现行
LY/T 1738－2008	实木复合地板用胶合板	国家林业局	2008－5－1	现行
DB33/T 651－2007	地板钉通用技术条件	浙江省质量技术监督局	2007－10－18	现行
JC/T 636－1996	木地板胶粘剂	国家建筑材料工业局	1996－10－1	现行
SB/T 10951－2012	户外木地板耐久性试验方法	商务部	2013－9－1	现行
LY/T 1926－2010	抗菌木(竹)质地板　抗菌性能检验方法与抗菌效果	国家林业局	2010－6－1	现行
LY/T2073－2012	浸渍纸层压木质地板生产综合能耗	国家林业局	2012－7－1	现行
GB/T 26912－2011	竹木复合地板生产线验收通则	国家质量监督检验检疫总局	2011－12－1	现行
GB/T 23899－2009	实木复合地板生产综合能耗	国家质量监督检验检疫总局	2009－11－1	现行
LY/T 1703－2007	实木地板生产综合能耗	国家质量监督检验检疫总局	2007－10－1	现行
GB/T 20238－2006	木质地板铺装、验收和使用规范	国家质量监督检验检疫总局	2006－9－15	现行
WB/T 541017－2002	木地板保修期内面层检验规范	国家经济贸易	2002－11－1	现行
WB/T 1051－2012	木地板铺装工技术等级要求	国家发展和改革委员会	2012－7－1	现行
WB/T 1037－2008	地面辐射供暖木质地板铺设技术和验收规范	国家发展和改革委员会	2008－7－1	现行
WB/T1017－2006	木地板保修期内面层检验规范	国家发展和改革委员会	2007－7－1	现行
WB/T 1030－2006	木地板铺设技术与质量检测	国家发展和改革委员会	2007－7－1	现行
WB/T 1016－2002	木地板铺设面层验收规范	国家经济贸易	2002－11－1	现行

从表1可知，2013年发布和实施的木地板产品国家标准主要有3项，以下对这3项标准的内容进行简要介绍：

（1）GB/T 18103—2013《实木复合地板》　该标准是对GB/T 18103—2000标准的修订，据悉该标准相对于GB/T 18103—2000版本的主要变化如下：修改了实木复合地板的定义、分类方法、各层的材料要求、外观质量要求及检验方法、规格尺寸和尺寸偏差、表面耐磨和甲醛释放量指标，增加了漆膜硬度指标及试验方法。

（2）GB/T 28992—2012《热处理实木地板》　该标准主要规定了热处理实木地板的术语和定义、分类、要求、检验方法、检验规则以及包装、标志、运输和贮存。该标准规定在160～230℃的过热蒸汽介质中，对木材进行一定时间的热处理后加工而成的实木地板为热处理实木地板，该标准适用于室内场所使用的热处理实木地板。该标准规定热处理实木地板的物理性能指标见表2。

表 2　热处理实木地板的物理性能要求

检验项目	要　求	说明
含水率(%)	5.0≤含水率≤10.0，同批地板试验件平均含水率最大值与最小值之差不得超过 2.0，且同一板内含水率最大与最小值之差不得超过 2.0	——
吸湿平衡含水率(%)	≤7.0	——
耐热尺寸稳定性(干缩率)(%)	≤1.5	温度 20℃，相对湿度 65%
耐湿尺寸稳定性(湿涨率)(%)	≤0.8	宽度方向

(3) GB/T 28997—2012《舞台用木质地板》 该标准规定了舞台用木质地板的术语和定义、分类、要求、检验方法、检验规则、标志、标签、包装、运输和贮存、施工及验收规范。该标准规定由木材等木质材料加工而成的专门用于舞台铺设，且满足舞台功能的木质地板为舞台地板，该标准适用于室内剧院及非剧院的舞台木质地板，不适用于户外舞台用木质地板及其他舞台用非木质地板。该标准规定舞台用木质地板基本理化性能见表 3，功能性能指标见表 4。

表 3　舞台用木质地板基本理化性能

名称	指　　标
含水率/%	7.0 至使用当地平衡含水率
浸渍剥离	每一边的任一胶层开胶的累计长度不超过该胶层长度的 1/3(3 毫米以下不计)，且合格试件≥5 个
表面耐磨(克/100 转)	≤0.10，且漆膜未磨透
漆膜附着力	2 级及以上
漆膜硬度	3～6H
甲醛释放量	舞台用实木复合地板的甲醛释放量应符合 GB 18580 的 E_1 级的要求
燃烧性能	燃烧性能应符合 GB 8624 的 B_{fl} 级，且产烟毒性等级不低于 t1 级。

表 4　舞台用木质地板功能性指标

名称	指标	
	剧院舞台	非剧院舞台
冲击吸收率(%)	≥55	≥45
标准垂直变形(毫米)	≥1.0	
相对垂直变形(%)	≤15	
滚动载荷	不起毛刺，没有裂纹、断裂、劈裂、漆膜损坏。残余压痕≤1.0 毫米	
滑动摩擦系数	0.3～0.5	

四、2013 年地板新产品与新工艺介绍

随着市场竞争日趋白热化，国内地板企业为求发展不断转变思路，增强自主创新意识。2013 年地板企业竞相投入研发资金、加大研发力度，成果颇丰，地板新产品、

新技术可谓花样翻新，层出不穷。

（一）地板新产品

1. 3D 地板

2013 年，色彩丰富、纹理逼真的 3D 地板开始出现在国内地板市场，3D 地板是将数码喷墨影印技术用于地板生产，通过喷墨影印技术可以把消费者喜欢的图形纹理例如瓷砖、大理石、地毯、壁纸、照片等一切有形图像，影印到地板表面，丰富了地板的花色和纹理。喷墨影印技术可以使地板具有 3D 装饰纹理结构，三维立体感更强，能体现出逼真的天然纹理的立体感觉，大大提高了地板的视觉和触觉等装饰效果。

2. 拼花地板

2013 年拼花地板市场出现了各种铺地材料混搭的趋势，不同材种、不同纹理的木材拼接而成的地板，瓷砖与木材混搭而成的地板。此外，还出现了不同材料的跨界拼接比如地板表面镶有金属饰片、贝壳饰片、金线、瓷片、玻璃、铜等，多种材料的运用，使原本自然质朴的木地板变得更具观赏价值。

拼花地板一直流行于国外市场，最近开始出现在国内地板市场上。拼花地板变幻多彩的花色、精雕细琢的工艺、个性时尚的设计，突破了传统地板给人留下的单调乏味的印象，图案大胆而且漂亮，因此拼花地板非常适用于个性化的装修风格。拼花地板在家居环境的局部点缀装饰效果突出，再加上产品文化价值相对较高，也能丰富并推升品牌的内涵与高度，所以这类产品在今后一段时间还将持续风靡。

3. 个性定制地板

随着 80 后、90 后新生代消费群体的成长，个性化消费需求渐成主流，于是符合消费者心理需求的个性化地板开始在市场走俏。比如色彩地板、星座地板等个性化地板的出现，恰恰是迎合了年轻消费群体的心理需求。色彩地板应该是 2013 年地板市场的一大亮点。消费者可以根据自己的个性和偏好，选择色彩，更加随心所欲地装饰自己的居室空间。地板强烈的色彩可以使装饰空间充满艺术感，更具观赏价值。

另外，根据消费者要求的定制化地板也初露锋芒，如在地板板面上手绘图案、雕刻网眼等。虽然这类产品目前仍是小众化，但以后会出现高级定制的趋势也未可知。预计 2014 年地板的个性化、定制化趋势将更加明显。企业在未来应抓住新生消费群体的心理，满足个性化需求，开辟地板定制扩张之路。

4. 非常规尺寸地板

2013 年，非常规尺寸地板开始进入地板市场，并迎合了个性化消费群体的需求。目前市场上非常规尺寸地板主要有两种形式：地板宽度一致，但长度不一；地板长度一样，但宽度不一。非常规尺寸地板因为在工厂中已事先设计好尺寸规格，因此现场安装更便捷，同时降低了铺装时的粉尘污染。另外，非常规尺寸地板可以提高木材综合利用率，节约优质木材。预计未来地板的尺寸规格将更加多元化，不同规格尺寸的板材可以依靠巧妙的设计拼接在一起，丰富了地板的板面花色，装饰效果突出。

（二）原辅材料

2013年地板企业也将提高地板产品的环保性能作为其研发重点，并从地板所用基材、胶黏剂、地板漆、装饰材料等全方位创新，使地板的环保性能、装饰性能等都得到了进一步提升。

1. 基材

部分企业以小径木、农作物秸秆以及草本植物等为主要原料，通过新工艺新技术制成地板产品，其环保性能十分优异。这种基材不仅节约了木材资源，还降低了生产成本。

2. 胶黏剂

大豆蛋白胶中含有多种植物蛋白质，对人体无害，用它代替一般的地板胶黏剂能够解决地板甲醛释放的问题。但大豆蛋白胶的胶合强度、耐水性、防霉变、耐久性等都不理想，2013年部分企业针对此问题对大豆蛋白胶进行了改性，并将其成功用于地板中，实现了无醛或低醛地板的生产，大大提高了地板的环保性能。

3. 涂料

2013年地板涂料也有很多新突破，部分企业采用整套水性UV涂料，进一步提升了地板的环保性能。此外，部分企业还对地板涂料配比进行优化、成分进行改良，使地板色彩更丰富，地板纹理更清晰自然。

4. 装饰贴面材料

一些企业在2013年研发出环保抗崩边强化木地板贴面材料，增强了贴面材料中油墨层和耐磨纸以及基材的附着力，具有环保、抗崩边等性能，使强化木地板大方美观、经久耐用。

（三）地板新技术

1. 表面涂饰技术

表面涂饰是地板制造过程中的关键技术。2013年部分企业创新涂饰工艺，使地板漆面附着力、柔韧性、耐磨性和耐刮擦性能都有显著提升，地板纹理也更清晰逼真。

2. 地采暖用地板新技术

地采暖用地板具有舒适健康、装饰性好、导热柔和等优点，受到了很多消费者的欢迎，但在稳定性和热传导方面还有待加强。2013年部分企业针对这些问题做了突破性的技术改进。如对地采暖用地板的结构进行优化，可有效控制地板的尺寸稳定性，降低地板弯曲、翘曲及瓦楞变形。另外，部分企业在地板中加入了特殊导热金属，改进了地采暖用地板的锁扣和榫槽结构，使地板散热更快，供暖效果更好。

（四）第二届中国林业产业创新奖（地板业）情况

根据国务院纠风办《关于评比达标表彰保留项目的通知》精神和《林业产业创新奖管理办法》、《中国林业产业创新奖（地板业）评选工作实施细则》规定的要求，中国林业产业联合会委托中国林产工业协会邀请和组织行业专家，经过对申报项目的初审、复审、综合审查，并履行公示、核准等程序，决定授予“速生材表层密实化增强实木地板技术开发与应用”等29个项目为第二届中国林业产业创新奖（地板业）获奖项目，详见表5。

希望广大地板生产企业和行业工作者，向获奖单位学习，锐意进取、开拓创新，

表5　第二届中国林业产业创新奖（地板业）获奖名单

申报项目名称	单位名称	获得奖项
竹展平地板	浙江大庄实业集团有限公司	一等奖
速生材表层密实化增强实木地板技术开发与应用	浙江世友木业有限公司	一等奖
一种数码喷墨影印软木砖	西安乐得软木科技有限公司	二等奖
具有三维装饰纹理结构的强化木地板（3D地板）	四川升达林业产业股份有限公司	二等奖
内置电热层木地板及其制造方法	江苏尚兰格暖芯热能科技有限公司	二等奖
低温热处理实木地热地板	久盛地板有限公司	二等奖
地采暖用实木复合地板	圣象集团有限公司	二等奖
APG天然大豆胶实木复合地板	大自然（家居）中国有限公司	二等奖
木塑基/实木复合地板	汕头市欣源低碳木业有限公司	二等奖
低温热处理复合地板项目	长白山森工集团珲春森林山木业有限公司	二等奖
表面具有颗粒和突条的保健地板	浙江永吉木业有限公司	三等奖
超耐磨实木复合地板研发与应用	安徽扬子地板股份有限公司	三等奖
优盾王超耐磨实木地板	浙江居安宝木业有限公司	三等奖
强化地板装饰纸喷涂技术的开发及应用	圣象集团有限公司	三等奖
宏耐色彩地板	南京宏耐木业有限公司	三等奖
阻燃高耐磨技术在地板中的应用与产业化	江苏辛巴地板有限公司	三等奖
兔宝宝·汤豪斯专业地暖地板	浙江兔宝宝地板销售有限公司	三等奖
上臣·炭晶地热地板	浙江上臣地板有限公司	三等奖
创新型除醛木质地板的研发与应用	巴洛克木业（中山）有限公司	三等奖
利废环保碳化多层板地板	抚松金隆木业集团有限公司	三等奖
浸渍纸层压高耐磨草木复合地板（CM）研发与产业化	江苏洛基木业有限公司	三等奖
IN艺术波普创意抗光污染地板	广州比嘉木业有限公司	三等奖
双拼的实木地板	广东富林木业科技有限公司	三等奖
防虫杀虫地板膜	济南丽芳洁环保材料有限公司	三等奖
一种双平衡结构实木复合地板	浙江富得利木业有限公司	三等奖
一种木地板	苏州富绅木业有限公司	三等奖
防潮地板开发	福建省永安林业（集团）股份有限公司永林蓝豹分公司	三等奖
竹木天然纤维多层复合装饰板（竹麦地板）	湖南省林业科学研究院	三等奖
强化木地板生产设备自动化智能改造	上海傲胜木业有限公司	三等奖

认真贯彻林业“十二五”规划，努力开创地板产业新局面，为行业做大做强、健康有序发展做贡献。

(五)2013年我国地板专利情况介绍

1. 木地板行业的专利申请概况

截至2013年12月31日，以“木地板”为关键词，在国家知识产权局专利检索与服务系统的“发明标题、摘要和权利要求”中同时检索，可知自2000年以来，我国目前已申请的木地板相关专利3114项，其中发明专利1167项，实用新型专利1947项(表6)。从表6可知，我国木地板专利中实用新型专利比例较大，约占总量的62.5%。

表6 我国木地板专利申请情况统计

申请时间(年)	发明专利(项)	实用新型专利(项)	合计(项)
2000	8	61	69
2001	29	74	103
2002	44	93	137
2003	38	100	138
2004	51	78	129
2005	81	108	189
2006	74	129	203
2007	98	140	238
2008	135	179	314
2009	170	194	364
2010	129	177	306
2011	134	260	394
2012	98	258	356
2013	78	96	174
合计	1167	1947	3114

通过对比2000～2013年我国木地板专利申请数量(图15)，可以发现自2000年以来我国木地板专利申请数量整体呈增长趋势，这在一定程度上反映了我国木地板行业对自主创新和知识产权保护的重视程度。20世纪90年代中期至2006年，是我国木地板行业的快速发展期，木地板的产销量和出口量稳步上升，但是企业自主创新意识和动力不足，多数企业通过扩大产量来扩大市场。2005—2007年期间历时一年半的美国国际贸易委员会(ITC)对全球木地板企业的337锁扣专利调查案中，18家中国木地板企业惨败，凸显了当时我国地板行业技术创新能力和自主知识产权薄弱的状况，给我国木地板行业上了沉重一课，但同时也激发和增强了我国木地板企业的自主创新和知识产权保护意识。之后，在一些大型企业的带动下，整个行业加大了自主创新和科技研发的投入，同时加强了对自主知识产权的保护，并积极申请专利，使我国木地板专利数量急剧增加。

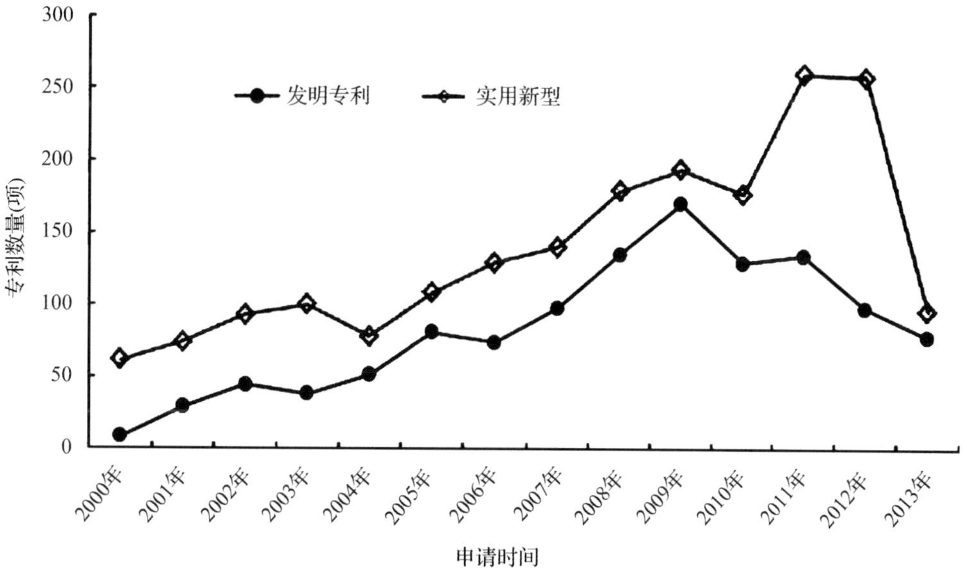

图 15 2000—2013 年我国木地板专利申请数量情况

2. 2013 年木地板专利特点

(1)木地板发明专利 2013 年木地板发明专利重点集中在新型木地板制造方法和加工新技术上，主要体现在以下三个方面：

木地板新材料利用方面：如表面强化仿古杉木地板基材及其制造方法、高温热改性橡胶木地板的生产方法、杨木改性实木地板的制备方法、重组竹板材生产工艺、石塑木地板材料配方、炭晶地热地板的生产工艺、EPS 防水隔音型复合木地板、桉树木地板的制造方法、桉树木地板干燥方法等专利。

功能型木地板制造技术方面：如具有除甲醛功能的聚氨酯木地板漆及其制备方法、具有除甲醛功能的亚光聚氨酯木地板漆及其制备方法、防起拱不见缩缝的导热地板、抗划伤 PU 亮光地板漆及其制备方法、低甲醛释放量耐磨防潮强化木地板及其生产和铺装方法、甲醛超低释放强化木地板及其生产方法、防起拱的铝合金龙骨地板、共振发声地板、抗刮耐磨漆面木地板制造方法、耐湿耐热以及不变形实木地板的处理新方法等专利。

木地板加工新方法方面：如纳米微炭化木地板及其制备方法、锁扣型纳米微炭化实木地板、一种仿古地板的制作方法、多层指接防水实木地板、弹性漆面木地板制造方法及木地板以及纯软木平扣、锁扣地板的制造新方法等专利。

(2)木地板实用新型专利 2013 年新申请的木地板实用新型专利的技术创新性主要体现在以下三个方面：

原材料方面创新：引入了定向刨花板、玻璃纤维塑料、隔音材料、玄武岩等新材料，如定向刨花板独幅实木装饰地板、定向刨花板基材的简约型实木复合地板、定向刨花板做基材的运动型独幅实木复合地板、静音木地板、全装修住宅室内隔音楼板构造、玻璃纤维实木地板、户外用塑木地板、环保木塑地板、轻质塑木复合材料地板、空心塑木复合材料地板、玄武岩木制复合地板等专利、贴金属木地板等。

外观与结构方面创新：如多彩仿古实木地板、带刻度的木地板、镶嵌地板、新型多层实木地板、可走线实木地板、带空调孔的木地板、双凹槽木地板、设有背槽的高强度木地板、设有圆孔的多层木地板抗变形结构、具有弧度的木地板、带有保护膜的木地板、多层复合企口地板、多层木地板基材凹槽式抗变形结构、多层木地板基材错位孔式抗变形结构、圆形榫槽完美契合木地板等。

功能方面创新：如抗变形木地板、防潮防霉木地板、强化防潮的木地板、防止变形的木地板、低甲醛释放量耐磨防潮强化木地板、一种新型的地热地板、改良型超耐磨木地板、抗刮耐磨漆面木地板、高亮光耐磨模压强化木地板、镂铣高光镜面模压强化地板、锁扣型纳米微碳化实木地板、环保本色实木地板、高强度 EPS 轻型复合木地板等。

创新是企业不断壮大的关键，是企业长盛不衰的源泉。面对科技进步日新月异的今天，只有不断创新，企业才能生产出适销对路、技术含量高的产品，在市场竞争中领先一步；企业员工也只有不断增强知识产权保护意识，加强专利技术申报知识的学习，才能用知识武装自己的头脑，为企业发展献计献策，让企业拥有更加美好的明天。

五、2013 年其他主要铺地材料市场状况

纵观当前我国铺地材料市场，产品琳琅满目，除了木(竹)地板外，瓷砖、石材、地毯、PVC 地板仍旧占领着大部分市场份额，新技术、新工艺、新材料、新产品的不断出现，极大地丰富了地面装饰材料的市场，满足了消费者各种应用功能的需求。

(一)瓷砖

瓷砖作为一种建筑装饰材料，在我国建筑地面和墙面的装饰中，占有重要的地位，尤其在相对潮湿或有防水要求的厨卫环境中具有突出表现。

1. 产量及出口

我国是世界最大的瓷砖生产国、消费国和出口国。根据中国建筑卫生陶瓷协会的数据，2013 年 1—11 月我国瓷砖产量为 89.9 亿平方米，同比增长 5.5%，相比前几年超过两位数的增长，明显增速放缓，再次表明我国瓷砖产业的发展已经进入了平缓发展时期。2013 年 1—10 月，我国瓷砖产品出口 9.3 亿平方米，同比增长 5.3%，出口量增速继续下滑；出口额 62.36 亿美元，同比增长 27.8%，出口额继续保持大幅增长；瓷砖出口的主要市场是亚洲和中东，其次是美洲，欧盟已是我国瓷砖的第三大出口地区，出口欧盟数量占我国瓷砖总出口量的 8% ~10%。

2. 我国瓷砖行业面临多方面压力

(1)由于竞争日益激烈及生产成本不断上升，瓷砖行业已进入微利时代。

(2)瓷砖行业对环境的破坏，受到越来越严格的监控，环境部门对瓷砖生产企业的排放标准要求也越来越严格。

(3)瓷砖行业属高能耗产业，国家发展改革委产业结构调整目录规定年产 100 万平方米以下的建筑陶瓷砖属淘汰类项目。

(4)国家对房地产行业的调控，房地产开发投资的回落已严重影响到瓷砖行业的发展。

(5)欧盟对我国出口的瓷砖采取反倾销政策，征收惩罚性的进口关税，税率高达69.7%，严重影响我国瓷砖行业的出口。

3. 2013年我国瓷砖行业呈现出的主要特点

(1)高端集结　高端产品的热销，体现高端瓷砖市场趋旺。不管是一线品牌，还是新兴品牌，均在大力开发一些新型高端产品，而不会在低端产品上纠缠。

(2)重视品牌建设　陶瓷企业品牌化建设越来越受重视，有些企业每年都会投入专门的力量展开品牌知名度、品牌口碑的传播，并且定位相当清晰，在目标消费群体享有盛誉。

(3)电子商务　瓷砖行业近两年才有企业开始试水发展网上商城，基本上都没有形成规模。由于瓷砖不属于成品范畴，瓷砖产品的电商还需要一段时期的探路。

(4)环保节能　建筑陶瓷行业在节能减排这项工作上整体的进步并不是很大，问题缘于部分企业很难实现节能环保的要求。在2013年中，一线陶瓷品牌会继续探索节能减排的措施，比如在瓷砖的减轻减薄、瓷砖生产原材料的利用等方面做出努力。

(二)石材

石材类地面材料主要分天然石材和人造石材，天然石材是指从天然岩体中开采出来的，并经加工成块状或板状材料的总称，建筑装饰用的天然石材主要有花岗岩和大理石两大种，一般应用于室外人流量比较大而且对使用年限要求较高的地方。石材具有良好的装饰性，在中、高档的公共场所和民用住宅的客厅装修中得到了较多的应用。新型环保石材是在天然石材发展到人造石材基础上产生的新一代建筑装饰材料，新型环保石材及其制品工业是建立在技术进步、保护环境和资源综合利用基础上的新兴产业。环保人造石材是以无机材料为原料，经过合理配方、催化等形成的人造石材，这种环保人造石材完全可以替代各类天然石材，用于内外墙装饰等行业。为了满足建筑物对轻质装修的需要，薄板石材的加工与利用已是一大发展趋势。

2013年我国石材行业呈现的主要特点：①国产石材新品种层出不穷；②人造石材发展迅速；③复合石材注重设计和创新；④石材化工新品推陈出新；⑤石材市场需求出现分化，高档次优质石材走俏。

(三)PVC地板

PVC(聚氯乙烯)地板是一种新型地面装饰材料，以PVC及其共聚树脂为主要原料，加入填料、增塑剂、稳定剂、着色剂等辅料，在片状连续性基材上，经涂敷工艺或压延、挤出、挤压工艺生产而成的室内地面装饰材料。以厚度2.0毫米，2.2毫米最为常用。PVC地板按地板外形可分为PVC块状地板和PVC卷材地板，目前常用的是半硬质PVC块状地板和带基材的PVC卷材地板。PVC地板表面有一层特殊的经高科技加工的透明耐磨层，其耐磨转数可达30万转，而且有较好的吸音降噪效果，所以PVC地板较多地被铺装在需要安静且人流量较多的环境如病房、图书馆、报告厅、影剧院等场所。

目前市场上PVC地板花色品种比较丰富，但多数是走高仿真路线，包括仿地毯纹、石材纹、木地板纹等，纹路逼真美观，色彩丰富绚丽。而目前最受欢迎的是仿木地板和仿大理石地板，仿木材肌理的拥有木地板细致的纹理和天然清新的感觉，工艺更为精致的甚至具有仿古木地板古朴自然的意蕴；仿大理石纹理的则拥有天然石材自然丰富的纹理，在视觉效果和脚感上都与真正的木地板、大理石相差无几。此外，由于PVC材质可以任意裁剪，同时突破了普通地板的材质限制，可以用不同花色的材料组合拼接，满足不同装饰风格的个性化需求。

（四）石塑地板

石塑地板作为一种新兴的地面装饰建材，凭借其环保、阻燃、耐磨、消音、导热等一系列优势，开始在国内流行起来。所谓石塑地板，是采用天然的大理石粉构成高密度、高纤维网状结构的坚实基层，表面覆以高分子PVC耐磨层，经上百道工序加工而成。石塑地板在美国、欧洲、日本、韩国等地已经流行了几十年。因为其成分是石粉和树脂，石塑地板的一大优势是阻燃。使用寿命长达10年。另外，石塑地板花色很多，可以模拟天然木纹、石纹，还可以拥有丰富的几何图案。

（五）地毯

地毯类材料的发展历史悠久，合成纤维的出现使其从高端市场向中、低端市场的扩展提供了可能。现在地毯已是中、高档宾馆、饭店、商务办公场所及普通民居室内地面常用的装饰装修材料。在中国经济转型背景下，地毯行业面临更大的转型压力和升级要求。一方面，地毯行业生产技术不断提高，下游需求市场不断扩大；另一方面，其发展所依赖原料、劳动力等资源要素面临更大的制约瓶颈。除了成本上升利润空间压缩，人民币升值更是让小的地毯企业苦不堪言。地毯行业缺少品牌产品，抄袭成风，我国地毯市场的这一现象导致产品同质化严重。近年来，受国际金融危机的影响，海外市场萎缩严重，欧盟和美国还经常出台针对中国地毯的各项贸易壁垒，这对于那些缺少品牌的OEM型出口地毯企业来说，也是致命的打击。面对内忧外困，地毯企业发力国内家用市场以此“破局”。

综上对几种主要铺地材料的介绍，可以看出，我国地面装饰装修材料的发展突飞猛进，品种越来越丰富，每种铺地材料都有各自的特点，满足了当下人们个性化的需求。然而，在发展的同时，在一定程度上也消耗了大量的自然资源，甚至有些消耗的是不可再生的天然资源，恶化了环境，给人类生存和可持续发展带来了挑战。因此，地面装饰材料在今后发展中必须要面临和解决好这些问题。

2013 我国胶合板行业发展思考

吴盛富

摘要： 本专题调查报告围绕劳动密集型的胶合板产品生产日益壮大的趋势，梳理了我国胶合板行业现状，结合本次转型升级调查，对我国胶合板企业调查结果进行客观分析，指出目前我国胶合板生产企业数量巨大，在满足国内外市场需求的同时，解决了我国大量就业，促进人工林的发展，有利于改善和发展农村经济；另一方面大量的胶合板企业，企业规模小、技术落后、装备简陋、同质化严重、市场竞争无序、产品质量低下，应引起行业主管部门的重视警惕，同时针对贸易壁垒急剧增多、原材料价格增幅超过产品售价的增幅等因素给胶合板生产企业的生存带来困难，从自身内因和与我国胶合板产品出口市场有关的外因深入分析，提出了政府和企业方面的对策建议。

一、我国胶合板行业现状

胶合板是我国人造板行业发展最早的板种，已有百年历史。改革开放伊始，国营胶合板企业统治全国胶合板产品的生产和经营，到 1980 年我国胶合板产量为 33.24 万立方米。随着原木直径日益减小，国有林区采伐量递减，业内均不看好胶合板的发展，但劳动密集型的胶合板产品的生产却日益壮大，加上我国速生杨木的快速发展，奠定了胶合板发展的基础，速生桉树的发展，又使得胶合板产品得以提升。目前我国胶合板生产企业是遍地开花，企业数量近万家；一方面在满足国内外市场需求的同时，解决了我国大量农村剩余劳动力的就业，促进人工林的发展，有利于改善和发展农村经济；另一方面这么大量的胶合板企业，企业规模小、技术落后、装备简陋、同质化严重、市场竞争无序、产品质量低下，企业大起大落，已经不得不引起行业主管部门的重视和警惕。

作为非高科技劳动密集型的胶合板产品，在我国生产具有明显优势。在欧美危机尚存、国内市场不饱和的情况下，在勤劳、简朴、训练有素的产业工人的无私贡献下，2013 年我国胶合板总产量和出口量不减反增，充分说明我国劳动密集型胶合板产品的生产优势。我国人造板产业政策近几年保持相对稳定；林改在逐步深入，对胶合板原材料蓄积带来正能量，有利于我国胶合板的生产和发展。但劳动力成本的大幅度增加、汇率变化、运输成本增加、贸易壁垒急剧增多、原材料价格增幅超过产品售价的增幅，这些因素的综合结果给出口型胶合板生产企业的生存带来前所未有的困难。

2013 年，美对华胶合板“双反”案的产业损害终裁获胜，给我国胶合板企业特别是出口企业绷紧的神经短时间内予以释放，但我国胶合板生产企业的出口经营状况和市场竞争又回到了原点，胶合板行业的乱象依旧。

(一)我国胶合板产量

根据国家林业局统计，2012 年胶合板产量为 1.0981 亿立方米，2013 年胶合板产量达到 1.3725 亿立方米。由于统计方法和口径问题，得出的胶合板产量很明显是大大超过我国实际胶合板产量。我国 2012 年和 2013 年的实际胶合板产品的产量约在 4500 万立方米左右。

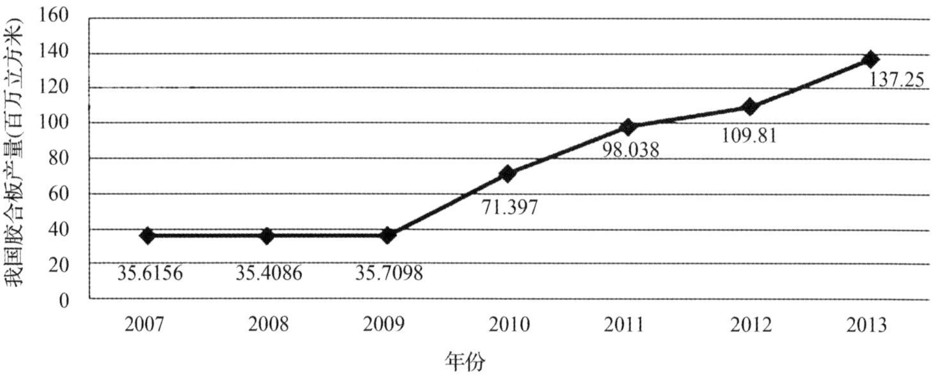

图 1　近几年我国胶合板产量

(二)中国胶合板产品的进出口量

胶合板特别是阔叶材胶合板更是劳动密集型产品，不适合在劳动力成本高的西方国家生产，却非常适合在我国生产。自从我国速生丰产林快速发展的数十年来，我国胶合板产品出口量逐年升高，正好填补国际市场空白。从我国出口企业看，了解国际市场不仅仅是简单地了解国际市场的价格，更要了解国际市场的质量要求、了解国际市场的胶合板产品应用领域、了解国外胶合板生产的技术和装备、了解国外市场消费者的偏好、了解国外贸易壁垒对我胶合板产品制约程度、了解西方市场对木材合法性的要求等。

胶合板是工业半成品，受资源和劳动力双重制约，是否需要出口在业内讨论一直存在不同观点；但笔者认为，胶合板出口有以下几个方面的好处：一是解决地方富余劳动力的就业，发展地方经济；二是积累胶合板生产方式和管理经验，培养了胶合板生产人才；三是发展了胶合板生产设备的制造业，为胶合板设备的开发提供了市场基础；四是大大提高了林农造林积极性，促进我国人工林的飞速发展(图 2)。

由于我国生产胶合板原材料的特点，用人工林速生材生产的胶合板都是非结构装饰用胶合板或经覆膜后的混凝土模板用胶合板，结构用胶合板和高性能胶合板还需要

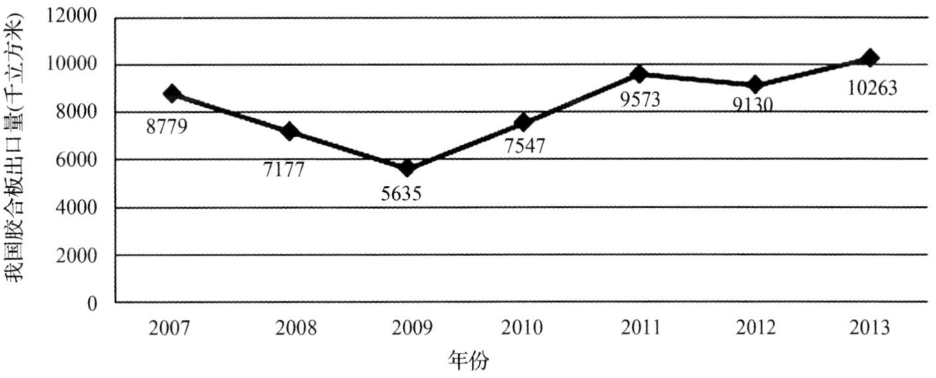

图 2 我国近几年胶合板出口量

依靠进口来满足国内市场的需要。但由于我国胶合板工业的不断成熟，产品质量的逐步提高，越来越多的使用要求都可以用国产胶合板来替代，进口胶合板的数量越来越少(图 3)。

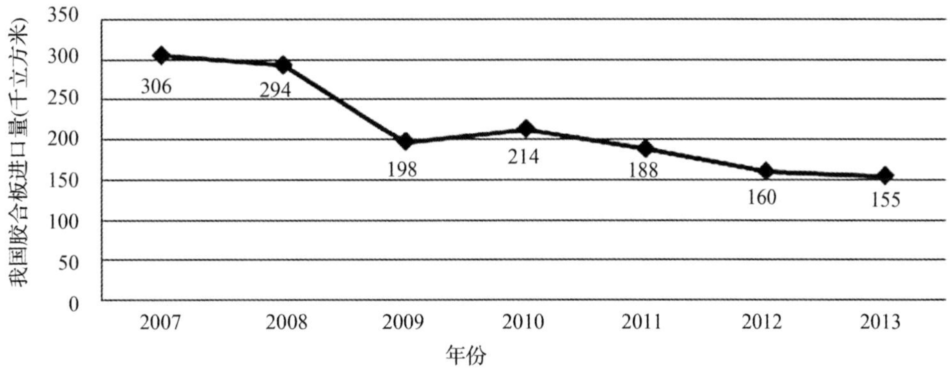

图 3 我国近几年胶合板进口量

(三)中国胶合板生产区域分布

中国胶合板企业准确数量无法考证，一是量大面广，二是无进入门槛、起落无常，三是大量注册胶合板企业其实只是生产单板。全国注册胶合板企业的数量超过 1 万家，目前仍然在生产胶合板的企业约 4000 家。

中国地域辽阔，但胶合板生产区域相对集中，山东、河北、江苏、浙江、广西、广东取得胶合板生产许可证企业 1167 家，占取证企业总量的 79. 8%，表 1 为取得生产许可证企业分布情况。

各胶合板生产大省，又相继形成了大的胶合板产区，按照时间先后打出胶合板集

表 1 各省取得胶合板生产许可证数

省份	山东	河北	江苏	广西	浙江	广东	其它
取证企业数(个)	553	117	258	63	75	101	295

注：数据来源于国家质量监督检验检疫总局生产许可证查询网站，截至 2010 年 12 月 25 日

群的有；邢台中国胶合板城、左各庄胶合板生产聚集区、全国最大的临沂胶合板基地、嘉善胶合板生产基地、邳州胶合板生产基地、漳州松木胶合板生产基地、菏泽胶合板生产基地、泗阳－宿迁杨木胶合板产区、南宁周边桉树胶合板生产聚集区等等。以上胶合板生产基地的规模均在数百家以上，有的乃至上千家胶合板生产企业的规模，但取得生产许可证企业不到其企业总数的 30%，其绝大部分企业规模小、设备简陋、管理初放、总体水平不高，大部分注册的胶合板企业并不生产胶合板，只是生产单板。中国胶合板聚集区曾注册有的企业数量(表 2 和图 4)：

表 2　不同聚集区曾经有的胶合板企业数量估计

聚集区	邢台	正定	左各庄	临沂	嘉善	邳州	漳州	菏泽	泗阳－宿迁	南宁
企业数	200	800	1850	2000	550	350	500	150	200	950

注：数据和该地区发展鼎盛时期或现在的企业数量不完全吻合

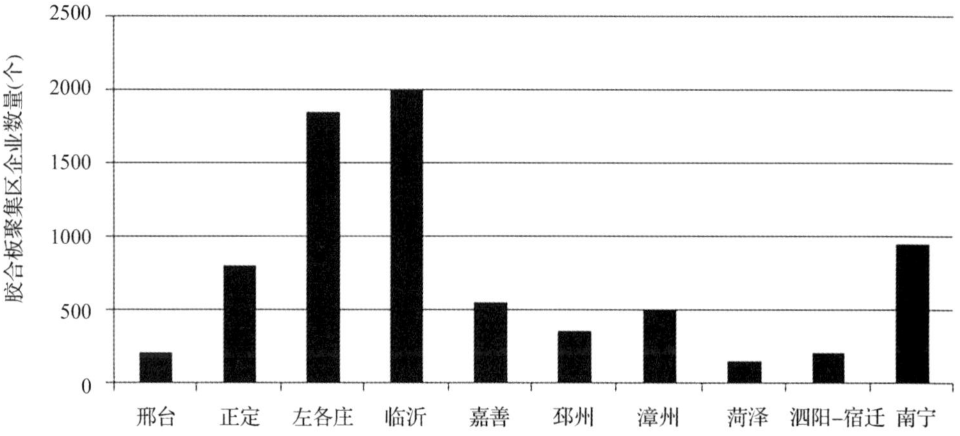

图 4　胶合板聚集区的企业数量

(四)我国胶合板主要原材料

从胶合板原料看，昔日利用国产椴木、桦木、水曲柳生产胶合板的时代随着计划经济的转型已经终结多年；利用进口材生产胶合板曾一度成为淘金行业，从 20 世纪 80 年代到 90 年代初，吸引了一批投资者涌入并快速致富；但只有人工林杨树、桉木在胶合板行业的利用，带动了中国千家万户农民致富，民营胶合板企业如雨后春笋，星罗棋布。目前，我国杨木胶合板产量占总量的 50%，桉木胶合板占 20% 左右，目前中国胶合板原材料结构比例，如图 5 所示。

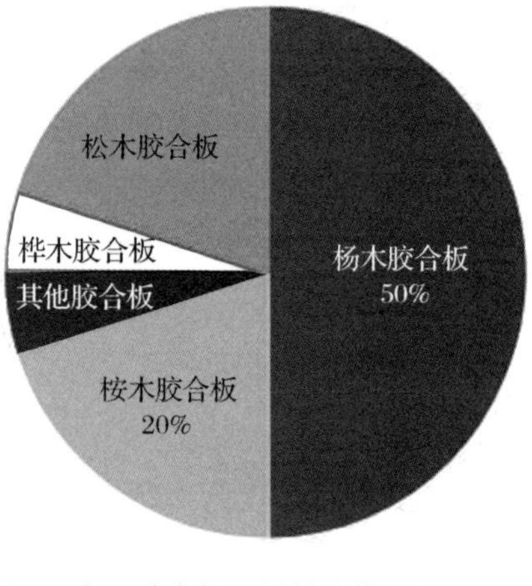

图 5　中国胶合板原材料结构比例(%)

杨木由于质地轻、颜色白、强重比高的特点，深受消费者喜爱。加上中国杨树人工林建设良性发展，杨木蓄积量增长迅速，杨木胶合板加工蓬勃发展。中国杨木胶合板和杨木单板层积材出口扩大，缓解了由于世界木材供应紧张而造成胶合板市场供应不足的程度，为国际和国内家具行业、轻型木结构行业做出巨大贡献。

原木价格：地区不同，原木和单板的价格不同，江苏、山东、河北杨木原木价格相差很小，其中差别主要是来自运输成本。

2008 年后半年，受金融危机影响，国内胶合板出现了量价齐跌的现象，原料价格也随之降低，全年原料平均价格呈下降趋势。2010 年，由于受运费、人工、原材料价格升涨的影响，木材的价格可谓是一路升高，因木材需求量巨大，未来几年，这样的走高局面依然会保持。河南地区近几年胶合板原材料杨木（以 240 毫米的木段为例）的价格变化如表 3 所示：

表 3　河南地区近几年杨木价格　　元/立方米

年份	2005	2006	2007	2008	2009	2010	2011	2012	2013
价格	763	866	977	950	1010	1050	1100	1150	1160

桉木价格；广西桉树价格和杨木价格类似，同样呈现逐年递升的趋势，以数量最多的 80 ~ 120 毫米为例，其价格变化见表 4。

表 4　广西桉木价格　　元/立方米

年份	2001	2005	2008	2012	2013	2014
价格	350	400	500	630	680	780

以上分析可见，以 2009 年胶合板产量计算，杨木胶合板产量约为 2000 万立方米，而桉木胶合板产量自 2009 年开始快速上升，目前产量约 1400 万立米。从杨木和桉木人工林资源总量来看，按照 4500 万立方米胶合板总量测算，中国杨木资源和桉木能够满足中国胶合板可持续发展的需要，且华南地区大力发展桉树人工林，由于南方桉树生长迅速，种植面积大，桉树已经成为该地区胶合板的主要原材料。

（五）劳动生产率情况

中国胶合板企业属于劳动密集型企业，这也是中国胶合板在国际市场上占据优势的原因之一，表 5 为中国 2005 ~ 2009 年胶合板企业的平均劳动生产率。从表中可见中国胶合板企业的劳动生产率相对较低，但 2005 ~ 2007 年，呈现逐年上升的趋势；2008 年，受金融危机影响，部分工厂开工率不足，误工现象严重，造成企业个人劳动生产率降低，2009 年，因为先前的金融危机淘汰部分落后产能，企业个人劳动生产率有所提高。

表 5　中国胶合板企业平均劳动生产率　　（人·时）/立方米

年份	2005	2006	2007	2008	2009	2010	2011	2012	2013
劳动生产率	92	90	92	96	87	80	76	72	69

（六）劳动力成本的变化

人造板生产企业中的胶合板等生产均属于劳动密集型企业，人力成本占有较大的比重，劳动要素成本的上升对企业的成本影响较大，2009 年以来，大部分企业都出现了招工难的现象，因胶合板生产对工人的技能水平要求不高，职工薪资待遇也较低，工人的流动性较大。

进入 2010 年，工人工资一路高歌猛进，企业工人平均工资超过了 2300 元，2012 年部分企业的工人平均工资达到 3000 元，2013 年长江三角洲地区部分企业的工人平均工资达到 3200 元(图 6)。在今后几年中，工人平均工资仍然继续提升，这对劳动密集型胶合板产业的影响将越来越大。

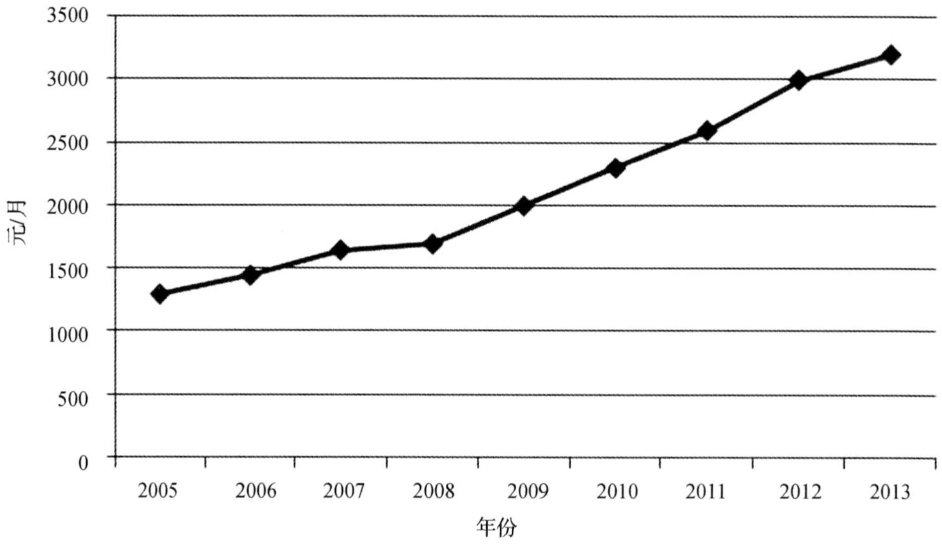

图 6　江苏近几年胶合板工厂工资变动情况

(七)我国胶合板的应用

中国胶合板的应用研究至今没有开展，也没有胶合板国家应用国家标准或行业标准，导致胶合板产品应用面窄，性能高的产品也只能当作普通用途利用，也导致胶合板产品功能富余，没有做到量身定制而造成原材料浪费。出口欧美的胶合板产品由于不是结构性产品，在其历次被抽测时，结构板合格率几乎均为零，严重影响中国胶合板产品的市场形象。

中国胶合板的应用在不同年代也发生着巨大变化。20 世纪 80 年代中国胶合板应用到家具上占 70% 以上，建筑业的门窗及内装修等约占 15% ~20%，车船制造占 2% ~3%，其他(含包装等)占 7% ~13%。据当时 FAO 统计，不同国家胶合板应用情况统计见表 6。

表 6　20 世纪 80 年代部分国家胶合板消费结构　　%

国别	建筑	家具	运输	包装	其他
美国	58	6	3		33
日本	63	25	4		8
联邦德国	61	20	5	4	10

（续）

国别	建筑	家具	运输	包装	其他
法国	54	15	9	5	26
英国	59	11	9	11	10
加拿大	64	25	4		7
中国	16	74	2	5	3

进入20世纪90年代，中国胶合板的应用又发生了较大变化(以1995年为例)；其中建筑用途提高到29.5%，家具用途减低到49.9%，包装用途占10%，运输用途占4%，其他用途占5.6%。进入21世纪，中国胶合板的应用又发生了很大变化(以2005年为例)；其中建筑用途提高到55%，家具用途减低到11%，包装用途占13%，运输用途占8%，其他用途占14%。最近几年，胶合板用作为多层实木复合地板基材的比例大幅度上升，2013年上半年已经占胶合板产量的20%，贴面胶合板产量也占到约20%，作为橱柜、衣柜和整体家装用，市场上俗称“生态板”，形成我国胶合板第三大用途。

表7 目前我国胶合板消费结构的变化 %

年份	建筑	家具	包装	运输	装修	地板	其它
1995	29	49	10	4			8
2005	55	11	13	8			14
2013	45	20	5	5	2	20	3

胶合板用途的变化，一是说明胶合板产品的结构发生了很大变化，二是胶合板产品的性能发生了很大变化，三是胶合板的替代品逐步占领了部分原先属于胶合板的市场，迫使胶合板寻找适合自己性能的新的用途，如地板基材即是最近几年新开发的用途，贴面胶合板是因为家具市场的要求提高，纤维板和刨花板贴面的家具不能被高端消费者接受，也不被出口市场接受。胶合板企业及其产品必须适应胶合板产品市场用途的变化，才能顺应胶合板行业的发展。从目前市场看，橱柜和衣柜行业将逐渐成为胶合板产品的另一个新市场。

值得注意的是；我国高端用途胶合板主要依靠进口来满足要求，如：造船业的船用胶合板、高端水泥模板、建筑用结构胶合板、特种用途胶合板等。

二、我国胶合板企业调查结果分析

(一)受访企业分布信息

参加本次转型升级调查的共有508家企业参与；其中半程3家、苍山3家、方城1家、费县26家、工业园31家、李官1家、南坊2家、汪沟3家、枣沟头4家、义堂414家，江苏6家，浙江3家，广西12家，广东1家。

(二)受访企业成立时间

我国胶合板产业的黄金发展期为20世纪90年代初期，如今的胶合板产业就是在黄金期从事胶合板贸易企业和人员的带动而发展起来的。从企业成立年份调查看，共 456 家企业参加填写，2000 年之前成立有 43 家、2000—2004 年成立 148 家、2005—2009 年成立 189 家、2010 年及以后成立 76 家。受访胶合板企业的诞生是在我国胶合板发展鼎盛时期之后，已经错过胶合板行业的黄金机遇期，导致企业没有机会尝到中国改革开放给胶合板产品的最大红利，但受访胶合板企业赶上了中国制造给世界胶合板市场填补的空白。广西胶合板企业的发展源自于桉树原材料的数量扩大和加工技术成熟，也是地板基材市场的扩大而对桉树酚醛胶合板需求的扩大。

由于资源制约因素，我国胶合板产品无法和东南亚热带木材资源丰富的国家生产的胶合板媲美，我国多数生产胶合板企业在成立初期均是从事胶合板贸易，或者是从其他行业转型生产胶合板，胶合板生产企业也是如此；开始生产胶合板时间共 440 家企业填写，2000 年之前 35 家、2000—2004 年 138 家、2005—2009 年 181 家、2010 年及以后 86 家。受访企业成立时间不长，从事胶合板生产的时间更短，迄今为止，参加统计的胶合板企业的平均胶合板生产年龄平均不到或将近 10 岁，这些已经是胶合板行业健康的企业群体。

（三）企业生产规模

根据近三年胶合板企业生产和销售情况；根据调查企业的实际生产和经营情况统计，2010—2012 年产量的变化如图 7 所示。企业的设计产能和生产规模存在较大差距，在发展初期，企业的设计产能和生产规模相差无几，但是在如今胶合板产能严重过剩时期，企业的达产率很低，不少企业已经没有市场而选择停产或转产，多数企业是看着米下锅，艰难维持生产。

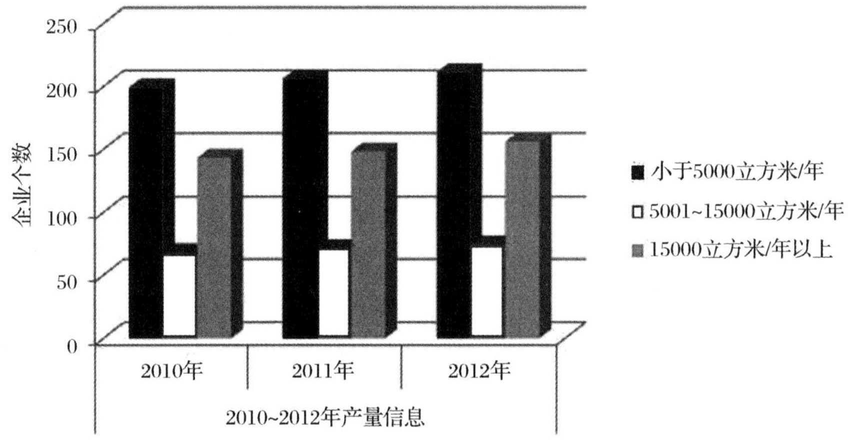

图 7　近三年胶合板企业规模和生产情况

由图 7 可见，本次调查在本项目的档位设计存在不合理性，显示不出企业之间在产能方面的差别，也不便于统计和理解。

（四）企业产值

从产量产值统计结果看，截至 2012 年产量小于 5000 立方米/年的企业有 211 家，产量在5000～15000立方米/年的企业有74家，产量大于15000立方米/年的企业有156家。说明：①绝大部分的受访胶合板企业均是小企业，用当地话说"只有1～2条生产线"；②超过90%的所谓胶合板企业没有旋切线，即单板质量不在自己掌控之下；③超过90%的胶合板企业没有单板干燥机，即单板的含水率无法按照工艺要求控制（不排除个别企业购进的单板含水率是合格的）。

从产值统计结果看，截至2012年产值小于2000万元/年的企业有232家，产值在2001～5000万元/年的企业有70家，产值大于5000万元/年的企业有142家。

（五）企业法人性别

由于我国传统观念男主外、女主内的封建思想影响，在外面创业的男性比例大大高于女性，统计结果证明这一结果；企业法人性别共487家企业参加填写，企业法人性别为男性467人约占96％、女性20人占4％。

（六）企业法人年龄

从企业领导人年龄结构看，企业法人年龄共434家企业填写，法人最大年龄80岁最小年龄26岁，30岁及以下17人、31—45岁216人，45岁以上201人。企业领导人平均年龄为45岁，创业期的企业领导人平均年龄为35岁。

（七）企业法人学历

要说人的年龄难以启齿，问及其学历更加不好意思；此次调查，企业法人最高学历只有328家企业填写，初中及以下学历137人，高中中专152人、大本大专39人。可以估计，没有参加填写的不会高于高中学历，也可以得出如下结论；我国胶合板企业法人；初中及以下学历占42%，高中以上学历的占46%，大专以上学历占12%。

最高学历取得时间共103家企业填写，1990年之前38人，1990—1999年42人，2000年及以后23人。可以看出，绝大部分胶合板企业领导人的最高学历都是在我国改革开放以后取得，受市场经济的影响，他们思想不保守、适应市场能力强。

（八）临沂地区胶合板企业生产深度统计

本次调查的重点是临沂地区，2010年生产信息共410家企业填写，平均产量为12986立方米，产量小于等于5000立方米的有199家，产量为5001～15000立方米的有68家，产量在15000立方米以上的有143家。平均产值3980万，其中产值2000万及以下213家，2001万～5000万64家，5000万以上116家。出口65家，平均出口量11031立方米。

临沂重点企业2011年生产信息共425家企业填写，平均产量为14356立方米，产量小于等于5000立方米的有206家，产量为5001～15000立方米的有71家，产量在15000立方米以上的有148家。平均产值4695万，其中产值2000万及以下226家，2001万～5000万67家，5000万以上135家。出口77家，平均出口量11628立方米。

临沂重点企业2012年生产信息共441家企业填写，平均产量为15332立方米，产量小于等于5000立方米的有211家，产量为5001～15000立方米的有74家，产量在15000以上的有156家。平均产值4628万，其中产值2000万及以下232家，2001万～5000万70家，5000万以上142家。出口83家，平均出口量11877立方米。

各个地区不同胶合板企业的生产状况不尽相同，山东和江苏胶合板企业生产的主要是杨木胶合板，出口数量大，受出口影响大；浙江企业生产的胶合板主要销售国内市场和下游配套产品，受出口市场影响小；广西桉树胶合板主要在国内销售，出口只有目前大多是局限在亚洲和中东市场。所以这些地区企业之间差别大，可比性小。

基于发表调查，临沂地区484家被调查企业的近三年的产量如图8所示。

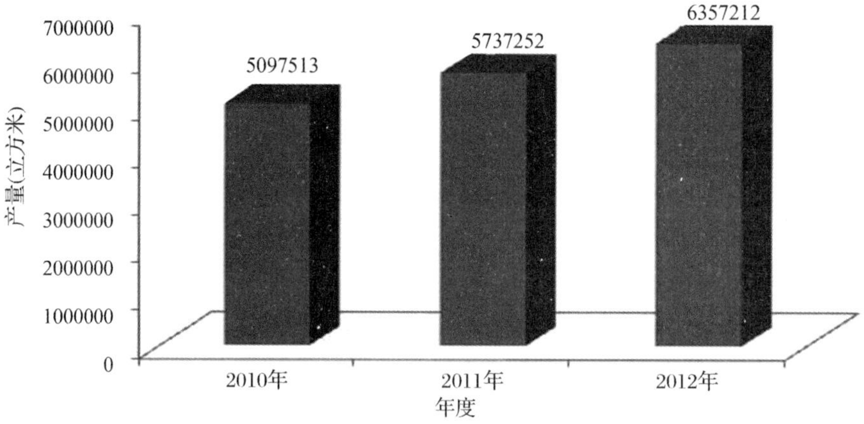

图8 临沂重点企业近三年胶合板产量的变化

临沂地区484家被调查企业的近三年的产值如图9所示。

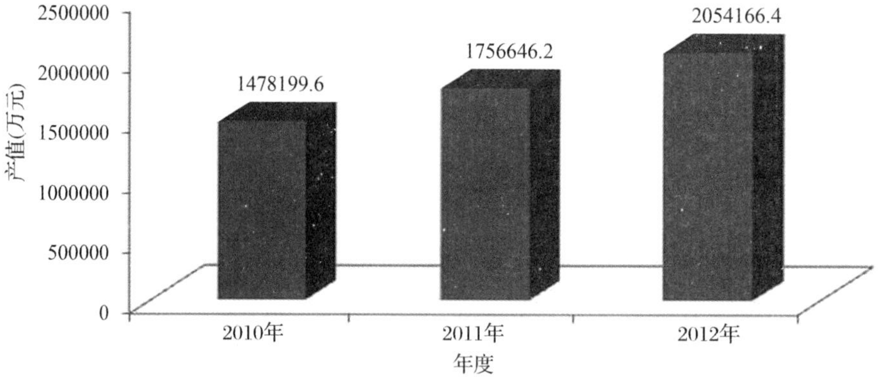

图9 临沂重点企业近三年胶合板产值的变化

临沂地区484家被调查企业的近三年的出口胶合板量如图10所示。

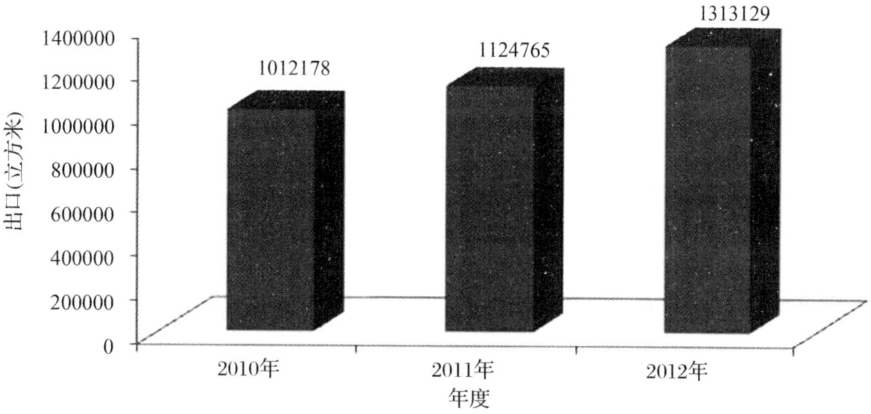

图 10　临沂重点企业胶合板企业近三年出口量

（九）企业员工情况

本次调查员工情况共464家企业填写，每个企业平均员工94人，均属于小型企业。

调查发现企业总员工人数在50人及以下226家，51~100人96家，100人以上142家。

调查发现有362家企业为员工提供住宿，平均提供住宿82人，可以看出能够提供住宿的胶合板企业规模相对较大。

调查发现377家企业有技术人员，平均5.6人，这里有些歧义，按照行业实际情况理解，大部分企业所谓的技术员实际为熟练工人，他们是技术员的接班人。

调查发现346家有销售人员，平均4人。对于没有销售人员的企业，他们只是给别的企业配套，或是给亲戚朋友配套，这些企业闻不到市场气息，抵御市场风险能力最差。

调查发现199家企业提供保险，平均100人。可以理解给员工上保险的都是大企业，大多数胶合板企业不提供保险，给员工上全险的企业更是屈指可数。这不仅体现企业素质，社会责任感不到位外，也体现员工素质，他们可能不了解保险的作用和保险如何取得。

调查发现133家企业有临时工，平均36人。如果调查属实，说明大部分企业市都使用正式工人或者合同工，这是很可喜的事。但是似乎和以上结论有些矛盾。

三、从我国胶合板行业看我国胶合板存在问题

（一）忽视对胶合板行业的管理

作为传统的工业，胶合板在我国已有百余年的生产历史，一直是林产工业的支柱产业。作为一个产业政策，应在保证国家重大政策延续性的同时，实现胶合板产业政策的及时完善和补充，力争做到与市场变化同步，从而实现胶合板企业的区域布局和产品结构趋于合理，通过对市场及原材料的预测预报，给企业反馈市场信息，这不但

减少企业上项目的盲目性所造成的浪费，而且在宏观上引导企业随着市场的发展而发展。行业主管部门职能的削弱，宏观上给市场调节创造了条件，但行业主管部门及行业协会的预测预报工作给市场调节的指导和引导作用，如同天气预报的功能必不可少。市场调节需要正确引导，行业和企业才能有序发展。

我国第七个五年规划开始就涉及胶合板的发展规划，并制定胶合板的产业发展政策；发展变化始终快于规划，以往的胶合板产业发展规划存在一定程度的滞后和片面，行业政策也因跟不上胶合板行业和市场结构的变化而显得力不从心，至今我国仍看不到合理有序的胶合板发展产业政策来配套产业发展。尤其是近几年来，胶合板市场的供给和需求均发生了巨大的变化。

从等量投入产出、产品附加值和资源最佳利用看，利用小径速生材生产胶合板所带来产品增值比同类型加工方法的其它人造板产品增值大。所以经过长时间的发展，胶合板在人造板行业中的地位在我国至今仍处于首位。

我国胶合板产业发展成如今的规模，另一个主要原因就是出口，企业自行利用速生杨木生产胶合板开始，一直占领着胶合板国际市场的主导地位。如今胶合板“双反”的胜诉，我国胶合板企业可以自由地继续出口美国市场，并给其它国家的贸易壁垒提供很好的案例。这给行业主管部门提供了一个错觉，我国胶合板产业的基业长青，市场调节功能还能继续在胶合板行业发挥一定作用。

（二）企业内部机制本身就不够健全

我国胶合板产业的无序发展，除管理措施和行业政策不到位外，主要是利益驱动，胶合板企业内部管理不健全；其主要反映在以下几个方面：一是胶合板企业的起点低，从勤耕的农户或高智商的农民可以顺利转变成胶合板特别是单板生产企业，可以因地制宜而方便地从无到有，从小到大地发展，不需要现代化的管理机制和体制；二是在胶合板制造设备和技术上因陋就简，特别是在无卡轴旋切成了农民们发展胶合板产业的法宝，单板的天然干燥成了节省成本的利器，加上低廉的不计成本的农民自己劳动力，毫不费劲地击垮竞争对手进入胶合板产业和市场；三是由于胶合板属于半成品，市场对它的要求不高，低档次甚至劣质的胶合板产品也有其销售市场，特别是销往发展中国家和广大农村市场；四是这种简陋的胶合板生产方式可复制性强，新上企业既无审批和环评等手续的困扰，又无启动资金和生产技术的限制，也无税收杠杆的制约，客观上给企业的发展提供极大便利，可以说有想法的农民都可以成为胶合板企业老板；五是胶合板生产企业符合农民企业家的管理方式，它可以做到农耕和生产两不误，就地取材和现货交易不需要专门财务制度，企业的所有权包括供销、生产、人力、财务均可有老板一人决定。

这也是我国几百万胶合板产业大军中受过高等教育者寥寥无几的原因，在市场条件和发展空间有利时，人人都能发展、能挣钱、能做大。在市场竞争激烈时，市场考验着胶合板企业的智慧，也促进胶合板企业的管理基础的建立和管理水平的提高。如今“双反”的胜利，市场杠杆的缺失，又使得广大胶合板企业回到同一起跑线，这是农民企业家们乐见的发展基点。

（三）胶合板产品质量仍在低端徘徊

关于胶合板产品的质量，我国开展过数次国家和地方政府的监督抽查，出口的胶合板产品也有商检局逐批检验，但缘何我国胶合板产品质量不能提升？究其原因，一是我国胶合板生产企业的技术装备差，速生材为原材料材质差，客观上生产不出高档胶合板产品；二是国家和地方监督抽查本身只是走过场，报喜不报忧，也没有听到过哪家胶合板企业存在质量问题受到过处理或取缔；三是出口胶合板产品的商检局检查成了例行公事，公开的我国商检局检查的胶合板产品合格率还没有过低于97%水平。

实际上我国胶合板产品质量又如何？如果我国胶合板产品质量高，缘何不卖一个好价格？国际市场上我国胶合板产品价格始终是最低的，有时甚至不足国外同类产品的一半，就连国内高端胶合板产品也必须依靠进口来满足。曾经有谁感兴趣我国胶合板旋切的整板出板率是多少？单板背面裂隙怎样？单板厚度公差多少？干燥后单板含水率是否均匀？涂胶量实际是多少？胶黏剂是否环保？胶合强度的板内差或板间差又是多少？又有谁曾过问过我国有多少家胶合板企业有自己的生产标准？有多少家企业有企业自己的实验室？有多少家企业能够按照国家胶合板标准进行质检？

我国胶合板国家标准已经存在多年，可是又有多少胶合板企业真正知道此标准？有多少家企业按照国家胶合板标准生产？是企业滞后还是标准本身存在问题？

（四）胶合板企业素质不高 社会责任感不强

我国胶合板企业不管从企业老板的受教育程度、知识结构、对胶合板生产工艺技术的知晓度、企业的技术力量、企业的研发水平和投入、产品质量、品牌塑造等等指标，与同类企业或产业比较均不高。导致胶合板企业大起大落，企业的生命力不强，企业只能考虑短期行为和眼前效益。

业内曾经有一个说法，中国胶合板企业的生存是靠农村劳动力的辛勤，胶合板企业的发展依靠的是国家让利即逃税漏税，其实不无道理。对于缺乏管理、技术落后、产品质量差的企业怎能经得起市场的长期考验？经过数年积累而壮大的我国胶合板企业不是关停就是转行，导致我国数千家胶合板企业没有一家老品牌企业，这难道不值得国家和行业主管部门的重视吗？

由于企业规模小，企业是在初级端加工而逐步发展，无技术和资金的积累，对市场适应性差，我国胶合板企业的行业责任和社会责任感不强。在此次胶合板“双反”调查中，涉及的我国胶合板企业数量数千家，其中我国生产胶合板出口企业五百多家，而本案被告企业215家，参加本案产业损害应诉企业103家，给本案产业损害打官司交律师费的企业不足应诉企业的四成。尽管胶合板“双反”官司打赢了，但是负责打官司人的心却打凉了。

我国胶合板企业在此次胶合板“双反”中表现出很真实的一面；众多社会责任和行业责任差的小企业只想渔翁得利、坐享其成；部分坐井观天的企业不闻不问，想着出口不成也可以在国内市场混；部分具有一定眼光想依靠市场求得生存的小企业，参加了漫长的应诉，可没有等到最后的胜诉，自己企业已经无力继续支撑而逃之夭夭；参与本案应诉的胶合板大企业，指望外力和关税来制衡我国胶合板产业和市场发展，美国商务部(DOC)初裁后他们还是很乐观，可是DOC终裁的高额税率又使他们的梦破灭。

(五)恶性价格竞争使得中国胶合板仍然处在市场最低端

由于我国胶合板企业素质差，市场竞争是无序的价格竞争。从全国大范围看仍未给企业创造相对平等的市场竞争机制，税收杠杆不能起到胶合板行业宏观调控的作用，国家出台行业规划及生产许可制度得不到落实和执行，又是一个走过场的管理起不到监管作用。胶合板企业着眼点低，相互间在低水平攀比、残杀，企业没有精力和自身素质能站在整个市场的高度来策划企业的发展和平衡自身在市场中的位置。

胶合板的市场竞争反映在企业只考虑眼前利益，现实是价格竞争取代质量竞争。其结果企业效益下降，在企业接近盈亏平衡点时，不得不降低产品质量以降低企业成本，同时投入新一轮竞争，造成恶性循环。国内企业间、特别是区域内企业间竞争白热化，把高利润、高附加值的产品让给别人去生产。

胶合板“双反”的胜诉，又使得广大胶合板企业，不管大小好坏均回到同一起跑线，在税收杠杆、政策导向、市场监管等尚不健全的我国胶合板行业，企业如跳不出框框，就得重新回到价格竞争的大漩涡中。

四、从与我国胶合板产品出口市场有关的外因分析

(一)“双反”存在相当的随意性

DOC于2013年9月18日公布对中国胶合板“双反”终裁结果；即反倾销：强制抽样企业临沂圣福源，55.76%；江阳木业，62.55%；平均税率：59.46%，全国惩罚性税率：121.65%。反补贴：强制抽样企业三家强制抽样企业均为0%；平均税率：13.58%，全国惩罚性税率：27.16%。即终裁平均税率73.04%，惩罚性税率148.81%，最低税率企业也是55.76%；对此终裁结果，我国胶合板企业将无一能够继续出口美国。

本次反倾销终裁幅度离奇高的最主要原因是：一是美国商务部改变了初裁时选用菲律宾为替代国的做法，在终裁中改用了保加利亚作为替代国来计算被抽样企业的倾销幅度，并因此导致被抽样企业连带平均税率企业的税率急剧提高。二是平均税率的计算方法是违反美国相关法律规定：美国商务部计算的平均税率不是根据“被抽样企业”的税率来进行加权平均，而是完全刻意地把“被惩罚企业”的税率包括在内进行了简单的算术平均。第三，更不可思议的是把多层实木复合地板企业作为“被惩罚企业”。这种将没有对美国出口胶合板的企业的所谓“惩罚性税率”用来计算胶合板反补贴案件的平均税率，这明显是人为的和荒谬的。

2013年11月6日，美国国际贸易委员会(简称ITC)做出终裁，美国对中国胶合板的“双反”调查案以无损害结案，我们取得了来之不易的胶合板“双反”应诉胜利。

（二）美国胶合板产业不会罢休

美国胶合板原告经过精心策划的对中国胶合板“双反”以失败而结束。这给游戏规则的制定者美国人丢脸，不符合美国的霸权主义的逻辑，因为美国已经习惯了由他指挥和控制全球的做法，任何不听从、不顺从者都将受到不同形式和不同程度的制裁。

众所周知，五年前332调查胜诉是此次胶合板“双反”案的前奏，几经周折均没有达到预期效果，这个结论不符合美国人的预期和美国人的心理，就此罢休更不符合美国一贯做法。在我国沉浸在胜诉的欢乐之时，正是美国原告沉思复仇之日，原告已经酝酿出数套方案，即将或已经浮出水面。美方正在积极准备，提出比“双反”更为直接而有效的贸易保护措施。

就本案而言，原告已于2014年2月18日正式向美国国际贸易法院提起上诉，要求驳回美国国际贸易委员会（ITC）关于无损害即我方胜诉的裁决。从法律上讲，本案的上诉和应诉过程相对复杂，但是上诉的应诉组织更是考验我国胶合板行业的智慧和企业的社会责任感。

（三）“双反”后即将发生的后续行动

首先美国胶合板产业联合会即原告已经向美国国际贸易法院提起上诉，要求美商务部和国际贸易委员会的裁决进行复议。其次，美国政府接下来最可能发生的针对我国林产品的行动，一是美国国会将会要求美国政府对中国木材加工制品发起所谓的“绿色301调查”；二是由美国主导的跨太平洋伙伴关系组织（TPP）的一揽子贸易谈判中，参议院财政委员会可以轻而易举地在TPP的大框架下加入有关针对中国环保和气候变化问题的修正案。

（四）多国对我胶合板产品实施贸易壁垒

我国胶合板企业多，国内市场无法消化胶合板产能，出口是我国胶合板企业的自然选择。由于我国胶合板产品的竞争力强，备受市场宠爱，在我国胶合板产品进入的国家或地区，别的胶合板产品就很难与我国胶合板产品抗衡，在给当地市场带来实惠的同时，客观上也给同行挤压了空间。先后已经对我国胶合板产品实施过反倾销贸易壁垒的国家和地区有：欧盟、美国、韩国、摩洛哥、阿根廷、哥伦比亚等。

在我国胶合板出口量越来越大、出口地区越来越多的同时，新的更多国家的贸易壁垒还将发生，提请我胶合板出口企业警惕。

（五）市场对中国胶合板产品质量的指责继续增加

除木材合法性外，以往欧美国家对我国胶合板的指责有以下几个方面：一是以倾销的手段造成不正当竞争。

二是指责产品质量不合格，美国胶合板协会多次在市场上抽查中国胶合板产品，其合格率低的可怜；美国胶合板协会先后在市场上抽查中国数十个批次胶合板样品按照其大气候箱法ASTM1333和PS－I或PS－II标准进行检测，其结果没有发现合格的。

对于这个具有讽刺意味的检查结果，我国不必埋怨检查方是出于何种动机、取样是否正确、为何采用这个标准等等，我国更应该自问我们企业生产的那些胶合板产品的质量到底如何，达到了什么质量要求？退一步说，我国胶合板生产企业知道目标国的这些标准要求吗？

原告在本次胶合板“双反”上诉前夕，又有两家以胶合板为基材的我国多层实木复合地板企业的产品在美国采用气候箱法检测，其游离甲醛释放不合格，这又将是此次上诉的罪证之一。

（六）木材原料的合法性将影响我国胶合板产业

关于非法木材已经是老话题，美国2008年12月15日出台的《雷斯法案修正案》，欧盟2013年3月3日出台的《欧盟木材法案》，澳大利亚随后出台的禁止非法木材法案等已经将非法木材问题推到高潮，并上升为法律制裁。早期被美国《雷斯法案修正案》处罚的均是中国企业或带有中国企业，目前也备受非政府组织关注。

2013年10月9日《华尔街日报》报道，美国林木宝（Lumber Liquidators）公司在美国销售从中国进口非法木材生产的产品，由于这些木材来自俄罗斯远东地区、破坏了濒危动物西伯利亚虎的生存环境，从而违反了美国《雷斯法案修正案》。由于林木宝公司在中国有数十家采购企业，报道一出，在我国木地板和胶合板行业引起轩然大波，不仅林木宝公司停止采购和销售，而且中国生产企业也被卷入而受到“调查”。林木宝公司事件是偶然中的必然，它既不是非法木材调查的第一次，肯定也不是最后一次。同时也看出牵涉面一次比一次大，被卷入的企业一次比一次多。

在感叹之余，我木材加工行业的进出口企业，是否已经建立了尽责调查制度，是否已经建立可追溯体系，是否都能依法采购、生产和销售。除了国外关注非法木材问题，中国政府和协会也正在关注和呼吁企业要采用合法木材生产，遵照国际法和国家法律来组织生产和经营。

关于非法木材，在本案ITC开庭期间，也曾五次问到我国胶合板企业是否采用了非法木材，它在本案只是一个序曲，后续还将继续发酵影响到更多企业。

（七）美国政要正在寻找新的更大的对我胶合板影响的突破口

尽管美国政府在2013年10月初关门，但美国产业界和与本案有关的议员等均没有休息，在其策划的332调查和胶合板“双反”均失利的情况下，他们又在酝酿新的更大的贸易壁垒。不仅在332调查开庭期间，还是在胶合板“双反”开庭期间，议员均出庭作证，直面指责中国；中国政府不作为、不监管、没有标准来规范其产品；企业生产的产品质量不合格而扰乱美国市场，毒害美国人民的身体健康；中国企业没有社会责任，采用非法用工，是血汗工厂；工厂采用非法进口的木材原料生产，破坏环境并引起气候变化，其产品进入美国违反法律等。

《华尔街日报》是牵动美国乃至全球有关经济和贸易方面的喉舌，美国政府根据EIA报告发起针对林木宝公司的调查只是一个引子，美国胶合板和木制品行业旨在通过代表其利益集团的国会议员，把牵扯到中国的“非法砍伐”问题上升到“环境保护”和

“气候变化”的大帽子下，通过立法和壁垒调查等手段，以达到阻止中国产品进入美国市场的目的。

问题在于我国胶合板企业是否知道问题所在？自己企业存在有哪些潜在问题？企业发展的道路上还有何障碍？

五、对策分析和建议

经历百年发展的我国胶合板行业，其规模已经空前绝后。从市场需求看，我国不需要如此规模和企业数量，在企业数量壮大的同时，带来的只是恶性价格竞争；从人工林资源和国家额定的采伐量所能承载的企业数量看，也不需要如此多小企业来耗费木材资源；从技术进步看，我国胶合板企业已经迫切需要技术改造，淘汰落后、高耗能的产能和装备；从市场对胶合板产品质量需求看，我国胶合板行业需要从不讲规则、不求质量的乱象中摆脱，需要具有品牌的龙头企业，带动胶合板产业和产品质量的提高；只有这样我国胶合板产业发展才能由价格竞争提高到价值竞争的健康发展轨道。

（一）我国胶合板行业将要发生或需要解决的问题

1. 建议行业协会做好胶合板行业引导工作

给胶合板企业提供行业信息、技术信息、市场信息、产品信息、政策信息、金融渠道和贸易壁垒信息等。在胶合板行业首先需要引导企业向上和企业素质提高，其次才能提高产品质量，建立自己产品品牌，以正确的姿态积极参加市场竞争。

2. 建议政府主管部门要做好疏导工作

使得胶合板行业有序发展或沿着政府部门设计的要求循序发展，要了解并倾听行业和企业心声，解决行业和企业存在的问题，对发现的胶合板企业数量过分庞大和产品质量差等问题要集中予以解决或纠正，利用政府的宏观调控杠杆，给健康企业提供帮助渡过难关。

3. 政府牵头淘汰落后产能

我国胶合板产能已经严重过剩，企业辛辛苦苦制备的生产设备不可能自行淘汰，特别是大量的小企业更是不可能完成，淘汰落后产能是国家的要求，是政府行为。

采用先进的装备，对木材出材率有好处，对单板出板率有好处，对能源高效利用有好处，对降低排放减少污染有好处，但是淘汰落后的设备只有少部分企业有能力自动更新改造，绝大部分企业无力购买新的先进的设备。所以，淘汰落后的产能只有政府采用严厉的手段才能做到。

4. 建议我国政府取消胶合板产品出口退税

退税本应保护民族工业，用退税来补贴出口企业，以增强其市场竞争力。但国家为胶合板出口产品设计的退税，没有提高出口企业的利益，却降低了产品价格从而提高了进口商的利益。在我国胶合板具有较强竞争力的今天，取消出口退税是为胶合板产品的公平竞争提供市场应有的平台。

(二)企业内部的对策

1. 规范强化企业管理

对于非高科技的胶合板产品，只有强化管理，才能提高效率和效益，采用国际化的标准和采用市场认可的产品质量认证，使自身成长为具有国际性和国际市场竞争力的企业。增强企业管理的同时，提高生产效率，提高附加值，降低成本。

2. 企业对其设备进行适当技术改造

提高我国胶合板企业的造血功能的途径之一是改造现有落后高能耗的生产设备。我国胶合板企业亟需要改造的设备，一是旋切设备，二是单板干燥设备，三是单板整理和修补设备。随着劳动力成本不断提高，以上设备的更新改造显得越来越紧迫，越来越必要。

3. 提高企业素质

在市场经济条件下和民营企业为主导的今天，企业素质主要表现在企业老板的素质，在胶合板行业表现更加突出。作为企业老板，首先要更新观念，需要改变自己做到了解木材和胶合板产品、了解胶合板行业、了解国内外胶合板生产和竞争状况，做到知彼知己，才能使自己的企业立于不败之地。出口企业的企业家需要了解国际市场的价格，了解国际市场的质量要求、了解国外胶合板产品应用领域、了解国外胶合板生产的技术和装备、了解国外市场消费者的偏好、了解国外贸易壁垒等。

4. 提高产品质量

产品质量是企业生存的关键，质量是企业的生命，尽管口号都贴在墙上，但落实到实处很困难。究其原因，一是企业不知道质量好的产品要求是什么；二是主观上不想做好，因为质量提高后，生产成本提高；三是技术装备差、生产控制不严，生产不出优质胶合板产品；四是速生人工林材质差，生产不出高档次胶合板产品；五是市场竞争残酷，没有能力的企业只能依靠价格竞争求得生存；六是市场缺乏监管。

5. 树立产品品牌

企业品牌就是企业的市场口碑，企业树立品牌的过程是残酷和艰辛的，多付出少回报，且还是漫长的，多数企业无法承受这个过程和付出而放弃。坚持做品牌的企业，在付出一定程度后，才能享受市场的回报，企业才能长治久安。胶合板企业能够树立品牌战略，企业才能稳健发展，避免价格竞争，才能使胶合板行业健康发展。

6. 提高企业社会责任

企业是社会的一部分，企业的社会责任就是在遵守游戏规则的前提下，组织资源进行商业活动赚取利润的同时，积极为社会承担相应的责任。在行业面对国际贸易壁垒时，积极按照市场经济的手段，拿起法律的武器，直面应对。同时按照质量标准，控制好自己的产品质量，只接受合理的产品价格，采用合法木材原料，做到尽职尽责，用市场机制梳理自己企业。在深化改革中通过自我完善，在凤凰涅槃中，浴火重生，而不是抱残守缺、不思进取、不思改革，确实要担当社会责任树立良好形象，在推动改革措施上加大力度。

2013年我国木浆、纸品外贸走势解读

郭　萌

摘要：在2013年我国经济总体表现出“稳、进、好”的趋势及背景下，报告对我国木浆、纸品在进出口外贸方面呈现出的运行状态和总体趋势进行了解读，指出了四个主要特点；并且从进口的数量、价值金额、单价水平等三个方面，从出口数量、出口价值金额、出口单价水平等方面进行了数据采集和细致梳理，进而对进、出口情况进行了比较，进一步分析了成因，指出了影响和牵动我国纸浆、纸品市场有利与不利因素并存，最后对我国木浆、纸品外贸趋势做出了合理的、前瞻性的预测。

纵观2013年，我国经济总体呈现出“稳、进、好”的趋势。我国木浆、废纸及纸板在进、出口外贸方面与2012年同期相比，也保持了平稳运行的状态，其主要特点为：一是进口数量基本持平，而出口数量小有回升。二是在单价水平方面，进口略升，出口下滑幅度显著。三是我国木浆、废纸及纸板进口价值金额持平，出口缩减。四是从进、出口比较方面来看，2013年上半年我国木浆、纸品进、出口仍然存在着较大程度的逆差。

结合国家海关最近提供的最新统计数据（表1～表3），对2013年1—12月我国木浆、纸品7大品种进、出口情况做一全面的比较和分析。

表1　2013年1—12月我国木浆、纸品进口情况以及与上年同期比较

品种	进口数量（吨）			进口金额（万美元）			进口单价（美元/吨）		
	2012年	2013年	同比（%）	2012年	2013年	同比（%）	2012年	2013年	同比增长（%）
木浆、废纸及纸板	45124960.2	44703183	-0.93	1655660.8	1656550.7	0.05	366.91	370.57	1.0
木浆	10767.2	2626.3	-75.61	579.9	145.2	-74.96	538.58	552.87	2.65
化学木浆、溶解级	1579193.3	1803851.9	14.23	182277	182089.1	-0.103	1154.24	1009.45	-12.54

（续）

品种	进口数量（吨）			进口金额（万美元）			进口单价（美元/吨）		
	2012年	2013年	同比（%）	2012年	2013年	同比（%）	2012年	2013年	同比增长（%）
烧碱木浆或硫酸盐木浆	13344425.9	13571221	1.7	835709.8	874183	4.6	626.26	644.14	2.86
亚硫酸盐木浆	40337.2	19575.1	-51.47	2906.5	1284.1	-55.82	720.55	655.99	-8.96
其他纤维状木浆	83091.9	69127.1	-16.81	6811.4	5849.3	-14.12	819.74	846.17	3.22
废纸	30067144.7	29236781	-2.76	627376.2	593000	-5.48	208.66	202.83	-2.79
新闻纸	134679.4	113867.9	-15.45	8369.2	6709.1	-19.84	621.42	589.2	-5.18

一、首先从进口方面来看

1. 进口数量

2013年以来，我国木浆、废纸及纸板的7个品种进口数量的具体情况如下：

2013年，我国木浆、废纸及纸板进口总量达到了44703183吨，同比2012年的45124960.2吨，略微下降了0.93%，尚不到1%。其中除化学木浆和烧碱木浆进口量处于增长趋势之外，其余品种则都处于不同程度的下降势头。2013年全年化学木浆进口数量为1803851.9吨，与2012年同期进口的1579193.3吨相比，增加了14.23%；烧碱木浆进口数量为13571221吨，与2012年同期进口的13344425.9吨相比，略微增长了1.7%，也可谓基本持平；其他属于减势的各具体品种2013年进口数量的情况分别如下：普通机械木浆进口2626.3吨，与2012年同期进口的10767.2吨相比，大幅度下降了75.61%，降速排行第一；亚硫酸盐木浆2012年以来进口量减速排行第二，为19575.1吨，与2012年同期进口的40337.2吨相比，下降了51.47%；其他纤维木浆进口数量为69127.1吨，与2012年同期进口的83091.9吨相比，也以较快幅度缩减了16.81%；值得关注的是废纸品种，因为我国历来是废纸进口大国，往往废纸这一个品种进口的多寡，就能决定当时我国木浆及纸品进口总量的增减趋势走向。2013年全年，废纸进口了29236781吨，同比2012年的30067144.7吨，以极小幅度减少了2.76%，可谓基本持平，下浮的幅度尽管很小，但该品种毕竟是进口的大头，所以对于木浆、废纸及纸板的出进口总量起着举足轻重的平衡作用。

2013年以来，新闻纸进口量达到了113867.9吨，与2012年同期进口的134679.4吨相比，小幅减少了15.45%。

总的来看，2012年全年我国对木浆、废纸及纸板的需求伴随经济稳中缓升的主旋律影响，一直保持着较为平稳运行的势头。至于诸如普通机械木浆和亚硫酸盐木浆等品种进口量虽然走跌，但由于其本身进口数量在总量中所占比例不大，所以对进口数量增减的大势影响不太显著。

2. 价值金额

2013年以来，我国木浆、废纸及纸板进口总价值金额达到了1656550.7万美元，同比2012年的1655660.8万美元，以极小幅度增长了0.05%。而且除烧碱木浆外，其余所有品种都属于不同程度的减少势头。2013年，烧碱木浆进口价值金额为874183万美元，与2012年同期进口的价值金额835709.8万美元相比，小幅增加了4.6%。2013年普通机械木浆进口价值金额达到145.2万美元，与2012年同期进口的价值金额579.9万美元相比，下降了74.96%，属价值金额缩减速度最快的品种。亚硫酸盐木浆进口价值金额减少速度仅次之，2013年该品种进口价值金额为1284.1万美元，与2012年同期进口的价值金额2906.5万美元相比，以较大幅度下跌了55.82%；其他纤维木浆进口价值金额5849.3万美元，与2012年同期进口的6811.4万美元相比，下降了14.12%；废纸进口价值金额为593000万美元，同比2012年的627376.2万美元，也下降了5.48%；化学木浆，2013年，进口价值金额为182089.1万美元，与2012年同期进口的价值金额182277万美元相比，仅减少了0.103%，可谓微乎其微。

新闻纸2013年进口价值金额为6709.1万美元，与2012年同期进口价值金额8369.2万美元相比，下降了19.84%

3. 单价水平

2013年以来，我国进口木浆及纸制品的进口单价水平总体呈现缓慢上行的状况。2013年我国木浆、废纸及纸板进口单价水平为每吨370.57美元，同比2012年的每吨366.91美元小幅回升了1.0%，也可谓基本持平。2013年，只有其他纤维木浆、一般机械木浆和烧碱木浆进口单价水平呈小幅上升趋势。其他纤维木浆进口单价水平每吨846.17美元，与2012年同期进口单价水平每吨819.74美元相比，提升了3.22%；一般机械木浆进口单价每吨为552.87美元，同比2012年的每吨538.58美元相比，小幅提升了2.65%；烧碱木浆的进口的单价水平为每吨644.14美元，与2012年同期进口的每吨626.26美元相比，增长2.86%。其他各具体品种进口的单价水平显示缩减的情况分别如下：2013年化学木浆进口的单价水平减速最快，为每吨1009.45美元，同比2012年的每吨1154.24美元下降了12.54%；排在第二位的是亚硫酸盐木浆，该品种进口单价水平为每吨655.99美元，同比2012年的每吨720.55美元，下降了8.96%；废纸进口单价水平每吨为202.83美元，同比2012年的每吨208.66美元微幅下跌了2.79%。

新闻纸进口单价水平也同其他品种一样属于减势，为每吨589.2美元，与2012年进口单价水平每吨621.42美元相比，缩减了5.18%。

总而言之，我国木浆及纸制品的进口情况，一是与我国的经济运行大势始终是一致的、合拍的。二是从长远看，我国在2014年将使经济继续运行在合理区间，又要着力推动改革开放，推进改革创新，释放内需潜力、创新动力和市场活力，因而进口木浆及纸制品的前景还是平衡、乐观的。

表2　2013年我国木浆、纸品出口情况以及与上年对比

品种	出口数量(吨)			出口金额(万美元)			出口单价(美元/吨)		
	2012年	2013年	同比增长(%)	2012年	2013年	同比增长(%)	2012年	2013年	同比增长(%)
木浆、废纸及纸板	82190.21	83933.36	2.12	12775.69	10624.61	-16.84	1554.41	1265.84	-18.56
木浆	180.87	237.23	31.16	10.82	18.22	68.39	600.21	768. 03	27.96
化学木浆、溶解级	757.92	149.54	-80.27	76.29	14.99	—80.35	1006.57	1002.41	-0.41
烧碱木浆或硫酸盐木浆	18428.59	22186.03	20.39	1173.66	1362.24	16.07	636.87	614.01	-3.59
亚硫酸盐木浆	77.2	0		6.03	0		781.09		
其他纤维状木浆	60313.47	60311.18	-0.003	11427.61	9181.65	-19.65	1894.7	1522.38	-19.65
废纸	2432.17	1049.39	-56.85	81.28	47.52	-41.54	334.19	452.83	35.5
新闻纸	3885.02	89813.72	2211.8	519.3	5825.41	1021.78	1336.67	648.61	-51.48

二、从出口方面来看

根据国家海关提供的最新统计数据，2013年我国木浆、废纸及纸板出口具体品种，出口数量增减各异。

1. 出口数量

2013年我国木浆、废纸及纸板出口总量达到了83933.36吨，同比2012年的82190.21吨增长了2.12%。但是其中只有一般机械木浆和烧碱木浆显示幅度不一的增长，其余品种则都不同程度下降。一般机械木浆出口增长速度最快，2013年全国共出口了237.23吨，与2012年同期出口量180.87吨相比，以较大幅度强劲增长了31.16%；烧碱木浆2013年出口量达到了22186.03吨，与2012年同期出口量18428.59吨相比，也以较达幅度增长了20.39%。属于程度不同下降趋势的品种有：化学木浆2013年出口了149.54吨，与2012年同期出口的757.92吨相比，快速下降了82.27%；再有就是废纸，全年出口量为1049.39吨，与2012年同期总出口量2432.17吨相比，减少幅度为56.85%；其它纤维木浆，2013年出口量为60311.18吨，与2012年同期出口的60313.47吨相比，仅仅减少了0.003%，可以说基本持平。此外，值得注意的一个情况是，亚硫酸盐木浆2013年出口一直停摆。

2013年我国木浆、废纸及纸板出口情况中最值得注意的亮点是，新闻纸2013年出口量达到了89813.72吨，与2012年出口量3885.02吨相比，以特大幅度增长了2211.8%，竟在22倍以上。

2. 出口价值金额

2013 年我国木浆、废纸及纸板出口价值金额达到了 10624.61 万美元，同比 2012 年的 12775.69 万美元明显缩减了 16.84%。但是与出口数量方面相同的是，其中只有一般机械木浆和烧碱木浆显示幅度不一的增长，其余品种则都处于程度不同的下降趋势。一般机械木浆出口增长速度最快，出口价值金额为 18.22 万美元，与 2012 年同期出口额 10.82 万美元相比，以较大幅度飙升了 68.39%；烧碱木浆全年出口价值金额为 1362.24 万美元，与 2012 年同期出口 1173.66 万美元相比，增长 16.07%。属于程度不同下降趋势的品种有：其中尤以化学木浆下降幅度最大，2013 年出口价值金额为 14.99 万美元，与 2012 年同期出口 76.29 万美元相比，大幅减少了 80.35%；废纸出口价值金额数量不大，为 47.52 万美元，与上年同期出口 81.28 万美元相比，下降幅度也达到了 41.54%；其它纤维木浆出口价值金额为 9181.65 万美元，与 2012 年同期出口额 11427.61 万美元相比，缩减了 19.65%。

2013 年新闻纸出口价值金额达到了 5825.41 美元，与 2012 年出口额 519.3 万美元相比，以特大幅度增长了 1021.78%，足有 10 倍之多。

3. 出口单价水平

2013 年我国木浆、废纸及纸板出口行情不是很好，单价水平为每吨 1265.84 美元，同比 2012 年的每吨 1554.41 美元快速下降了 18.56%。其中只有一般机械木浆和废纸行情较好，尤以废纸单价水平增幅最为明显，该品种全年出口单价水平为每吨 452.83 美元，与 2012 年同期出口每吨 334.19 美元的单价水平相比，大幅增长了 35.5%。一般机械木浆出口单价水平为每吨 768.03 美元，同比 2012 年的每吨 600.21 美元的水平，增长了 27.96%，也有将近三成。另外，几个品种出口单价水平则均处于不同程度的下降趋势：其它纤维木浆出口单价水平为每吨 1522.38 美元，与 2012 年同期出口每吨 1894.7 美元的单价水平相比，较大幅度地减少了 19.65%；烧碱木浆出口为每吨 614.01 美元，与 2012 年同期出口每吨 636.87 美元的单价水平相比，小幅减少了 3.59%；化学木浆出口单价水平为每吨 1002.41 美元，与 2012 年同期出口的每吨 1006.57 美元的单价水平相比，仅减少了 0.41%。

新闻纸 2013 年出口数量虽然提升上行明显。但出口行情却令人吃惊下降，单价水平仅为每吨 648.61 美元，与 2012 年同期出口的每吨 1336.67 美元相比，迅速下滑了 51.48%。此种重大的行情变化，着实应该引起新闻纸出口有关部门和企业的密切关注，并及时做出相对决策。

2013 年全年，中国经济的总基调是稳中求进，稳中有升，稳中向好。主要经济指标处于合理区间。我国木浆、废纸及纸板在出口数量方面与 2012 年同期相比基本持平，可以说与国内经济形势变化的大格局还是一致的。今后一个时期，中国宏观经济将继续保持平稳较快运行。促改革、调结构、转方式，将成为下一阶段推动经济持续发展的主要内容。而且发达国家的经济复苏已经逐步有所显示，对于拉动我国外需出口会逐渐加力。因此，相信我国的木浆、废纸及纸板出口势头将会在现有基础上得到进一步提升。

表3　2013年我国木浆、纸品进、出口情况比较

品种	数量(吨)			金额(万美元)			单价(美元/吨)		
	进口	出口	出口与进口比较	进口	出口	出口与进口比较	进口	出口	出口与进口比较
木浆、废纸及纸板	44703183	83933.36	-44619249.64	1656550.7	10624.61	-1645926.09	370.57	1265.84	895.27
木浆	2626.3	237.23	-2389.07	145.2	18.22	-126.98	552.87	768.03	215.16
化学木浆、溶解级	1803851.9	149.54	-1803702.36	182089.1	14.99	-182074.11	1009.45	1002.41	-7.04
烧碱木浆或硫酸盐木浆	13571221	22186.03	-13549034.97	874183	1362.24	-872820.76	644.14	614.01	-30.13
亚硫酸盐木浆	19575.1	0		1284.1	0		655.99		
其他纤维状木浆	69127.1	60311.18	-8815.92	5849.3	9181.65	3332.35	846.17	1522.38	676.21
废纸	29236781	1049.39	-29235731.61	593000	47.52	-592952.48	202.83	452.83	250
新闻纸	113867.9	89813.72	-24054.18	6709.1	5825.41	-883.69	589.2	648.61	59.41

三、进、出口情况比较

2013年全年我国木浆、纸制品进、出口总体状况是，进出口数量悬殊、价值金额逆差巨大、出口平均单价水平是进口平均单价水平的3.4倍(表3)。其具体表现如下:

1. 进出口数量比较

我国木浆、纸制品在进、出口数量方面变化不大，但二者之间所存在的差距仍然甚大，出口数量只相当于进口数量的0.19%。

2. 进出口价值金额比较

2013年前三季度我国木浆、废纸及纸板在进、出口价值金额方面仍然显示较大逆差，这种差距达到了1645926.09万美元，其中只有其它纤维木浆出口比进口数量多出了3332.35万美元。其余品种则均显示不同程度的逆差。

3. 进出口单价水平比较

2013年全年我国木浆、废纸及纸板尽管在进、出口价值金额方面逆差仍存，但在单价水平方面比较，却反其道而行之，显示出了我国纸浆及其纸制品出口的价位比进口要高出不止一两个梯次，我国进口每吨纸浆和制品平均为370.57美元，而在出口方面，每吨木浆、纸品售价为1265.84美元，也就是说，每吨纸浆及其纸制品出口要比进口多卖出895.27美元，就进出口平均单价水平比较而言，出口要高出进口3.4倍以上。值得关注的是，其中2013年我国进出口诸多品种中，只有化学木浆和烧碱木浆出口每吨分别比进口少了7.04美元和30.13美元，其余品种则都属于出口单价水平大于进口单价水平，差距最大的当属其它纤维木浆，出口单价水平明显大于进口的单价水平，每吨差距为676.21美元。

新闻纸2013年出口数量大增，但出口行情却是疲软的，出口单价每吨为648.61美元，进口则为589.2美元，后者比前者便宜59.41美元。此种重大的行情变化，着实应该引起新闻纸出口有关部门和企业的密切关注，并及时做出相对决策。

四、成因分析与形势预测

国家统计局发布数据，2013年中国经济同比增长7.7%，增速与上年持平。具体到2013年我国木浆、废纸及纸板在进、出口外贸方面，也可以说基本与国内的经济形势变化是同步的。其主要表现为：进、出口数量与2012年同期相比基本持平，这个变化显然是与国内外经济运行大势合拍的。但由于国际市场纸浆、纸品价格水平普遍回落，我国木浆、废纸及纸板出口价值金额也有一定程度的缩减。

对于2014年国内经济形势及前景，权威人士普遍认为，影响和牵动我国纸浆、纸品市场有利与不利因素并存。不利因素在于，国际经济环境十分复杂，国内经济环境仍然存在不少不稳定因素，内部长期积累的结构性矛盾也需要一些时间化解。但有利因素则显得更为充分：从国际上来看，世界经济形势总体还是朝好的方向发展，对我国经济会产生积极的作用，不少发达经济体从2012年四季度开始缓慢复苏，对我国扩大出口产生了一定程度上的拉动作用。而国内在中央"稳增长、调结构、促改革"政策措施的推动下，经济结构与增长质量都在向好的方向发展。

今后一个时期，中国宏观经济将继续保持平稳较快运行，我国仍处于重要战略机遇期。十八届三中全会已就全面深化改革开放、推动体制机制改革作出了新的部署。我国经济将继续保持在运行的合理区间内，中央政府将着力深化改革开放、推动结构调整和转型升级。因此，作为与我国经济发展和提高人民生活水平密切相关的木浆、废纸及纸板内需还会加强，进口仍将保持稳中有增的势头。而在出口外贸方面，必须随时注意观察国际市场种种复杂的变化、并及时采取有效措施，从而使我国纸浆及其纸制品在出口方面继续有所作为。其前景还是可以乐观预计的。

中国沙棘产业现状及发展方向

孔东宁　傅建熙　张存莉　杨　武　李凤梅　杨晓松

摘要：本报告通过对各沙棘生产公司的基本情况的调查，各沙棘企业的生产情况、产品特点和产品使用的质量标准进行介绍，指出了存在的困难，针对我国沙棘企业发展的前景客观地指出，发展沙棘产业是振兴“三北”贫困山区农村经济的希望，是解决“三北”贫困山区“三农”问题的百年大计。针对我国沙棘资源开发利用的现状进行调查汇总，对我国沙棘产业的发展方向，在沙棘栽培和育种、沙棘无废弃物综合利用技术、促进规模化生产和支持研发和生产沙棘高新技术产品几个方面给出了很好的建议。

一、各沙棘生产公司的基本情况

2012 年 8～12 月在陕西、山西、甘肃、青海、辽宁、新疆和内蒙古共调研和考察了 9 个沙棘企业（陕西艾康沙棘制药有限公司、陕西全昌荣生物科技有限公司、山西吕梁野山坡食品有限责任公司、山西天维宝沙棘生物有限公司、甘肃绿盛堂生物制品有限公司、甘肃高原圣果沙棘开发有限公司、青海清华博众生物技术有限公司、青海康普生物科技股份有限公司、内蒙古宇航人高技术产业有限责任公司）的厂房设施、生产情况、产品特点、产品生产工艺和执行标准等。

1. 陕西艾康沙棘制药有限公司

其前身是原陕西省水利厅下属企业陕西省沙棘食品实验厂，1994 年后又引进外资，成立了陕西艾康沙棘制药有限公司。固定资产约 2000 万元。现有 CO_2 超临界萃取沙棘籽油、沙棘油口服液、沙棘油软胶囊和沙棘茶等生产线。生产的沙棘产品有：沙棘茶、沙棘籽油、沙棘果油、沙棘油软胶囊、沙棘果粉、沙棘黄酮粉、沙棘妇科抑菌凝胶等十几种产品。

2. 陕西全昌荣生物科技有限公司

其前身是原西北农林科技大学天然营养品厂（1988 年成立），2006 年经改制后成立以新产品、新技术研发为主的陕西全昌荣生物科技有限公司。固定资产约 1000 万元。现有沙棘黄酮粉生产线、口服液生产线、胶囊生产线、片剂生产线、蜂蜜生产线和化妆品生产线等。生产的沙棘产品有：沙棘黄酮粉、沙棘混合油、沙棘色素、沙棘蜡、沙棘小儿口服液等十几个产品。

3. 山西吕梁野山坡食品有限责任公司

建于2001年，固定资产约1300万元。公司以生产沙棘饮料为主，建有易拉罐、彩塑杯、玻璃瓶等果汁饮料生产线等，主要产品有沙棘原汁、沙棘种子、沙棘籽油、沙棘果油和野山坡全营养沙棘果汁。

4. 山西天维宝沙棘生物有限公司

成立于2008年，是由原山西华林沙棘食品厂部分改制而设立。固定资产约1500万元。有沙棘浓缩汁、沙棘汁饮料、罐头等生产线，主要生产沙棘浓缩汁、沙棘油、沙棘原汁、沙棘醋、沙棘酒、沙棘果酱、沙棘罐头等沙棘食品。

5. 甘肃绿盛堂生物制品有限公司

成立于2006年。固定资产160万元。有沙棘黄酮和沙棘浓缩汁生产线，主要生产沙棘总黄酮粉、沙棘粉、沙棘果油、沙棘果清汁、沙棘浓缩汁等产品。

6. 甘肃高原圣果沙棘开发有限公司

甘肃高原圣果沙棘开发有限公司是高原圣果沙棘制品有限公司2007年在甘肃投资成立的。总投资约2000万元。公司分别在甘肃华池县，山丹县，民乐县投资并建立了分公司，华池县主要生产沙棘源浆口服液，民乐县主要生产沙棘茶，山丹县主要生产沙棘饮料。

7. 青海清华博众生物技术有限公司

于2005年成立。注册资金3000万元。主要从事沙棘资源研究开发和深加工，建有超临界提取生产线、软胶囊生产线、饮料生产线、沙棘黄酮生产线等，生产的沙棘产品有沙棘油、沙棘油软胶囊、沙棘果汁、沙棘酒、沙棘天然维生素P等。

8. 青海康普生物科技股份有限公司

成立于2002年。投资近亿元。建有超临界提取生产线、沙棘果粉生产线、沙棘浓缩汁生产线、沙棘黄酮生产线等，主要生产沙棘果粉、沙棘籽油、沙棘果油、沙棘浓缩汁、沙棘总黄酮、沙棘多糖、沙棘原花青素、沙棘黄色素等产品。

9. 内蒙古宇航人高技术产业有限责任公司

成立于1995年。投资上亿元。建有超临界提取生产线、化妆品生产线、饮料生产线、沙棘黄酮生产线等，主要生产沙棘果粉、沙棘籽油、沙棘果油、沙棘原汁、沙棘黄酮、沙棘化妆品等产品。

二、各沙棘企业的生产情况、产品特点和产品使用的质量标准

根据我们对上述9个企业调研和考察情况看，大型企业虽然存在很多困难，但基本上都能维持生产，产品的销售网络也在开始慢慢建立；而小型沙棘企业的生产维艰，

有的面临倒闭。从全国的沙棘企业来看，由于宣传力度不够，人们对沙棘产品普遍缺乏了解和认识，所以沙棘产品的销路都不畅，在全国虽然各种沙棘产品的生产量还不大，但产品往往供大于求，因此，各公司的生产都远远达不到原先的设计能力。各个公司的利润差别也很大，从投资和回报率上讲，大部分企业收益还是比较小的。从现有沙棘产品特点上讲，虽然有个别沙棘企业自称研制出了几百个沙棘产品，但是从上市的产品上看，几乎所有的沙棘公司生产和销售的沙棘产品都是大同小异的，也都是全国绝大多数沙棘企业所重复生产的产品，最常见的沙棘产品是沙棘籽油、沙棘果油、沙棘饮料、沙棘浓缩汁和沙棘果粉，而且这些都是沙棘的初级加工产品。当然，也有一些的沙棘企业开始着眼于开发沙棘的高新技术产品和深加工产品，如沙棘黄酮、沙棘类胡萝卜素、沙棘色素、沙棘多糖、沙棘蜡和沙棘化妆品等。沙棘黄酮、沙棘类胡萝卜素、沙棘色素、沙棘多糖、沙棘蜡都是从沙棘里分离出的中间产品，如何将这些中间产品开发出人们需要的高科技的终端产品，从目前看，各有关企业还需要走很长一段的路，而且还需要扎扎实实地在研发上做一定的投入，需要扎扎实实地做一些基础工作。

由于沙棘的开发在前期投入的资金太少，深入研究不够，高新技术产品很少，加之宣传缺乏力度，没有引起人们应有的重视，所以沙棘目前在全国还没有形成一个大的产业。因此，沙棘产品在全国还没有统一的国家标准，为大家所共同采用的行业标准也很少，大部分沙棘产品都是各个公司自订的企业标准。

三、我国沙棘企业发展的前景

沙棘是我国的原产植物，自然分布在西北、西南、华北和东北广大山区，而且大部分分布在我国"三北"地区。我国的沙棘面积现在已达3000多万亩以上，约占世界总面积的94%以上，人工营造的沙棘林面积也在逐年增加，现已达140万公顷 以上。"世界的沙棘在亚洲，亚洲的沙棘在中国，中国的沙棘在三北"，所以沙棘是"三北"贫困山区的一笔巨大财富。将沙棘作为新型经济林、农作物，不但是防风治沙、水土保持的需要，也是"三北"农村产业结构调整的需要，是发展节水农业的需要，是增加农民收入的需要。随着我国经济的持续增长，对农产品的种类、质量和数量均提出了越来越高的要求，同时，农民增收的问题也是全面建设小康社会的关键，沙棘以其多种利用途径，多种效益可以在农村产业结构调整，增加农民收入等方面发挥作用。特别是在一些缺乏其他资源和生态条件较差地区，沙棘可以发挥更大的作用。

用沙棘可以发展哪些产业呢？根据我们的研究和实践，用沙棘可以发展制药工业、食品工业、饮料工业、轻工业、饲料工业等，更深层地说，一个沙棘产业的发展，还可以带动造纸业、包装、运输等产业的相应发展。沙棘树不高大，沙棘果很小，但是沙棘开发利用的潜在能量很大，不仅直接利用它可以发展多种产业，而且还可以带动一批相关产业的发展，所以沙棘产业是一个多门类的新兴产业。到目前为止，还没有发现世界上有哪种单一植物能像沙棘这样可以直接带动这么多的产业群发展。沙棘产业所用的主要原料是沙棘，它是一个用之不竭的再生性资源，生产的沙棘产品是治疗疾病、预防疾病、促进人们身体健康和长寿的产品，是人类永远都需要的产品，因此沙棘产业是一个长盛不衰的产业。综上所述可以看出，发展沙棘产业是振兴“三北”贫困山区农村经济的希望，是解决“三北”贫困山区“三农”问题的百年大计。

四、我国沙棘资源开发利用的现状

前面我们已经说过，我国的沙棘面积现在已达 200 多万公顷以上，约占世界总面积的 94% 以上。这是一个巨大的自然资源，如果对它保护、开发和利用合理，它就可以给我国农村带来巨大的财富。然而目前我们对沙棘开发利用的重视程度与这个资源的存贮量是很不相匹配的。相关省份对沙棘利用情况的调查结果如下。

1. 陕西省

陕西全省沙棘面积约 21.6 万公顷，天然沙棘林约 12.9 万公顷，人工沙棘林约 8.7 万公顷。每年挂果面积 14 万公顷左右，每年产鲜果 6.6 万吨以上，然而开发利用不到 1 万吨，利用率不到 15% 。

2. 山西省

山西全省沙棘面积约 29 万公顷，占全国沙棘面积的 21% ，每年产鲜果 30 万吨左右，占全国沙棘产量的 50% 。开发利用约为 3 万吨，利用率在 10% 左右。

3. 甘肃省

据统计，截至 2006 年全省现有沙棘林面积约 27.5 万公顷，年产沙棘果 3.7 万吨，而实际加工利用量约为 5000 吨，占可利用的 13.5% 左右。

4. 青海省

青海全省沙棘面积约 15.76 万公顷，天然沙棘林 4.6 万公顷，人工沙棘林 11.16 万公顷。每年挂果面积 5.3 万公顷，产鲜果 2.4 万吨，利用不到 1 万吨，约占可利用的 30% 左右。

5. 新疆维吾尔自治区

新疆沙棘资源总面积约 3 万公顷。截至 2009 年，全地区在阿勒泰等地区营造大果沙棘林约 10 万余亩，其中挂果面积现在已达 3 万余亩，年产鲜果可达 5000 余吨。但是新疆目前对沙棘的开发利用只是几个小厂进行小规模生产，大规模的开发利用仍只是在筹划中。

五、我国沙棘产业的发展方向

根据我们长期对国内外沙棘产业发展状况的了解，以及几个月来上述各企业的调查研究结果，对我国沙棘产业今后的发展方向特提出以下几点建议。

(一)在沙棘栽培和育种方面加大技术推广

1. 推广种植大果无刺沙棘

我国的沙棘品种 80% 以上是中国沙棘，果小而多刺，所以对它们开发利用的第一大困难是采摘，费工费时和难采摘，虽然现在也发明了几种沙棘果采摘工具，但在大多数情况下都不适用，所以目前沙棘仍然还是靠人工采摘。这次我们到新疆阿勒泰地区考察，他们种的大果沙棘不论用人工采摘或是用机械采摘都比较方便，可以克服采摘难的问题。因此，推广种植大果无刺沙棘，既可增加沙棘每亩产量，又可节省劳力和果实收获时间，降低原料成本。

2. 推广沙棘和农作物间作套种

沙棘不但耐干旱，同时具有固氮和改良土壤的功能。沙棘的固氮能力要比大豆高一倍多，据有关资料计算，一亩 5 年生的沙棘林每年可固氮 12 千克，相当于 25 千克尿素的含氮量。同时，沙棘通过死根和落叶的腐烂作用增加了土壤的有机质和肥力，起到了蓄积水分和改良土壤的作用。因此，推广沙棘和农作物间作套种是农林结合优势互补的最佳抉择，它不但可以防风固沙和水土保持，而且可以增加农作物的种植面积，增加粮食产量，增加农民收入。

3. 培育特种成分含量高的沙棘新品种

沙棘果中含有 190 多种营养成分，他们各自都有自己独特的营养保健功效。譬如说，沙棘黄酮对缺血性心脏病有优异的疗效，它能改善缺血性心肌血循环、增加心肌血流量、降低心肌耗氧量、提高耐氧能力、治疗心绞痛、降低血脂、防止血细胞凝聚等。而现有的沙棘果中黄酮含量非常低，如果选育出高黄酮含量的沙棘新品种，沙棘黄酮产量将会大大提高，这不但能降低沙棘黄酮生产成本，而且对于防治缺血性心脏病具有重大的意义。

(二)推广沙棘无废弃物综合利用技术

所谓沙棘无废弃物综合利用，就是在沙棘加工利用过程中，可以生产出一级产品、二级产品、直到最后的终端产品，沙棘的各种成分都得到了充分利用，其间没有任何废弃物排出，对环境不产生任何污染。现在我国大多数沙棘企业对沙棘的开发利用都是取其所需，其结果是企业产品单一、效益不高、资源浪费大、造成环境污染。如果沙棘企业都采用沙棘无废弃物综合利用技术，企业生产的产品品种增加、自然经济效益就会增加，由于没有废弃物排出，充分地利用了资源，自然也不会对环境造成污染。

(三)促进规模化生产

20 世纪 90 年代我国的沙棘产业开始慢慢起步，经过十几年的努力，到 20 世纪末，全国已有沙棘企业 200 多家，但是由于投资小，大多数企业都是手工式的作坊生产，规模小产量低、生产条件简陋、产品单一且卫生条件差、安全性差，所以产品难于销售，造成企业亏损、不断倒闭。到目前为止，全国沙棘专业生产厂家也只有几十家，而且营利能力差。因此，接受以往的教训，沙棘企业若要稳步发展和壮大就必须走规模化生产的道路，也只有规模化生产才能对沙棘进行综合利用，才能发挥出沙棘的资源优势。

（四）支持研发和生产沙棘的高新技术产品

沙棘产业要想生存下去，除了发展大路的饮料产品外，就必须研发和生产沙棘的高新技术产品。发展沙棘的高新技术产品我们认为主要有两条路：一是继续分离沙棘中的各种成分，并开发它们在医疗上、工农业生产上的新用途，延长和完善沙棘的产业链；二是研发沙棘的复方产品。虽然沙棘在某些方面具有很好的营养保健作用，但是它毕竟是一种单一的植物，应该说它的营养保健价值是有限的。它既然是一种药食两用的物质，就应该能同其他中草药配伍发展出营养保健效果更好的高新技术产品，所以发展沙棘的高新技术产品也要放开思路、不拘一格地拓宽自己的发展空间，只有这样，沙棘企业和沙棘产品才有广阔的发展前景。

第五部分 市场研究篇

中国林业企业“走出去”战略和海外市场开发战略的实施，是我国打造木材安全、开发海外资源和林产品市场全球化的必然发展。但是在我国林业企业“走出去”的过程中遇到很多政策、文化和现实的问题；同时，在林产品全球化的今天，我国林业企业也面临着很多林产品贸易壁垒。我们将如何面对这些市场问题，如何进行化解，本篇将以案例的形式对此进行解读。

国家森林标志产品追溯体系建设

陈圣林　孙致甜　罗仲平　沈家弘

摘要：随着欧美国家对森林标志产品体系认证的要求越来越高，作为林产品贸易大国，建立起具有中国特色的森林标志产品体系追溯系统，成为维系中国林产品贸易市场、提升我国林产品品牌价值以及保护我国林产品企业合法权益的必要条件。产品质量追溯系统的建设与被追溯产品生产过程特性相关，不同特性类别产品的追溯系统其关键数据的采集方法及系统建设方案各不相同，森林产品生产过程有其自身特点，因此森林产品追溯系统必须适应和满足森林产品生产过程特殊要求。

1　体系概况

1.1　系统概况

国际上，随着全球的森林问题日益严重，森林资源在森林面积和森林生态多样性上呈现了下降趋势。为了挽救森林、保护地球，欧美消费者开始首先拒绝使用没有合法来源的森林产品，一些西方发达国家分别建立森林标志产品评价体系，运用市场手段加强流通体系的管理，这是国际趋势。

我国是林产品贸易大国，林产品主要出口美国、欧盟和日本等国家和地区。随着这些国家对森林标志产品体系认证的要求越来越高，建立起具有中国特色的森林标志产品体系追溯系统，成为维系中国林产品贸易市场、提升我国林产品品牌价值以及保护我国林产品企业合法权益的必要条件。同时还能确保我国林业产业与国际市场接轨，彰显我国国际市场地位。

1.2　森林产品生产流程

产品质量追溯系统建设方案与被追溯产品生产过程特性相关，不同特性类别产品的追溯系统其关键数据的采集方法及系统建设方案各不相同。森林产品生产过程有其自身特点，因此森林产品追溯系统必须适应和满足森林产品生产过程特殊要求。以产品生产过程特性为依据，可将森林产品分为初始林产品和加工林产品，在自然环境中经过种植生产获得的森林产品称为初始林产品，如鲜果、干果等，初始林产品生产周期长，受自然条件因素影响大，从业人员科技文化素质相对较低，生产信息采集受到现实条件制约；将初始林产品经过工厂化加工而获得的森林产品称为加工林产品，如食用油、果汁等，加工林产品生产周期短，生产过程相对规范，从业人员科技文化素质较高，信息采集条件较好。以下按照初始林产品和加工林产品分别描述其生产流程。

1.2.1　初始林产品生产流程

初始林产品生产流程如图1所示。

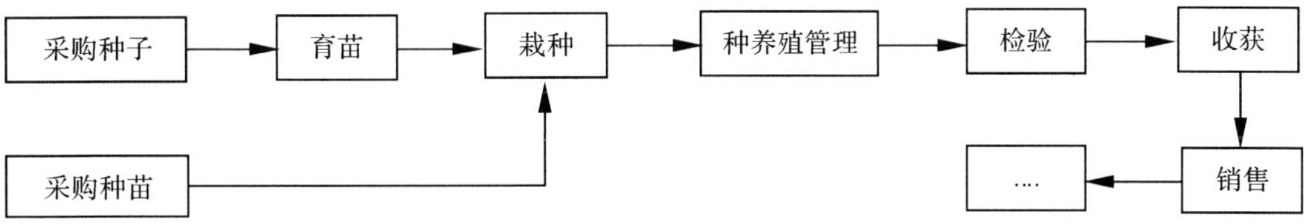

图1　初始林产品生产流程

说明：

(1)种植开始时，部分林产品采用撒种播种，部分需先育苗后分秧栽种。种子或种苗可能自己提供，也可能采购。外采的种子、种苗要求有生产销售许可证、产品合格证。

(2)栽种时以地块或大棚为单位进行，生产活动主要由农业生产合作社组织，生产过程主要由农户负责。

(3)种养殖管理内容包括一系列农事活动，如施药、施肥、除草等。这一过程一般周期较长，农事活动可能多次重复。所用农药和化肥要求有生产许可证和产品合格证。施肥、施药必须遵循国家、行业标准和管理制度。

(4)收获前需要进行农药残留检验和重金属超标检验，检验合格方可收获，进入市场。

(5)产品品质与种养殖自然环境条件和质量(如空气、水源、土壤)密切相关，与人工施肥、施药密切相关。

(6)初始林产品一般经过简单包装后直接销售，包装方式包括筐、篓、箱等。初始林产品可能被直接消费，也可能成为加工林产品的加工原料。

1.2.2　加工林产品生产流程

加工林产品生产流程如图2所示。

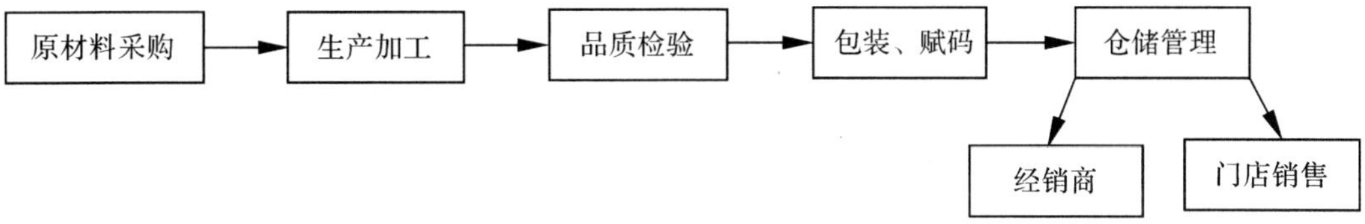

图2　加工林产品生产流程

说明：

(1)采购初始林产品及其他辅料进行深加工，获得加工林产品。

(2)生产一般按照生产线为单位组织，生产过程由车间和生产班组负责。

(3)原材料及辅料均需进行品质检验，检验合格的方可投入生产。

(4)生产过程按照国家或行业标准进行生产工艺过程控制和产品质量管理。

(5)产成品需进行质量检验，检验合格方可出厂。

(6)加工林产品均采用规范的包装形式和材料对产品进行包装，包装分内包装、外包装等层级，如瓶(盒)、箱等。

(7)为实现产品追溯，一般在包装上进行编码，在存储、运输、销售等环节按照编码对产品进行管理，并将生产、存储、运输、销售等环节的相关信息与编码进行关联。

(8)销售时，可能采取直销，也可能采取经销。

1.3 初级林产品追溯需求

以生产过程为依据，可归纳出初级林产品追溯系统基本需求(表1)。

表1 初级林产品追溯系统组成及其功能

功能模块	子功能模块	功能说明
基础资料管理	种植场信息管理	对种植场的基本信息进行管理，如地域、总面积、海拔高度、土壤条件、水源、温湿度等，提供信息的添加、修改、删除、预览等功能
	人员信息管理	对种植场工作人员的基本信息进行设置，如用户名、密码、权限等，提供信息的添加、修改、删除、预览等功能
	大棚信息管理	主要管理大棚的编号、名称、面积等信息
	地块信息管理	主要管理地块名称、编号、位置、面积等信息
	作物品类管理	对林作物品种的基本信息进行管理，如名称、类别、基本属性等，提供信息的添加、修改、删除、预览等功能
农资管理	种子管理	按种子品种进行入库、出库台账登记，包括规格、数量、价格、生产批号、供应商等；实现对库存信息的分类统计和查询
	农药管理	按农药品种进行入库、出库台账登记，包括规格、数量、价格、生产批号、供应商等；实现对农药库存信息的分类统计和查询
农资管理	兽药管理	按兽药品种进行入库、出库台账登记，包括规格、数量、价格、生产批号、供应商等；实现对兽药库存信息的分类统计和查询
农资管理	化肥出库管理	按化肥品种进行入库、出库台账登记，包括规格、数量、价格、生产批号等。实现对化肥库存信息的分类统计和查询
供应商管理		实现对各类供应商的管理，含：种子、种苗商，农药、兽药、肥料等供应商，管理内容含厂名、厂址、责任人、主要产品、企业资质等
生产过程管理	地块信息记录	对生产所用地块信息进行记录

（续）

功能模块	子功能模块	功能说明
生产过程管理	批次信息记录	以某一批次建生产档案，保留生产过程的记录信息，为系统的其它模块提供数据服务
	施肥信息管理	对生长过程中的施肥情况做信息记录
	施药信息管理	对生长过程中的施药情况做信息记录
	病害信息管理	对生长过程中发生的病害及治理做信息记录
	虫害信息管理	对生长过程中发生的虫害及治理做信息记录
	其它农事信息	对浇水、剪枝、嫁接等其它农事做信息记录
生产过程监理		依据国家或行业生产管理制度规定，对生产过程的制度执行情况进行监理、审计，对制度规定必须按时、按量完成的工作进行确认，完成的则通过，未完成的不予通过
检验管理	农残检测	记录林产品农药残留或兽药残留检验结果，检验合格的，允许销售；不合格的不允许上市；留存检验报告电子版
编码管理		对收获林产品以包装物为单位进行能够编码，与生产地块和农户关联
销售管理		记录产品销售去向，包括地点、数量、销售对象

1.4 加工林产品追溯需求

加工林产品追溯系统功能需求与初级林产品追溯系统功能需求有较大不同，加工林产品生产过程在工厂化环境中完成，其功能需求(表2)。

表2 加工林产品追溯系统组成及其功能

功能模块	子功能模块	功能说明
基础信息管理	生产线信息管理	对生产线的基本信息进行设置，包括功能、性能、标准、生产线序号等
	班级信息管理	对班组人员的基本信息进行设置，包括成员、负责人、生产技能状况等
	库房信息管理	对库房的名称、容积、库位数量、库位位置和编号等基本信息进行设置
	产品信息管理	对产品信息管理，包括产品品种、规格、成分含量、生产标准、交易条码等
供应商管理		实现对各类供应商的管理，含：主要材料种子、种苗商、农药、兽药、肥料等供应商，管理内容含厂名、厂址、责任人、主要产品、企业资质等
采购管理		主要记录购进的初始农产品数量、规格、生产批号、价格等信息；通过生产批号能关联到产品生产农户信息、生长过程信息等
订单管理	订单录入、查询、修改、删除	生成、导入、编辑生产订单；执行订单
		支持订单状态、订单号等查询
赋码管理	生成标签或数据	在线生成盒标、箱标、托标等；或赋码数据
	在线产品赋码和数据对应	主要完成盒、箱 、托赋码和箱、盒、托数据关联
赋码管理	异常容错处理	当赋码不成功时能对赋码错误产品进行剔除，确保箱、盒、托关联关系建立正确
	标识替换	已建立筐盒关系的标签损坏时，通过补打相同数码标签，实现替换

（续）

功能模块	子功能模块	功能说明
生产数据统计	生产数量统计	对生产数量进行统计
	订单数量统计	对订单数量进行统计
数据同步	数据上传	支持离线生产，批量上传至服务器
	数据下载	支持生产订单信息的远程下载，但需要订单系统提供接口
仓储管理		实现入库、出库产品自动扫描和登记；分类统计和产品先进先出控制；产品临近保质期报警
销售管理		记录产品销售去向和物流运输过程

1.5 追溯系统平台功能需求

追溯系统平台是后台服务系统，包括用户权限管理；所有静态信息的管理及功能提供(如地块信息、生产线信息、产品信息、班组信息、经销商信息及管理)；接收、存储上传的动态生产数据信息；提供追溯查询支持等功能需求(表3)。

表3 追溯系统平台组成及其功能

功能模块	子功能模块	功能说明
基础信息管理	养殖场管理	管理养殖场信息，包括养殖场增加、修改、删除、查询等
	种植场管理	管理种植场信息，包括养殖场增加、修改、删除、查询等
	用户权限管理	主要管理用户信息及权限分配管理
	产品信息管理	实现产品信息管理，包括初始农产品和加工农产品
跟踪管理	产品流向跟踪	主要跟踪一批产品从上游至下游的流向，为产品召回提供可靠的信息
追溯管理	信息追溯查询	主要追溯产品从下游至上游的过程及位置，能够准确、快速的定位产品出问题的环节
数据统计	对各养殖场/种植场生产统计	对生产数量进行统计
数据同步	数据导出	导出信息给企业ERP

2 需求分析

2.1 追溯系统目标

2.1.1 功能内涵

森林产品质量追溯系统的基本目标是具备可追溯性，所谓可追溯性是指在森林标志产品生产、加工及销售的各个环节中对产品组成成分和因素的所有物质和条件的追溯或跟踪能力，其目的是在出现产品质量问题时，能够快速有效地检索到出问题的原料物质或加工环节，必要时进行产品召回，由此提高产品供应质量水平。

为实现可召回必须建立必备的信息基础，即在确认质量安全问题关键点以后，能够从该关键点开始自上而下有效跟踪与问题批次产品相关联产品的流向。由于既要实现追溯又要满足召回，因此追溯系统应包括跟踪和追溯两个方面的功能：

(1)跟踪是指从供应链的上游至下游，跟随一个特定的单元或一批产品运行路径的能力。

(2)追溯是指从供应链下游至上游识别一个特定的单元或一批产品来源的能力，既通过标识记录的方法回溯某个产品实体组成、生产过程、环境和位置的能力。

2.1.2 边界和目标

产品质量安全追溯系统须考虑追溯的广度和深度，既能覆盖完整的产业链，又能追溯到某一产品的具体生产环节和生产用料。

追溯系统实现的目标可以概括为“生产有记录、信息可查询、去向可跟踪、来源可追溯、问题可定位、产品可召回、责任可追究”的全程追踪追溯。

2.2 系统建设基本方法

森林产品质量安全追溯系统建设的基本方法是：以产品生产管理最小单元(一个生产地块、一个包装产品)为基本对象；以生产档案、追踪线索和对象等追溯关键信息为主要内容；以追溯信息(生产企业、产品名称、生产地块、规格等)编码化管理为技术方法；以二维码标签为信息载体和表现形式；以网络和智能手机为市场服务通道。

2.3 关键信息采集点的确定

关键信息的采集是实现有效追溯的重要前提，本系统的关键信息采集点如下：

在森林产品种植环节，林业投入品的采购与管理关系到违禁农业投入品投入使用，将林业投入品仓库确认为信息采集关键点。

农药的使用量和安全间隔期关系到农药残留，有些肥料品种使用过多会引起有害重金属残留超标，将施肥、喷药作为信息采集关键点。

在采收分级环节，农药安全间隔期与最后一次喷药时间是否对应关系到农药残留，采收与分级产品数量是否对应关系到不符合要求的果品混入追溯，将采收分级环节作为信息采集关键点。

在加工包装环节，产品数量与质量追溯标签的数量是否一致关系，将加工包装环节作为信息采集关键点。

在销售环节，销售产品入出库数量与质量追溯标签的数量关系到不符合要求的果品混入追溯，将销售环节作为信息采集关键点。

2.4 编码化管理

对管理对象进行编码化管理是实现追溯的有效手段，本系统进行编码化管理的要点如下：以地块为追溯单元，以地块编码为线索追踪农户从种植到采收环节的责任，地块编码与地块农户编码建立对应关系；以地块编码为线索追踪分级包装人员从分级到包装环节的责任；以入库编码为线索追踪农业投入品从采购到田间使用或从采购到加工包装的去向，进而追踪追究相关责任人的责任；以质量追溯条码为线索跟踪产品从包装到消费者消费的信息流向，从而追踪相应的责任人。

2.5 投入品管理使用制度监理

农药、肥料、食品添加剂等是影响产品质量的最关键因素，必须作为一项重点的生产管理制度进行监理。

首先，保证农业投入品的来源渠道正规，保证不采购违禁农业投入品。农业投入品的采购、入库、出库、数量实现可记录，记录的关键信息包括投入品的名称、生产厂家、销售单位、技术规格、数量、采购员、管理员、入库编码等。

农业投入品的领取要有责任人签字的领取单，领取单的内容要包含农业投入品的名称、数量、使用的地块编码。

如果出现质量安全问题而追溯产品生产、加工包装和销售运输环节均无违规现象，则责任可追究到农业投入品销售单位、生产厂家。

2.6 生产业务制度执行情况监理

生产业务制度执行情况监理包括：农药施用剂量、浓度等必须符合制度规定；采摘时，采摘时间必须在施药安全期以后等。

3 业务模型及架构方案

3.1 总体思路

在当下，产品质量追溯系统建设呈现这样一种趋势：首先，横向上产品系列不断丰富，由单一品种产业链到多品种产业链方向逐步发展；其次，纵向上产业链逐渐延伸，追溯面不断向上游和下游扩展。另一方面，从政府导向和市场需求趋势发展来看，必须实现追溯至某一单品，而不是某一个生产批次。

在上述趋势条件下，实现全产业链追溯需解决以下四个问题：①横向上系统通过简单方法适当扩展，即可适用于对新产业链的管理覆盖，实现程序代码的功用共享。②纵向上须抽象出一种管理模型，能适用于同一产业链不同结点的工作任务，以及不同产业链不同结点的工作任务，以实现信息管理的规范统一，提升系统实现的技术可行性。③实现的目标在不同的阶段具有不同要求，在当前能实现追溯到批次，在将来能实现追溯到个体(件)。但是在当前实现追溯到批次的目标下，必须为将来追溯到个体创造条件，打好基础。当需要从追溯到批发展为追溯到个体时，能平滑过渡，不需要修改程序代码，不需要调整数据结构，更不需要重新整理和建立历史数据。④系统必须兼容初级林产品和加工林产品两种不同生产形式和场景的追溯需求。

鉴于以上考虑，总体思路如下：①整个追溯系统分为追溯信息建立、追溯信息查询、追溯信息挖掘应用以及生产过程制度性控制等四个子系统。生产过程制度控制子系统隐含在追溯信息建立子系统中。②追溯信息建立子系统分为若干个分系统，每一个产业链为一个相对独立的追溯信息建立分系统，每一个分系统具有完整的系统功能，共享程序代码，但数据相对独立。③每一个产业链以作业场地和责任主体的流转为依据，划分为若干个结点，每一个节点成为其分系统中的一个信息管理模块。④处在产业链不同位置结点的信息管理模块，结构基本相同，具有一般性和可复制性，能应对不同产业链和不同结点业务模型需求。⑤生产过程信息记录和生产过程业务制度性控制并举，既满足产品质量追溯要求，又实现生产过程制度化管理和控制。⑥程序代码和数据结构既能满足追溯到批次的现实要求，又能适应追溯到个体的发展要求，打好基础，埋下伏笔，可随时转换。

3.2　系统组成与模块结构

3.2.1　系统组成

产品质量安全追溯系统由追溯信息建立子系统、查询子系统和数据挖掘子系统组成，三个子系统分别实现追溯信息采集与存储、追溯查询服务响应和海量追溯数据挖掘分析与利用，其总体组成与结构如图 3 所示。

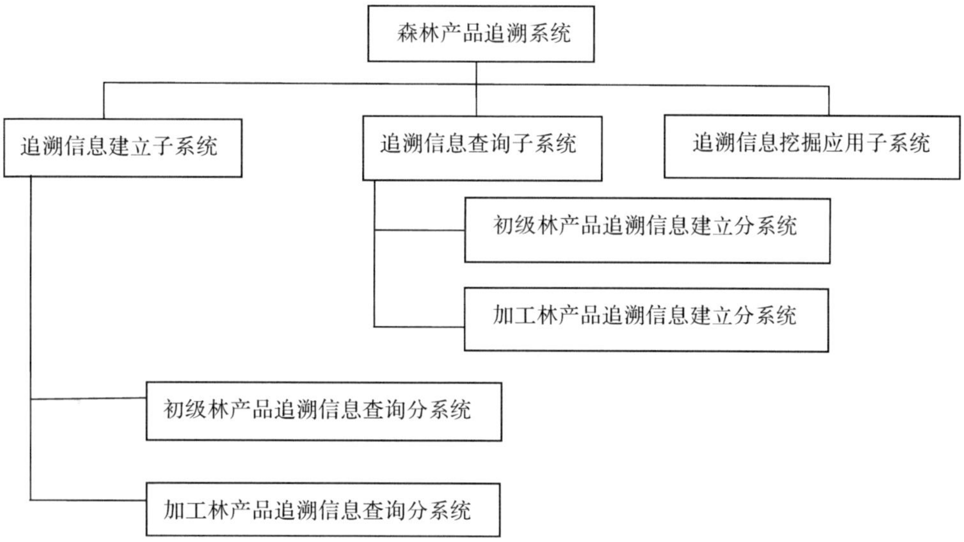

图 3　产品质量安全追溯系统组成

3.2.2　结点模块结构

在森林产品质量安全追溯系统中，结点模块是对不同产业链和相同产业链中处于不同上下游位置工作结点基本属性的抽象，是系统功能的基本组成单位。其组成和功能见表 4。

表 4　结点模块组成及其功能

生产计划信息	生产批号、生产数量、生产单位
生产环境信息	场地面积、设备设施、卫生环境
生产业务制度	时间、工作内容、要求
生产原料信息	来源：内部流转/收购 主要原材料名称、单位、数量、生产单位、批号、数码

（续）

生产过程信息	生产过程内容、时间、对象、执行人、用材、用量
生产成果信息	产量、损耗
制度审计信息	合格、不合格
产品检验信息	检验检疫内容时间、执行人、结果、检验证书编号
包装信息	包装关系数据
存储信息	入库过程信息、出库过程信息
销售（流转）信息	销售/流转对象、数量、价格、产品编码

说明：

（1）每一个结点模块信息元素分为生产计划信息、生产环境信息、生产业务制度、生产原料信息、生产原料检验信息、生产过程信息、生产结果信息、业务制度监理审计信息、产品检验检疫信息、包装信息、存储信息和销售（流转）信息十二大信息版块，分别记录生产活动中不同方面的信息。

每一个产业链中每一个结点模块中的信息板块组成是相同的，以满足不同结点的不同的功能组合需求，信息栏目相对较全。但并不是每一个信息版块一定都需要填写，是否填写取决于业务过程是否存在这样的信息，如果不存在则可以空缺，不填写。例如禽类饲养过程，长成出栏时产品无包装，包装栏则可空缺。

由于结点模块程序代码需被不同单位和部门所共享，因此系统应具有记忆功能，记忆不同用户使用时的场景数据，当某一个用户再次登录时可以恢复该用户上次退出时的运行环境。

（2）生产计划信息是生产指令信息，来源于企业ERP，可从ERP导入，也可人工输入。生产计划信息内容包括生产批号、产品名称、生产数量、生产责任单位等。对于一个单位或部门，生产计划可有一至多个，可增加或删除，但正在被执行的生产计划只能有一个，正在被执行的生产计划不能被删除，如果需要删除正在执行的生产计划，必须先终止对该生产计划的执行。

（3）生产环境信息含静态的环境信息和动态的环境信息。静态的环境信息是相对固定的信息，包括场地面积、设备设施、卫生条件等，一旦录入一般不改变。每一个静态生产环境均有自己的编码。动态的环境信息是对环境的使用信息，在动态环境信息中，将某次生产活动的计划信息（如批号）与某静态环境的编码进行关联，表示完成本次生产活动所使用的场地。

（4）生产业务制度是在生产过程中必须执行的必不可少的操作内容、方法、步骤等规范和约定，如国家、行业主管部门以及企业自身制定的标准、办法和要求等，例如定期疫苗接种、检验，多少天需要转群等。该制度信息是进行生产过程监理审计的依据。生产业务制度可包含一至多项规定，每一项规定占用一个信息行。生产业务制度含静态的制度信息和动态的制度执行过程信息。每一个生产业务制度均有一个编码，在生产过程中，制度的执行结果被记录在生产过程记录表中，记录时将生产计划信息与该编码关联。同一个生产过程可执行多个制度。

（5）生产原料信息包括主材和辅材信息，主材为生产主要材料，如种子等，辅材是辅助材料，如农药、化肥等。主材和辅材可以有多种，每一种材料登记一行信息。原材料来源包括收购和领取等形式。

(6)生产原料检疫检验信息是对原材料的质量检测信息。检验结果分为“合格”和“不合格”，不合格原料需登记处理办法，如销毁等。每一种原料一个检验信息，占用一个信息行。

(7)生产过程信息是生产过程中所做主要工作的记录，伴随整个生产过程，如栽种、除草、施肥等，每一项工作登录一行信息。生产过程中系统可根据生产业务制度中对有关工作的时间节点安排对生产工作内容进行提示，引导工作过程。生产业务制度是否被完整执行，会影响后续监理审计结论。如果生产业务制度的每一项规定均被安排并执行，则监理审计合格，否则不合格。

(8)生产成果信息记录本次生产结果。生产成果包括一次性成果和持续性成果两种形式，一次性成果包括农作物收割等，持续性成果包括禽类下蛋等。一次性成果记录一行信息，持续性成果记录多行信息。

(9)制度监理审计信息记录对生产业务制度执行情况的审计结论，结论包括“通过”和“不通过”。如果审计结果为“通过”，则后续操作可正常进行，若审计结果为“不通过”，则无法进行后续操作，如入库、销售等。通过审计功能对生产过程的完整、正确和规范性进行行为控制，用以保证生产业务制度的有效执行。

(10)生产成果检验信息记录对产品的最终检验结果。结果信息包括合格产品数量和不合格产品数量，以及不合格产品处理方法等。

(11)包装信息记录每一个包装载体编码，以及大小包装载体的包装对应关系。

(12)存储信息记录产品出入库信息。

(13)销售(流转)信息记录生产成果转入下一环节的情况，或生产终结进行销售，或转入下一个生产环节，均记录流转的对象、数量和价值。

3.2.3 结点模块原型设计

结点原型设计见表5。

表5 结点原型设计

生产计划信息	生产批号、生产数量、生产单位
生产环境信息	场地面积、设备设施、卫生环境
生产业务制度	时间、工作内容、要求
生产原料信息	来源：内部流转/收购 主要原材料名称、单位、数量、生产单位、批号、数码
原料检验信息	主要原材料合格数量、不合格数量、不合格处理方法
生产过程信息	生产过程内容、时间、对象、执行人、用材、用量
生产成果信息	产量、损耗
制度审计信息	合格、不合格
产品检验信息	检验检疫内容、时间、执行人、结果、检验证书编号
包装信息	包装关系数据
存储信息	入库过程信息、出库过程信息
销售(流转)信息	销售/流转对象、数量、价格、产品编码

内容说明：

3.2.3.1　生产计划信息

数据项：生产批号、生产单位、生产内容、生产数量、生产日期。

操作按钮：从ERP导入、手动创建、编辑、存盘。

3.2.3.2　生产环境信息

数据项：编号、名称、详情。

操作按钮：选择、绑定、存盘。

说明：生产环境数据来源于基本信息表，其基本信息在基本信息建立过程中已建立，本处仅选择并绑定。

基本信息内容包括：编号、名称、地址、位置坐标(经度、维度)、海拔高度、面积、土质、水质、空气质量、生产设备设施。

"详情"为热键，当鼠标在热区范围时显示详情内容。

3.2.3.3　生产业务制度

数据项：编号、名称、事项名称、事项内容、规定时间、完成时间、审计结果。

操作按钮：选择、导入、存盘、审计。

说明：生产业务制度数据项中的事项名称、事项内容、规定时间三项来源于基本信息表，其基本信息在基本信息表的建立过程中已建立，本处仅选择并导入，有多少条规章则导入多少条记录。规定时间数据项由原时间间隔依据生产计划转换为本次执行的具体日期。

完成时间数据项由操作员在实施后激活"完成"按钮自动填入。

审计结果数据项由操作员激活"审计"按钮由程序判别后自动填写。

3.2.3.4　生产原料信息

数据项：原料名称、批号、数量、来源类型(收购/领取)、经办人、送货人信息(送货单号、车牌号、驾驶员)。

操作按钮：增加、编辑、存盘。

说明：原料名称在生产本产品所需的原料清单中选取。批号、数量、来源(收购/领取)、送货人(送货单号、车牌号、驾驶员)数据项由人工录入，经办人数据项在经办人清单中选取。

3.2.3.5　原料检验信息

数据项：原料名称、原料批号、检验结果(合格数量、不合格数量)、检验员、检验报告编号、检验报告影印、不合格品处理方法。

操作按钮：增加、编辑、存盘。

说明：原料名称、检验员、不合格品处理方法数据项在清单中选取，检验报告影印数据项由人工导入，其它数据项由人工填写。

3.2.3.6　生产过程信息

数据项：工作内容、处理对象、辅材名称、数量、计量标准；执行人、执行时间、确认执行。

操作按钮：确认执行、导入生产制度、删除生产制度、审计执行情况。

说明：生产过程信息来源包括两类，一类为通过生产业务制度信息导入，此为必做的工作，另一类为自定义工作，需人工增加。

“工作内容、处理对象、辅材名称、数量、计量标准”数据项由生产制度信息表导入，可有多行；“执行人、执行时间”数据项通过选择框选择确定，其行数与“工作内容”等一致。

“确认执行”按钮可有多行，其行数与“工作内容”等一致。本按钮仅质检员有操作权限，其它人员不能操作。

“导入生产制度”按钮可导入一个制度，也可导入多个制度；一个制度可以被导入一次到多次，多次导入时，后导入的数据覆盖先导入的数据，同一个制度只保留一组有效数据。

“审计执行情况”按钮完成对制度执行的审计，审计合格时下游工作按钮有效，可进行下一步工作；否则下游工作按钮无效，不能进入下一步工作。

3.2.3.7 制度审计信息

数据项：应审计项数、已审计项数、审计合格项数。

操作按钮：审计、激活下游按钮。

说明：“审计”按钮完成对生产业务制度约定工作的审计，方法为逐项(逐行)对导入的制度项进行已完成核对，标注已完成的，该项审计通过，并在生产过程信息中标注“审计执行情况”数据项为审计通过；未标注完成的不予通过。本按钮仅能由质检员操作，其它人员不能操作。

3.2.3.8 生产成果信息

数据项：产品名称、计量单位、产量。

操作按钮：增加、删除、编辑、存盘。

说明：生产成果信息可有多行，同一个产品占用一行，且仅占一行。“产品名称、计量单位”数据项在产品名称基本数据表中选取，“产量”数据项由人工填写。

3.2.3.9 产品检验信息

数据项：被检产品名称、检验检疫内容、检验时间、检验结果、执行人、检验报告编号、检验报告影印；不合格品处理方法。

操作按钮：增加、删除、编辑、存盘。

说明：每一个品种产品占用一个信息行，且仅占用一个信息行；不同产品占用不同信息行。“不合格品处理方法”数据项在方法列表信息库中选取。

3.2.3.10 包装信息

数据项：包装层级、包装规格；箱盒关系文件、箱盒关系数据(表)。

操作按钮：增加、删除、编辑、存盘、箱盒互查。

说明：包装层级可有多种，如2级、3级等，不同的产品可用不同的层级约定，但某一个产品的包装层级一旦约定，一般不改变，否则会影响追溯查询结果。如果需要改变，可以定义为一个新产品，其名称与原产品相同，但是产品内部编号定义为新编号。

包装规格同上。

“箱盒关系文件”是生产本批产品时，在包装过层中生成的大小包装物的编码关系文件，此处显示文件名称。当指定别的批号时，显示与指定批号相关联的文件名称。

“箱盒关系数据”数据项是存储在数据库表中的箱盒关系数据明细。

“箱盒互查”操作实现依据盒码查询所在箱的箱码和依据箱码查询箱内盒码的功能。

3.2.3.11 存储信息

数据项：库房编号、库房名称、库房条件状况、出入库产品名称、批号、时间、库位、数量、执行人。

操作按钮：增加、删除、编辑、存盘。

说明：“库房编号、名称、条件设施状况”数据项在基本信息库中选取确定，选取库房编号后名称及条件设施状况同时选取。“出入库产品批号”数据项在已有产品批号列表中选取，默认值为当前生产产品的批号。出库顺序默认原则为“先进先出”，即出库时对库存产品按照入库时间进行排列，先入库在前，后入库在后，先入库的产品未出库时，排列在后的产品无法出库。

3.2.3.12 销售(流转)信息

数据项：销售/流转；销售对象、产品名称、数量、单位、价格、产品编码。

操作按钮：增加、删除、编辑、存盘。

说明：“销售/流转”为选择项，或者为销售，或者为流转。销售为对外销货行为，有资金结算；流转为内部工序转换，从上游工序转到下游工序，无资金结算。

“销售对象”数据项主要为经销商和零售商，在基础信息经销商列表中选取，不能人工输入。

“产品名称”数据项在基础信息产品名称列表中选取，不能人工输入。选择了产品名称后，其“单位”数据项也跟随选取确定完成。

“数量、价格”数据项由人工输入。

“产品编码”由系统自动分配或者人工扫描采集。对于在生产过程中没有赋码的产品，系统自动分配产品编码，分配的数量与产品数量一致；如果在生产过程中已经赋码，则需采集数码。

3.3 操作与使用

3.3.1 使用角色

系统使用角色包括三类：某产业链中某结点生产信息管理员、检验检疫信息管理员和企业超级管理员。

产业链某结点的生产信息管理员可以使用本结点程序模块中的生产过程信息录入、查询功能和检验检疫查询功能。

检验检疫信息管理员可以使用本结点程序模块中的检验检疫信息录入、查询功能和生产过程信息查询功能。包括信息录入、查询等。某结点信息管理员只能登录使用本结点功能，不能登录使用其它结点的功能。

企业超级管理员具有系统使用的最高权限，如具有生产信息管理员和检验检疫信息管理员的双重权限，可以登录使用所有产业链、所有结点的功能，除此以外，具有对以上两种人员的注册分配管理职能，以及公共基础数据的建立审核职责。

每一种角色可以分配多个账号和密码，分别由多个人使用。

任何一种角色使用系统以后均会留下使用记录，包括使用者和使用时间，可回溯查询。

3.3.2 使用方法

生产过程信息管理员和检验检疫信息管理员需选择指定产业链及生产结点(单位、部门)信息，如生猪产业链、屠宰结点，同时输入超级管理员分配的注册名和密码，即可进入系统。

超级管理员仅需输入注册名和密码，即可进入系统。进入以后可选择不同产业链和结点进行操作，或者进行公共基础信息的录入编辑和审核等。

3.4 数据结构

在同一个数据库中，每一个产业链配置一组完整的数据表，多个产业链配置多组数据表，每组表结构相同。

同一个产业链中的一组表，由 12 个主表和若干辅表组成。每一个主表负责存贮不同结点中不同信息版块信息的保存和记录。每一个主表的表结构不一定相同，其结构以其所存储表示的信息版块内容中的数据项多少、数据类型和长度决定。

同一次生产活动的不同版块信息，通过生产批号产生关联，形成完整信息整体。

同一个结点的生产活动若有不同的责任主体承担，则通过批号和生产责任单位区分。如生猪屠宰，若有多个屠宰厂，则通过厂名和代码加以区分和鉴别。

每一个主表包括生产批号、上游生产批号、生产单位、生产日期、产品编码、上游产品编码等关键数据项。

被生产的产品的生产过程信息，依据其普遍性和特殊性，被分为普通类信息和特殊类信息。普通类信息按批次管理和存储，特殊类信息按批次加个体编码管理和存储。普通类信息是按批次(饲养场)生产时每一个个体拥有的共同信息，如集体疫苗等；特殊信息是某一个个体所独有的信息，其它个体没有，如生病治疗信息等。

采用这样的结构，既能满足按批次生产时对产品追溯的需要，也能满足按个体(件)生产时对产品追溯的需要。当满足按批次追溯时，可适度节省存储空间，当满足按个体追溯时，能实现对每一个个体信息的独立完整记录。可实现两种追溯要求的平滑过渡，随时实现转换。

3.5 基础信息

基础信息是系统相对稳定不变的底层信息，如产品信息、生产环境信息、生产者信息、系统操作使用者信息等。这些信息由系统统一建设和建立，一般不改变。

基础信息表包括：用户信息表、使用登记表、生产环境信息表、产品信息表、生产业务制度表、专卖店信息表、供应商信息表、生产主材料信息表、生产辅助材料信息表等。

3.6 面临问题的解决办法

3.6.1 覆盖未来产业链问题

未来新增产业链，不需要另行开发系统，只需在数据库中新增加一组数据表，通过共享执行代码即可实现系统对新产业链管理范围的覆盖。如果延长产业链，只需在该产业链上增加一个结点即可，不需调整数据库，也不需要维护代码。

3.6.2 关于生产过程业务制度规范的监理执行和审计

根据国家有关部委“全国追溯体系建设规范(试行)”的要求，追溯系统应实现“过程有记录、信息可查询、去向可跟踪、来源可追溯、责任可追究”，其中未对生产过程业务制度规范的监理执行作专门要求。但依据企业要求，可在追溯系统中合并实现这一功能。

具体实现方法在前面已有部分描述，在此综合归纳如下：

(1)建立生产业务制度信息库，存储生产业务制度。信息库由多个表组成，每个表存储一个制度，每行是一个制度项，约定应做的工作和工作实施的时间节点。

(2)生产业务过程与生产业务制度信息库相关联，并将生产业务制度信息导入生产业务过程记录表，作为生产过程活动指引内容的重要来源，如什么时间注射疫苗等。导入时，将生产业务制度中关于实施工作的时间间隔信息，依据生产活动的起始时间转换为具体日期，以方便监理执行。

(3)每次进入系统生产过程环节时，系统自动根据机器系统的当前日期与导入的工作指引信息进行比对，对当天应该进行的工作进行提示。同时具备对下一步工作的内容和实施日期进行预先提示的功能。

(4)对应做且已做的工作，通过“确认”按钮加以确认，表示某项工作已实施完成。确认时间为系统当前时间，不允许人工输入，以保证客观性。

(5)激活“审计”按钮，对生产活动过程进行制度执行情况审计。若每一项制度安排均被确认执行，执行的时间在制度容许的范围内，则审计通过。若有一项未被执行，则审计不予通过。

(6)若审计通过，下游操作按钮有效，可进入下一步操作；若审计未通过，则下游操作按钮无效，无法进入下一步操作，直至审计通过为止。

4 技术架构方案

4.1 非功能性需求

4.1.1 性能需求

1. 支持1000用户同时在线，并发数200，高峰期并发数500。
2. 一般业务操作响应时间在3秒以内，耗时的操作根据具体需求而定。

4.1.2 安全性

系统安全性主要从以下几个方面考虑

4.1.2.1 安全威胁

(1)窃听：未经授权的用户获得了对一项服务或数据的访问情况

(2)中断：指服务或者数据变得难以获得、不能使用

(3)修改：未经授权篡改数据和服务

(4)伪造：产生不存在的数据和服务

4.1.2.2 安全机制

(1)加密：将数据转换成攻击者不能理解的形式

(2)身份验证：用于验证客户、用户、服务器等所申明的身份

(3)授权：给予权限

(4)审计：追踪访问内容和形式

4.1.2.3 安全设计

任何系统都要考虑安全问题。实现安全服务需要考虑下面三个设计问题：控制焦点、安全机制分层和简洁性。

(1)控制焦点：

焦点一：对应用程序相关数据的保护

焦点二：要访问特定数据或者资源时，通过指定可以调用的操作，以及操作由谁来完成而进行保护

焦点三：通过限定特定人才能访问该应用程序

(2)安全机制分层：安全设计的一个重要问题是解决将安全机制放在哪一层。

(3)安全机制分部：将安全控制和本地操作系统分离。

(4)简单性：有助于最终用户对应用程序的信任，而且使设计者确信系统没有安全问题。

4.1.2.4 加密

(1)加密防止窃听

(2)加密防止修改

(3)加密防止伪造

(4)对称加密和非对称加密

4.1.2.5 安全通道

(1)分布系统需要保持客户和服务器之间的通信安全，安全通道需要对通信各方进行身份验证，另外要保证消息的完整性和机密性。

(2)分布系统需要解决授权问题，服务器一旦接受来自客户的请求，它将如何查明该客户是否得到授权使用请求得以执行。

4.1.2.6 身份验证

(1)使用共享密钥的身份认证

(2)使用密钥分发中心的身份认证

(3)使用公共加密的身份认证

4.1.2.7 消息完整性和机密性

(1)数字签名

(2)会话密钥

4.1.2.8 安全组通信

(1)在分布系统中可能建立多方通信的安全通道

(2)机密组通信

(3)安全的复制服务器

4.1.2.9 访问控制

(1)检验访问权限称为访问控制

(2)访问控制矩阵：设置一个权限表，记录可以访问某个数据或者服务的所有对象。

(3)保护域：分层组织访问控制矩阵。

(4)防火墙

4.1.2.10 安全管理

(1)密钥管理：密钥建立、分发、证书生成

(2)安全组管理

(3)授权管理：权能、属性证书、委派

4.1.2.11 安全措施

考虑到系统安全与性能的平衡，主要采取以下措施以加强安全性：

(1)网络安全：区域用户访问系统时，首先要通过防火墙，只允许合理有效的请求进入系统，最大限度的提高系统安全性。

(2)认证和授权：使用基于用户名的安全令牌服务(STS)，首先用户需要使用有效的用户名，密码(加密传输)进行用户认证，认证通过的用户会由STS颁发进过加密算法生成的令牌，以后的访问将基于颁发的令牌进行验证，防止伪造，篡改用户信息对系统进行入侵。只有经过授权和具备相应模块权限的用户才能访问系统功能。

(3)传输安全性：内部用户使用HTTP协议，区域用户使用SSL对传输数据进行加密。

(4)消息安全性：应用层的消息会通过设置密钥的数字证书进行加密。

(5)数据安全性：数据库连接用户设置为有限权限用户；用户密码采用MD5不可逆算法加密；敏感数据采用可逆加密；复杂逻辑使用存储过程而非SQL语句以防止SQL注入。

(6) 表单安全性：使用表单令牌防止无效请求；表单数据进行Encoding防止HT-ML/Javascript注入；表单提交数据在前端使用正则表达式验证防止SQL注入；Cookie保存信息加密以防止篡改；用户系统时，注销Session。

4.1.3 可扩展性

(1)系统架构支持根据业务增长，用户增长，数据增长进行扩展，系统物理架构上支持横向扩展已适应并发压力，数据压力。

(2)软件架构上按照业务模块划分，每个业务模块功能独立，降低与其他模块的耦合度，使增加、更改模块容易实现且对已上线系统影响最小。

4.2 系统技术架构

4.2.1 设计思想

系统整体采用 SOA(Service－Oriented Architecture，面向服务)架构设计，有效整合企业内部资源，通过统一的接口对外提供服务，采用 SOA 架构有如下好处。

4.2.1.1 更易维护

业务服务提供者和业务服务使用者的松散耦合关系及对开放标准的采用确保了该特性的实现。建立在以 SOA 基础上的信息系统，当需求发生变化的时候，不需要修改提供业务服务的接口，只需要调整业务服务流程或者修改操作即可，整个应用系统也更容易被维护。

4.2.1.2 更高的可用性

该特点是在于服务提供者和服务使用者的松散耦合关系上得以发挥与体现。使用者无须了解提供者的具体实现细节。

4.2.1.3 更好的伸缩性

依靠业务服务设计、开发和部署等所采用的架构模型实现伸缩性。使得服务提供者可以互相彼此独立地进行调整，以满足新的服务需求。

4.2.1.4 更好的资源利用率

因为系统应用层采用 SOA 设计，当需要支持手持设备或其他终端时，只需开发相应客户端，核心业务服务可以重用，成本更低。

4.2.2 总体架构图

入口	系统设置	质量管理模块	企业信息管理	物料管理模块	
	生产流程控制	……			
核心服务 SOA	企业服务总线－ESB				
	基础服务	企业信息服务	物料服务	溯源信息服务	生产服务
	……				
应用支撑	WCF	DotNetMQ	DbEntry	AppFabric	AutoFac
	.NET FrameWork4.5				
数据存储	DB	文件系统	缓存服务器		
基础设施	Windows Server	负载均衡	服务器	网络	

系统架构从上到下依次为：

(1)入口：是各角色用户使用的入口，可通过登入使用系统的主要业务功能如质量管理，企业信息管理，溯源管理，生产管理等。

(2)核心业务服务：核心业务服务基于 SOA 构架，对外提供一致的服务(目前应用暂不考虑 *ESB* 只作目标方案，因为暂时没法提取需要与别的系统集成的 *api*)，核心业务服务将根据具体业务设计成粗粒度的接口，以提高业务组件的可重用性。

(3)业务支撑平台：是整个企业应用的技术基础，包括 .NET Framework、WCF、消息队列、数据缓存以及数据访问组件，整个应用将构建在这些技术框架之上。

(4)数据存储：用户存储业务数据以及相关资料文件。

(5)基础设施：包括运行、管理、支撑应用的各种软硬件，如服务器、操作系统、负载均衡软硬件等。

4.2.3 软件架构图

通用基础框架组件						
Exception 处理	Views	jQuery	Razor	ViewModel	Controller	UI 层
	页面缓存	Ajax	Json			
日志						应用层
事务	Service Interface				服务层	
	核心业务服务	SMS	Email	报表		
缓存	领域逻辑	领域规则	领域模型	领域层		
消息队列						
DI/IOC	DbEntry	ADO. NET/Helper	Linq	数据访问层		
AOP	业务数据库(DB)	业务数据库(DB)	文件系统	持久化层		持久化层

软件架构采用5层设计，其中应用层(或称中间层)单独部署以提高重用性，稳定性和可伸缩性，相对于传统的3层或者4层设计，5层设计使软件架构更灵活，职责更清晰，重用性更高，每层都基于接口通信，耦合度更低。

(1)UI层：包括用户界面，图表，报表打印，页面缓存等。

(2)服务层：包括服务接口和根据业务划分的具体服务实现。

(3)领域层：包括领域逻辑、规则、领域实体以及对工作流的整合。

(4)数据访问层：包括各种数据访问组件如DbEntry，ADO. NET，LINQ。

(5)持久化层：包括存储业务数据的SQL Server，以及存储资料文件的文件系统。

俄罗斯入世对中俄木材贸易的影响与对策

程宝栋　宋维明　万璐　秦光远

摘要：俄罗斯是我国最为重要的木材来源国。2012年俄罗斯成功加入世界贸易组织必将对中俄木材贸易产生一定的影响。论文在概述中俄木材贸易现状的基础上，分析了俄罗斯入世可能给中俄木材贸易带来的影响，并提出了相应的对策。

一、问题的提出

中国是一个森林资源稀缺型国家。在森林资源约束条件下，积极开展木材国际贸易，主动参与国际森林资源配置，对于缓解国内日益增长的木材供需矛盾，推动中国木材产业的发展，具有非常重要的意义。俄罗斯是一个森林资源丰裕型国家。俄罗斯森林面积约占国土面积的1/3，拥有世界上面积最大的亚寒带针叶林带。而且，从地理位置上看，其森林资源主要集中在毗邻我国的远东和西伯利亚地区。该地区是世界上唯一尚未充分开发的资源宝库，森林年采伐量不及生长量的1/3。由于森林资源的差距，再加上地理上的邻近，21世纪以来，中俄木材贸易取得了快速发展，俄罗斯成为中国最重要的原木和锯材来源国。然而，出于保护本国森林资源、提高木材产品出口附加值的考虑，俄罗斯从2007年开始不断征收原木出口关税。原木出口税的征收抑制了中俄木材贸易快速增长的势头，而且影响并改变着中俄木材贸易商品结构。

面对俄罗斯的贸易政策调整，国内相关政府部门、行业协会以及企业实体对未来中俄木材贸易的发展产生了一定的悲观情绪。然而，2012年8月23日，俄罗斯正式加入世界贸易组织(WTO)，成为WTO的第156个成员国。这无疑成为推动中俄木材贸易进一步发展的利好消息。那么，俄罗斯入世将给中俄木材贸易带来怎么样的影响？中国应该如何应对？本文将在这方面进行初步分析与讨论。

二、中俄木材贸易发展概况

中俄罗斯木材贸易始于20世纪90年代早期，主要通过黑龙江绥芬河、内蒙古满洲里、二连浩特等边境口岸，通过铁路运输的方式进口。贸易树种主要为针叶材，如云杉、落叶松、樟子松、白松等，其次是阔叶材，如柞木、水曲柳、椴木、桦木、榆木、杨木等。

原木是中俄木材贸易第一大类产品。2000年以来，在国家取消原木进口关税、实施边境小额贸易等政策激励下，中国进口俄罗斯原木呈现出快速增长的态势，至2007年达到顶峰，为2539.57万立方米。2007年以后，在俄罗斯实施原木出口关税的政策影响下，中国进口原木量出现了较大幅度的下降，至2008年降至1866.51万立方米，降幅为26.5%，2009年进一步降至1481.13万立方米，降幅为20.6%。此后，由于受到全球金融危机的影响，俄罗斯并未按照原计划继续提高原木出口关税，中国原木进口量保持了相对平稳的态势。尽管进口俄罗斯原木量出现了大幅度下降，但其仍占我国原木进口量的最大比重。2011年，俄罗斯仍然是我国原木的第一大供应国，占我国原木总进口量的33.2%。

锯材是中俄木材贸易的第二大类产品。同样在国家取消锯材进口关税、实施边境小额贸易等政策激励下，中国进口俄罗斯锯材也取得了较快的增长。特别是在2007年以后，由于俄罗斯限制原木出口而鼓励锯材出口，中国进口锯材量出现了快速的增长态势，由2007年的158.55万立方米快速上涨到2011年的607.33万立方米，增长283%。俄罗斯在我国锯材进口来源国中的位置快速上升，2011年，俄罗斯已成为我国锯材进口的第一大来源国，占我国锯材总进口量的28.2%。

除了木材贸易合作外，中国政府也积极鼓励有实力的企业到俄罗斯开展木材深加工合作，引导企业在境外从单一的木材贸易合作，逐步向森林资源开发利用、建立工业园区、木材综合加工以及林业科技交流等多层次、多领域的合作迈进。2000年11月，原外经贸部石广生部长和俄罗斯副总理可列巴诺夫共同签署了《中俄政府关于共同开发森林资源合作的协定》。双方在中俄总理定期会晤委员会经贸合作分委会下设立中俄森林资源开发与利用常设工作小组，具体负责协定的实施工作。2001年4月以来，工作小组先后召开了10次会议，在增进双方了解、推动大企业合作、制定合作规划等方面开展了有效的工作，促进了中俄林业合作的发展。据不完全统计，目前中国公司在俄罗斯境内参与41个木材行业项目，累计投资共计一万亿卢布。

三、俄罗斯入世对中俄木材贸易的影响

（一）关税下调将促进中俄木材贸易进一步增长

加入WTO后，俄罗斯将会按照入世承诺，进一步下调原木出口关税。目前已明确下调的原木出口关税的品种有：一是云杉和冷杉，现行税率25%，但每立方米不低于15欧元；入世后出口配额以内税率13%，下调幅度接近50%。二是松木，现行税率25%，但每立方米不低于15欧元；入世后出口配额以内税率15%，下调幅度40%。三是栎木，现行税率每立方米100欧元；入世后出口配额以内税率20%，但每立方米不低于30欧元。另外，入世以后超过出口配额的出口税率还有待于今后决定。从以上数

据可见，俄罗斯入世以后，对于原木出口关税的调整幅度还是很大的。出口关税的大幅度下调必将促进中国进口俄罗斯原木的进一步增长。

（二）俄罗斯木材贸易政策法规逐渐规范化

透明性和可预测性是国际贸易顺利进行的基本条件，也是 WTO 贸易规则的基本要求。然而，受国内物价、政治腐败、国际形势等因素影响，俄罗斯贸易政策朝令夕改，规范度和透明度非常差。例如，原本定于 2009 年 1 月 1 日起，俄罗斯继续提高原木出口关税至 80%。但是由于受到国内金融危机的影响以及芬兰政府的强烈抵制，俄罗斯政府于 2008 年 12 月和 2009 年 12 月，连续两年颁布政府令，推迟提高原木出口关税。这种政策的突然变更无疑给从事中俄木材贸易的企业增添了诸多的不确定性。俄罗斯入世后，将会按照 WTO 的要求，进一步规范贸易政策透明度，影响到木材贸易的各种法规必须及时公布，并且要符合 WTO 要求。俄罗斯联邦会定期更新其包括网站在内的官方出版物，使这些法律及政策容易被 WTO 成员国、个人和企业使用。为了提高访问官方出版物，俄罗斯将会建立一个查询点方便向成员国和所有其他的利益相关者提供帮助。

（三）提升中俄木材贸易的便利化程度

贸易便利化的基本精神是简化和协调贸易程序，加速要素跨境的流通，也就是对国际贸易制度和手续的简化与协调。长期以来，中俄木材贸易在贸易方式、贸易结算、贸易纠纷的解决、通关方式、木材产品检验检疫等方面普遍存在不规范行为，严重影响着中俄木材贸易的交易效率。例如，入世以前，俄罗斯方面一直存在着以“灰色清关”（出口商为避开复杂的通关手续，将各项与通关有关的事宜交由专门的清关公司处理的一种通关方式）为代表的贸易程序和手续等方面的难题。这给中俄木材贸易产生了负面影响，给中国企业和商人造成了很大的不便，甚至是亏损。另外，支付问题过去一直是困扰中俄木材贸易发展的重要问题。由于一些历史和现实原因，中俄双方互不接收由对方银行所开具的信用证。双方支付方式为易货贸易方式、现金支付、T/T、D/A、D/P，只有少数采用在第三国银行开信用证的方式。俄罗斯入世后，俄罗斯承诺进一步开放贸易体制，加速融入世界经济，建立更具可预测性和透明性的贸易和投资环境。俄罗斯海关将不实行特殊的海关程序。这必将大幅度提升中俄木材贸易的便利化程度。

（四）对俄投资环境逐渐改善

为了提高本国木材深加工能力，促进高附加值木制品出口，俄罗斯联邦政府在吸引外资、促进木材加工、木材产品出口等方面出台了一些优惠政策。如，2007 年 1 月 1 日，俄罗斯颁布了新林业法。新林业法对延长林区租赁、林业管理权向地方转让等方面进行了调整；2007 年 5 月，取消了木材加工设备的进口关税；2007 年 6 月 30 日，俄罗斯政府又颁布了第 419 号决议，规定了对林产部门优先投资项目的优惠政策。在联邦政府的影响下，部分州政府也积极出台有利于吸引外资的优惠政策。例如，犹太自治州政府相继出台了一系列优惠政策，比如，在木材方面，对投资超过3亿卢布的外资企业，可以优先保障原料供应，同时当地政府还在土地、电力、税费等方面给予支持。尽管俄罗斯在吸引外国资本方面做出了积极的政策改进，带由于仍然存在政治、法律、社会等方面的风险，在吸引外资方面一直进展有限。而俄罗斯的入世，将促使其在更为法制、公平的平台上融入全球经济，全方位改善包括自然、政治、经济、法律、社会文化在内的国际投资环境。这将为中国企业投资俄罗斯森林资源、深化木材加工领域的合作带来新的发展机遇。但与此同时也要看到，在俄罗斯加入WTO过渡期内，俄罗斯的投资不可能与WTO规则要求完全一致。这些均表明即使俄罗斯加入了WTO，也不意味着中国投资者对俄投资的风险完全消除。

四、发展中俄木材贸易的对策

（一）重视边境口岸环境建设，提高木材进口能力

由于俄罗斯与中国地理相邻，边境口岸在中俄木材贸易中发挥着重要的作用。内蒙古的满洲里、黑龙江的绥芬河是中国最为重要的俄罗斯木材边境贸易口岸。未来，为迎接俄罗斯入世所带来的贸易机遇，中国政府应更加重视边境口岸的环境建设。如，进一步规范木材加工园区建设，通过招商引资，做大产业，做强企业，提高对进口木材的深加工能力；大力发展高铁、高速公路和口岸建设工程，进一步夯实口岸通道基础，完善物流运输网络，发挥专业物流优势，增强木材运输能力和吞吐能力，为中俄木材贸易提供充足的运力保障。同时，大力发展通讯、保险、信息、金融、科技等领域，为中俄木材贸易发展提供良好的软环境。

（二）加强对俄罗斯贸易政策调整信息的收集和分析

如前所述，按照WTO的要求，俄罗斯入世后贸易政策将会变得更加透明化，贸易措施将会更加便利化。因此，可以预期，俄罗斯必进入一个相关法律修订和政策调整的活跃期。因此，应该重视对俄罗斯相关政策调整信息的收集、整理和分析工作，及时为中国木材贸易企业提供有效的信息服务，指导企业尽快适应俄罗斯入世后的政策调整。贸易政策属于行业的公共信息产品，应该由行业组织予以提供。建议我国尽快成立对俄木材贸易信息协会，用于收集贸易速报、经济信息速报、贸易实务、汇率动向、产业信息、营销支援信息等方面的公共信息，提出行业分析报告，指导与协调相关企业的木材进口活动。日本在这方面已经有很好的实践。日本木材行业设有专门的信息协会，每年一到木材进口季节，他们收集与处理国外市场信息，统一进口价格，规范企业行业，形成贸易合力。

（三）积极推进对俄林业投资

随着俄罗斯入世后投资环境的不断改善，国际资本将会不断进入俄罗斯林业领域。与其它国家相比，中国与俄罗斯的合作更有地域优势，开展合作的互补性也更强，中

国企业具有技术、设备和劳动力等方面的比较优势，俄罗斯则具有丰富的森林资源和潜在的市场需求。因此，中国政府应该积极鼓励、推动并规范对俄林业投资，主要涉及森林资源开发、木材深加工利用等领域。建议中俄林业主管部门建立高层次对话机制，共同研究策划总体思路和战略布局，统一组织国内相关企业出境考察洽谈项目，着重解决林地租用、劳务指标合理配置、优化投资环境以及合作中出现的有关问题。同时，中国政府在推动对俄林业投资方面，除了现有的减免增值税和运费补贴政策外，为提高项目抗风险能力，建议尽快设立境外森林资源投资保险制度。海外投资保险制度是世界各资本输出国的通行制度。自美国 1948 年在实施马歇尔计划过程中创设这一制度以来，日本、法国、德国、挪威、丹麦、澳大利亚、荷兰、加拿大、瑞士、比利时、英国等国家也先后实行了海外投资保险制度。因此，为了进一步鼓励境外森林资源投资，就需要依据中国国情尽快建立可行的海外投资保险制度。

美对华胶合板“双反”胜诉后的启示

毛秋芳

摘要：本文简要介绍了美对华胶合板“双反”的发端、背景，较全面地概述了调查过程中的主要问题及有关情况，分析了主要原因，原告指控焦点及我方抗诉观点。并着重指出了我方胜诉之后，美方出现的一些新动向、美方可能采取的后续行动，值得我们思考和关注。由此提出了对策建议，在积极应对林产品国际贸易摩擦的同时，加大自身管理力度，加强国际交流，更好地保护我国林产工业企业的正当权益，树立我国林产工业企业良好的国际形象。

2012 年 9 月 25 日，美国几家胶合板企业联合向美国国际贸易委员会(ITC)递交了关于启动对中国出口美国的胶合板企业进行“反倾销、反补贴”调查的报告，当天就获得受理。随之，中国林产工业协会在政府部门的支持下，由于聘请的律师事务所卓有成效地工作，特别是广大涉案企业的踊跃参与，经过一年多的努力应诉，在初裁失利的情况下仍不懈努力，终于在终裁环节中获得胜利。这是近年来我国应对美国向中国发起的若干次林产品贸易壁垒中的一次胜利，此次胜利给我胶合板乃至整个林产品进出口贸易带来极大的鼓舞，应当给予高度肯定和赞扬。同时，此裁决之后美国出现的一些新动向值得我们认真思考和积极关注。

1 “双反”基本概况

反倾销(Anti-Dumping)指对外国商品在本国市场上的倾销所采取的抵制措施。一般是对倾销的外国商品除征收一般进口税外，再增收附加税，使其不能廉价出售，此种附加税称为“反倾销税”。反补贴(Anti-Subsidies)指一国政府或国际社会为了保护本国经济健康发展，维护公平竞争的秩序，或者为了国际贸易的自由发展，针对补贴行为而采取必要的限制性措施，包括临时措施、征收反补贴税。

“双反”是指对来自某一个(或几个)国家或地区的同一种产品同时进行反倾销和反补贴调查。当进口产品以倾销价格或在接受出口国政府补贴的情况下低价进入国内市场，并对生产同类产品的国内产业造成实质损害或实质损害威胁的情况下，世界贸易组织(WTO)允许成员方使用反倾销和反补贴等贸易救济措施，恢复正常的进口秩序和公平的贸易环境，保护国内产业的合法利益。“双反”调查的法律依据主要包括 WTO 相关协定和国内法。

应诉美国对我胶合板“双反”要打三个层面的官司，即反倾销、反补贴、产业损害，因此，要打赢“双反”官司实属不易。反倾销由被告企业自行应诉，反补贴即政府应诉行为，由我国商务部公平贸易局组织，应诉“双反”税率由美商务部做出裁决。产业损害即指被告方胶合板产业对原告方胶合板产业是否造成实质性损害，由 ITC 做出裁决。美国法律规定，如果 ITC 裁决存在实质性损害，则美国商务部终裁的“双反”税率生效；如果 ITC 裁决不存在实质性损害，则美国商务部终裁的“双反”税率无效，本案不存在。所以，产业损害应诉对“双反”案件非常重要。

2 胶合板“双反”启动的背景

此次胶合板“双反”调查，实际上是 2007 年美国启动“332”调查的延续。当时 ITC 没有查出中国胶合板和木地板产业的异常，裁定中方获胜，美国未能启动反倾销、反补贴和保障措施等贸易救济措施。而此后的美国胶合板行业仍然每况愈下，美国胶合板产品无法和我国胶合板产品进行市场竞争，从而提出和启动此次胶合板“双反”调查，旨在拯救每况愈下的美国胶合板行业。

在当年“332”调查听证会上，原告和被告争论的焦点值得深思。内容涉及美国木地板和胶合板行业，以及中国产业的基本情况，包括产量、产能、就业和消费等趋势；美国贸易模式以及影响贸易模式因素的调查，包括关税和其他边境措施；影响美国生产商同主要外国供货商之间竞争地位的各种因素的分析，包括原材料、非法采伐、技术水平、劳工状况、环境政策、政府政策，以及木地板和胶合板替代品的分析；行业、房屋建筑商、进口商以及其他的利益相关方，在木地板和胶合板的供应和需求方面的基本情况，包括进口产品的作用以及每种产品的替代品；在围绕甲醛释放量超标、产品标准、产品标志、海关编码、采用非法木材和倾销等方面问题。

3 胶合板“双反”调查过程中的问题

3.1 我国胶合板产品质量

由于美国胶合板行业不景气，不是倒闭就是裁员，他们把责任推给中国胶合板产品的进口。美国胶合板协会用结构胶合板标准 PS I 和 PS II 对进口的中国胶合板进行质量检测，先后抽查了 3 个批次 40 多个企业的样品，合格率均是“零”。我国胶合板产品质量合格率为“零”显然是不可能的，但是胶合板具体产品质量合格率到底是多少，有关部门或机构应当给出一个合乎逻辑的结论。

3.2 被告企业 215 家

我国胶合板企业数千家，出口胶合板的企业也不过五六百家，且美国公布的这 215

家企业中有1/3是木地板企业，他们从来就没有生产过胶合板，此次也成了被告。美方的这种做法说明两个问题；一是随意性，只要不影响自己利益的事就随意编造证据；二是主动性，后续工作美方掌握主动，美方就是弄错了后续也可以改，并不负任何责任；被动方却是我国胶合板应诉企业，被告企业要自己解套，一是给应诉的组织工作带来极大困难，瓦解我应诉集体，同时影响应诉率和代表性；二是极大地影响应诉企业统计数据的准确性，美方可以不准确，但是我方应诉提供的数据不准确，就会严重影响裁决结果。

3.3 拼凑的税率达到310%

经过原告对我国胶合板行业及企业信息的编造，认定我国胶合板对美出口征收“反倾销和反补贴”的税率达到310%，这是无法想象的数据，但却成为了事实，且不给任何解释，这是典型的美国逻辑。

如果不应诉，我国就承认了并且容忍了这个税率结果，将导致我国胶合板完全失去美国市场，继而我国胶合板将陆续失去国外市场而不能出口，这显然是不能接受的。如果应诉，经过多轮提供材料和开庭磋商，最终裁决的税率将是执行税率。所以，这个税率对美方没有任何不利，但是对我国胶合板行业和企业却不堪重负，被逼走上法庭应诉。

3.4 时间点的选取

按照美国法律规定，应诉是有期限限制的，在规定期限一个月内不提出应诉，即视为放弃，而此次胶合板“双反”的公布时间正好是2012年我国国庆节、中秋节双节期间。这就意味着在剩余的3周时间内，要在数千家小型民营胶合板企业中组织好无序的215家被告企业，谈何容易，这明显是有意增加我方应诉难度。无独有偶，本案初裁的公布时间同样选在2013年我国“五一”节放假期间。这些时间点巧合的背后是原告的精心策划。

3.5 应诉组织

本次胶合板“双反”应诉的组织工作可谓非常复杂，面对突如其来的困难，企业沉着应对者有，急病乱投医者有，临场怯战、举棋不定者有，不战而退、偃旗息鼓者亦有，由于个别律师的唆使单独对外的也有。企业单打独斗是“指头对拳头”，除任人摆布外别无他路；如果将我国被诉企业组织在一起，从人力、物力、财力等各方面综合而言，对境外原告是“拳头对拳头”，可以最大限度地为中国胶合板企业争取到现实利益。

外因只有通过内因起作用，在应诉期限截止前，被诉企业根据其自身特点，总结本次应诉的组织过程和效果，有如下几点值得在以后遇到类似问题时借鉴。

首先，政府部门是代表国家利益并对外进行交涉的机关，是相关信息的提供者和行业的后盾，是企业和行业的汇报对象。在应诉过程中提供必要的支持与引导，是政府部门职能所在，应无私地为行业做奉献，但不是应诉的组织者和决策替代者。

其次，被诉企业涉及其自身利益，尽管利益主体分散，但在应诉过程中需要配合更需要出资，企业是应诉的真正主体，是应诉各环节的决策者，是否应诉和怎样应诉应由付费的企业决定。

第三，官司的胜败不光对企业，同时对行业也会产生巨大影响。行业协会了解企业和行业，在应诉过程中，为企业提供信息服务和引导，责无旁贷。行业协会是应诉的组织者和协调者，但同样不是决策者。

实践证明，政府部门和商协会在应诉组织过程中的过多介入，只能延缓应诉进程，动摇企业的信心，不利于应诉团队的组成，甚至滋生企业间或团队间不必要的矛盾而起着反作用。

本次“双反”涉及的我国胶合板企业数量数千家，可是我国生产胶合板出口企业约500~600家，而本案被告企业有215家，参加本案产业损害应诉企业103家，给本案产业损害交付律师费的企业不足应诉企业的一半。

3.6 美国商务部(DOC)反补贴初裁

2013年3月3日，美国商务部正式公布对反补贴调查初裁结果，3家强制被抽样企业初裁税率，临沂市东方金信经贸有限公司为零，临沂圣福源木业有限公司为零，上海森大木业有限公司为零，另有15家中国未应诉企业惩罚性税率为27.16%，但平均税率为22.63%，包括所有参加反补贴抽样问卷答卷的企业。这个所谓的平均税率是这样计算得出的：$0+0+0+(27.16\% \times 15)/18=22.63\%$。

3.7 美国商务部反倾销初裁

2013年4月30日，我国“五一”节放假期间，美方公布了对华胶合板“双反”案的反倾销初裁结果。其中，两家强制被抽样企业税率，临沂圣福源木业有限公司为0.62%(微量，视为零税率)，徐州江阳木业有限公司为1.83%(微量，视为零税率)；全国反倾销惩罚性税率为63.96%；其他企业平均税率为22.14%。而这个所谓的平均税率的计算方法又变为$(0.62\%+1.83\%+63.96\%)/3=22.14\%$，共有101家中国企业获得反倾销平均税率。

3.8 美国商务部终裁

2013年9月18日，美国商务部公布对中国胶合板“双反”终裁结果；反倾销初裁税率，临沂圣福源木业有限公司为55.76%，徐州江阳木业有限公司为62.55%；平均税率为59.46%；全国惩罚性税率为121.65%。反补贴初裁税率，临沂市东方金信经贸有限公司、上海森大木业有限公司、临沂圣福源木业有限公司均为零，平均税率为13.58%，全国惩罚性税率为27.16%。

3.9 本次反倾销终裁幅度离奇高的最主要原因

一是美国商务部改变了初裁时选用菲律宾为替代国的做法，在终裁中改用了保加利亚作为替代国来计算被抽样企业的倾销幅度，导致被抽样企业连带平均税率企业的税率急剧提高。二是平均税率的计算方法违反美国相关法律规定，且是不合理的；美国商务部计算的该平均税率不是根据“被抽样企业”的税率进行加权平均，而是完全刻意地把“被惩罚企业”的税率包括在内进行了简单的算术平均。三是把多层实木复合地板企业作为“被惩罚企业”，如上海黎众木业有限公司、浙江大东吴绿家木业有限公司、吉林白山华枫木业有限公司，苏州市加枫建材装饰有限公司等均为木地板企业，并未对美国出口胶合板，将这些企业列入所谓“惩罚性税率”用来计算胶合板反补贴案件的平均税率，明显是恶意的和荒谬的。

4 原告指控焦点及我方抗诉观点

在初裁败诉之后，中国林产工业协会组织涉案企业继续进行终裁抗辩。2013年9月25～29日，在商务部组织领导下，我国林产工业协会及企业代表出庭，与美方进行了艰苦卓绝的斗争。

原告在庭审中指控的焦点问题有：一是原告提出的6大胶合板产品的成本构成，以及和美国同类产品成本的比较；二是中国胶合板企业数量巨大；三是中国胶合板产品采用来自俄罗斯等的非法原材料；四是中国胶合板产品质量不合格；五是中国胶合板产品出口美国存在倾销和政府补贴。

我方联合美国胶合板进口商、橱柜生产商3方共同应诉，并用详实数据当庭提出：第一，中国胶合板生产采用大量人工操作生产薄表板胶合板，美国用机器无法生产出与中国同类型胶合板，即不存在同类产品竞争；第二，中国6大胶合板产品的成本构成和美国同类产品成本比较后，主要是劳动力成本低，生产设备成本低，工厂运行成本低，采用人工天然干燥节省干燥成本等，所以我国胶合板成本低，市场有竞争力；第三，中国胶合板产业大是事实，但能够出口美国的胶合板企业数量少，只有二百多家，对美国胶合板产业不构成冲击；第四，中国政府对《雷斯法案修正案》非常重视，胶合板行业和企业已经采取尽责措施，拒绝使用非法木材；第五，中国出口美国的胶合板产品得到美国消费者认可，得到美国橱柜行业的高度认可，美国用结构胶合板标准对中国胶合板产品进行检验不合理，也不适用；第六，美国商务部对强制抽样企业现场核查，业已证明中国胶合板产业现实情况不存在补贴，价格也不存在倾销。

在开庭期间，法官共质询了141个问题，听证会持续了9个小时，法庭上就原材料、技术水平、劳工状况、生态环境、政府政策和胶合板替代国的分析；胶合板行业、下游产业、进口商，以及其他的利益相关方在胶合板的供应和需求方面的基本情况，包括进口产品的作用以及每种产品的替代品；围绕甲醛释放量、产品标准、表板厚度、单板加工方法、采用非法木材、生产成本、倾销和补贴等问题展开了辩论。由于我应诉团队准备充分，专业基础和英语基础良好，在法庭上据理力争，有礼有节给法官们留下良好印象。

此次针对美国对我胶合板“双反”的胜利，将间接影响韩国、阿根廷、哥伦比亚正在对我国胶合板进行的反倾销调查，也给我国500万胶合板产业的工人继续提供了就业机会，同时也将继续推动我国胶合板用原料人工林的持续快速发展。

5 木材合法性将影响本案后续发展

美国地板和胶合板产业界经过了长时间策划和组织，对我国地板和胶合板提起的两起“双反”没有取得应有的效果，他们不仅不会善罢甘休，而且正在积极准备，提出比“双反”更为直接而有效的贸易保护措施。目前，美方有以下几个新动向值得关注。

5.1 环境调查组织(EIA)的报告

环境调查署经过3年时间明暗结合的调查，对俄罗斯远东地区东北虎栖息地的森林和木材采伐进行报道。期间走访了俄罗斯森林、采伐、运输、出口等部门，同时，采访了我国口岸、木材进口商、销售商、木材加工企业、出口企业等，进而采访了美国林木宝公司(Lumber Liquidators)的供销网络。经过调查他们得出如下结论：美国林木宝等公司进口中国生产的木地板等产品，采用来自俄罗斯的非法木材生产，违反了美国《雷斯法案修正案 》。

5.2 《华尔街日报》等重要媒体推波助澜

《华尔街日报》2013年10月9日报道，美国最大的专业木地板零售商林木宝公司，从中国进口非法木材生产的地板，并在美国销售，违反了美国《雷斯法案修正案》。报道称，由绥芬河市某经贸有限公司进口俄罗斯非法的柞木和桦木原料，经地板公司生产成地板。由于这些木材来自俄罗斯远东地区，破坏了濒危动物西伯利亚虎(东北虎)的生存环境，从而违反了美国《雷斯法案修正案》。该报道在美国地板、胶合板、家具等行业界引起轩然大波，将严重影响中国家具、地板、胶合板和其他木业企业生产和产品出口。

《华尔街日报》是牵动美国乃至全球有关经济和贸易方面的喉舌，美国政府根据EIA报告发起针对林木宝公司的调查只是一个引子，美国木制品行业旨在通过代表其利益集团的国会议员，把牵扯到中国的“非法砍伐”问题上升到“环境保护”和“气候变化”的大帽子下，通过立法和壁垒调查等手段，以达到阻止中国产品进入美国市场的目的。

5.3 美国议员的新提案

美国国会议员，已于2013年12月12日向国会提出了“贸易和环境执行法案”(Trade and Environmental Enforcement Act — HR 3733)，该HR3733法案也称作“绿色301法案”，要求在美国1974年贸易法第301条款中，加入“绿色301条款”。当有关国家(指中国、俄罗斯等)出现以下几方面情况时，该条款将允许美国政府对其采取惩罚性措施(包括提高进口关税等)：未能有效执行该国的环保法律；放弃或以其他方式削弱该国的环保法律所提供的法律保护；对于违反该国的环保法律而未能提供司法或行政程序上的补救；对于违反该国环保法律而未能提供适当和有效的制裁或补救；对于该国和美国均为签署方的国际协议，未能有效执行协议中的环保承诺。

对于HR3733法案，有5家非政府组织(NGO)联名写了支持信。这5家NGO组织分别是环境调查组织(Environmental Investigation Agency)、国际人道组织(Humane Society International)、国际爱护动物基金会(International Fund for Animal Welfare)、塞拉俱乐部(Sierra Club)、世界野生动物基金会(World Wildlife Fund)。

6 美国可能的后续行动

来自俄勒冈州参议员 Ron Wyden 将接替鲍卡斯出任参议院财政委员会主席。参议院财政委员会是美国国会最有实权和影响力的部门，因为它审批所有政府部门的财政预算和开支，而参议员 Wyden 在《雷斯法案》及针对从中国进口的木制品等问题上，一直持强硬态度，此前对中国地板和胶合板的“332 调查”就是由他策划发起的。

有鉴于此，我们预感到美国政府接下来最可能发生的针对我国林产品的行动，一是美国国会将会要求美国贸易委员会对中国发起所谓的“绿色 301 调查”；二是在由美国主导的跨太平洋伙伴关系(TPP)的一揽子贸易谈判中(中国目前并未参加 TPP 的谈判)，参议院财政委员会主席 Wyden 在 TPP 的大框架下，可以轻而易举地加入有关针对中国环保和气候变化问题的修正案。

美国“301 条款”的制定背景和实施：随着国际贸易的日益频繁，1947 年《关税与贸易总协定》(以下简称 GATT)所涵盖的范围相对狭窄，如美国最为关注的农业和知识产权问题就不是 GATT 的管辖内容，此类问题在 GATT 框架下无法得到被美国认为合理的解决。同时，GATT 的争端解决机制效率很低，美国的每个起诉都会被拖延很长时间，使其救济措施的时效性受到很大损害；而且 GATT 中多边磋商途径和争端解决机制(DSM)的裁决不具有强制的约束力，很多成员方在败诉后也不执行 DSM 的裁决。在以上美国利益得不到保护的基础上，美国国会出台了《1962 年贸易拓展法》第 252 节，提出了美国国会对外国进口货物实施限制的关注，授权美国总统对不公正的外国限制措施做出反应。同时进一步规定，当外国对美国农产品进口至该国实施限制，并对美国农产品出口形成负担时，无论该国的进口限制是否违背其在 GATT 下对美国应承担的义务，美国总统均可对该国产品提高关税或实施其他进口限制措施。

在随后美国数起国际贸易纠纷中，美国传统的解决争端的方法也受到了其他国家更为实用方法的挑战。美国国会对 GATT 的怨言颇深，对“授权报复”所寄予的期望也越来越大，继而是《1974 年贸易改革法》第 301 节出台，该节就是后来被广泛称为“301 条款”的规定。当外国产品从美国给予的贸易协定减让中获得贸易利益，在”适当考虑美国应尽的国际义务”的情况下，对于具有“非法性”或者说是“不正当”的，或是美国认为“不合理”的，美国即可以自行启动“301 条款”报复措施。

“301 条款”具有 3 方面功能：一是维护自由主义的世界贸易体制；二是应对国外的贸易投资壁垒措施，迫使其放弃这些措施，维护美国利益；三是给予美国在多边贸易谈判中更强有力的谈判力量，促使谈判结果有利于美国。

7 有关建议

根据近几年我国林业系统应对美国的林产品贸易摩擦的经验，均是在林业和商务主管部门指导下，由协会出面组织行业企业积极应对的。这种应对模式既符合国际惯例，又可以调动各方面积极性，应当继续延续。为积极应对上述情况，笔者提出如下建议：

从政府层面，借助每年一次的中美打击非法采伐工作组会议，预先向美国相关部门就加强中美两国林产品贸易交流、增加互相了解和解决已经出现问题提出有关建议；同时，利用今年我国作为 APEC 年会的承办国这一有利时机，加强与美方沟通。

发挥协会的优势，由政府指导和组织，协会出面，抓紧开展以下工作：一是宣传我国森林资源管理等方面的政策、对非法采伐木材打击的力度和积极推进木材来源合法性认定试点措施；与美方合作伙伴联合，在美国国会进行游说并在美国进行相关正面报道；二是邀请美国议员、大采购商、进口商协会、美国新闻媒体代表等，对我国的林产工业企业以及有关森林资源与林政管理进行现场调查，以便了解我国的实际情况；三是联合美国进口商协会等有利于我国的行业组织，由其出面在美国国会进行游说，配合我国外交渠道共同说服美国国会不要出台针对我国林产品的“HR3733 法案”等类似法案。

在积极应对林产品国际贸易摩擦的同时，加大对国内林产工业企业在产品质量、品牌、标准、社会责任和诚信等方面的管理。协会配合国家林业局等有关部门拟订一个实施方案，由协会出面组织，在较大的范围内开展“争做林产工业行业信得过企业”等的行业自律性活动，并进行信誉认定，政府给予支持和必要的采信，以加速推进我国林产品的规模经济、产品质量、行业信誉、品牌建设、标准实施和进出口贸易规范化等，同时加强国际交流，以便更好地树立我国林产工业企业的国际形象。

第六部分 附录

国家森林标志产品追溯体系和全国重点林产品信息综合服务平台的建设将是促进生态文明建设、完善我国林业产业发展的必然举措，中国林业产业联合会、中国林产工业协会将在近期大力推进这些体系的建设，促进林产品生产、销售的科学和规范，为广大人民群众提供更加绿色、环保和生态的产品。

全国重点林产品综合信息服务平台建设研究报告

摘要：当前，全国重点林产品综合信息服务平台 FPIS 亟待建设，具有重要意义。本文对全国重点林产品综合信息服务平台 FPIS 建设项目进行了介绍，阐述了项目定位、系统建设原则和设计依据。提出了项目目标、建设内容和建设需求，详述了用户范围、业务功能需求、数据平台需求、分析平台需求、处理平台需求、审批平台需求；提出了总体的设计方案，详述了基础资源层、业务支撑层、业务应用层、展现层以及其他支撑层；提出了系统功能设计，详述了总体架构和门户管理系统、协同工作系统、评定管理应用系统等。

1 项目概述

1.1 项目定位

重点林产品综合信息服务平台系统 FPIS(Forest Product Information System，以下简称："FPIS 系统"或"本项目")的建设是一项庞大、复杂的系统工程。具有地域分布广泛、企业会员及个人会员数量众多、信息化水平参差不齐等特点。涉及不同业务、不同层次的单位众多，管理难度大。尤其是在数据采集、传输、处理、集成、查询、发布、工作协同等方面面临巨大的困难和挑战。因此，有必要开发一套覆盖林产品评定全过程、全产业链的管理信息系统，以信息化手段来全面管理其业务过程。全面提升对林产品评定管理水平，全面提升对林产品企业与社会公众服务水平。

IS 重点服务于中林森标公司的各个主要职能部门、下属各单位以及各省(自治区、直辖市)各级林业主管部门，还包括数量巨大的林产品企业及社会公众。因此，系统主要功能需求来源于各职能部门及下属各单位管理部门的评定业务需要和对林产品企业与社会公众的服务需求。根据《中国林产品信息服务平台建设框架》，结合信息化建设的理论知识和实践经验，FPIS 作为信息化的一项应用基础平台，在实现各项业务基本应用基础上，将现有的信息系统进行数据集成，为将来建设的信息系统提供一套完整的标准和规范，最终形成一套集成化运行、协同化工作的功能强大、性能稳定、安全可靠的一体化信息系统。

IS 综合业务信息服务平台系统实质上是一个信息集成、应用与大数据分析的综合性信息平台建设项目，其核心在于信息集成平台的建设与信息化标准规范制定上，FPIS 只是信息集成平台的一个应用而已，未来还可能在信息集成平台的基础上开发建设其他的业务管理信息系统。

数据转化为信息、信息转化为知识、知识结合经验进行决策、决策转化为行动、行动再转化为数据记录，形成一个闭环，这是信息化建设的原则和理念。以 FPIS 业务发展和业务流程优化与重组为出发点，通过信息化基础建设、业务过程自动化建设、会员管理信息应用系统建设、服务经营管理信息应用系统建设、决策辅助支持系统建设，以协同办公管理系统、信息集成平台和数据中心平台为支撑，形成较为完整能够适应国家森林标志产品体系建设的信息化体系，为完成国家森林标志产品体系建设发展战略目标服务。

1.2 系统建设原则

1.2.1 前瞻性

设计要体现前瞻性，系统要具有很长的生命周期。在整体规划上要有前瞻性、在系统体系结构的设计上要有前瞻性、在技术路线的选择上要有前瞻性、在系统平台及工具的选型上要有前瞻性。

1.2.2 实用性

考虑前瞻性的同时，必须兼顾实用性。不能选择只有先进技术，但没有实用价值的产品。实用性主要从以下方面考虑：界面的友好程度、中文的支持、实现的难易程度、产品的稳定性和效率、厂商的本地服务和支持能力等。

1.2.3 可靠性

系统的重要程度，制定可靠性级别，避免单点故障蔓延到整个系统，要确保业务系统的正常使用。

1.2.4 开放性

结构的开放性：遵循主流的 SOA 体系架构，支持 Web 服务、XML 等相关主流国际标准规范，整体结构具有很好的组件化设计，组件之间有明确的接口，平台之间有明确的规范。

产品选择的开放性：一定要选择市场占有率大，成熟的软件产品，因为这类产品具有更好的开放性和更多的与其它产品的接口设计。

设计的开放性：在应用设计上注重开放性设计，组件之间的可配置程度要好。

1.2.5 可伸缩性

数据量增长时要具有良好的伸缩性；用户增长时要具有良好的伸缩性；应用系统增加时要具有良好的伸缩性；用户需求变化时要具有良好的伸缩性。

1.2.6 安全保密性

要具备统一的安全管理机制，保证信息不被非法篡改和非法查看。

1.3 设计依据

在设计过程中参考的标准与规范如下：

- 《中国林产品信息服务平台建设框架》
- 《基于XML的Web服务描述语言》
- 《基于XML的简单对象访问协议》
- 《Web服务可靠消息传递》
- 《Web服务互操作框架》
- 《计算机软件工程规范国家标准》
- 《计算机开放系统互连国家标准》
- 《软件产品测评标准》
- 《计算机软件开发规范》
- 《信息系统安全技术国家标准》

2 项目需求

2.1 项目建设的必要性

十八大报告中，把生态文明建设放在突出地位。明确提出：建设生态文明，是关系人民福祉、关乎民族未来的长远大计。必须树立尊重自然、顺应自然、保护自然的生态文明理念，把生态文明建设放在突出地位，融入经济建设、政治建设、文化建设、社会建设各方面和全过程。林业系统就要担负起生态文明建设的重任。国际上，随着全球森林问题日益严重，森林资源在森林面积和森林生态多样性上呈现了下降趋势。为了挽救森林、保护地球，欧美消费者开始首先拒绝使用没有合法来源的森林产品。一些西方发达国家分别建立了森林标志产品评价体系，运用市场手段加强流通体系的管理，已是大势所趋。

国家发展战略重点的林业地位明显提升，林业已成为国民经济的重要基础产业和极具潜力的朝阳产业。在维护国家生态安全、促进林农就业、带动林农增收、繁荣林业经济等方面有着非常重要和十分特殊的作用。近年来，在党中央、国务院的高度重视和正确领导下，国家加大对林业产业的扶持和引导力度，全国林业产业呈现出强劲的发展势头，总产值每年以20%以上的速度递增。我国已经成为世界林产品生产和贸易大国，在国际林产品市场中占有重要的地位。所以，我们只有建立起具有中国特色的森林标志产品体系，才能确保我国林业产业与国际市场接轨，才能更好地维护我国林业企业的合法权益，才能更好地提升我国林业产品品牌价值，才能彰显出与我国经济实力相匹配的市场地位，进一步促进林产品流通体系的发展，对提高流通效率，扩大林产品内需，加快森林标志产品的“林超对接”工程建设，使消费者购买到放心的、绿色的、营养的、可追溯的森林标志产品具有重要意义。

2.2 项目目标

2.2.1 服务林业企业

IS系统建设，全程服务于健全林业企业权益保障机制，建立林业企业信誉等级体系，为广大林业企业提供更加切实的支持，营造诚信的企业经营环境。

2.2.2 服务森林标志产品

IS系统建设，全程服务于国家森林标志产品体系的建立及推广工作。FPIS系统通过广泛、深入、持续、周期性的数据采集处理，采用大数据挖掘和分析技术，最终实现以信息化促进林业产业的转型和升级的建设目标。

2.2.3 服务社会大众

IS系统建设，全程服务于社会大众。给消费者提供一个识别诚信企业、放心产品的公众查询平台。

2.3 建设内容

重点林产品信息综合服务平台旨在建设以林产品全产业链跟踪评定为核心，对林产品从原产地原料生产、加工、储运以及零售终端销售全过程进行跟踪管理，实现对林产品的有效监管和可追溯。通过大数据挖掘和分析形成各类林产品指数，为宏观指导、管理决策、企业经营提供科学依据。

1. 构建林产品市场数据平台

- 收集、管理、共享林业行业法律法规、行业发展等政策；
- 收集、管理、共享目标市场信息资讯；
- 集中、规范林业产业生产、运行和经营的各项指标数据；
- 统一编制、规范报送、统一发布各项林产品数据；
- 实现对林产品的可追溯管理。

2. 林业市场分析平台

- 提供有效数据分析、处理、利用功能；
- 依靠建模，实现林产品分类指数、市场交易、价格走势等多项分析；
- 加强市场分析能力，为科学决策提供及时、准确、有效的支持。

3. 业务处理平台

- 利用信息技术手段，提高工作效率；
- 利用IT技术，自动生成报告、报表；
- 流程化评定管理；
- 程序化数据采集(/采信)；
- 科学化会员管理；
- 高效化行政工作管理。

2.4 FPIS系统建设需求

FPIS业务工作进行组织，对项目需求进行描述。包括用户范围、业务功能、审批流程、系统用户和系统权限。

2.4.1 用户范围

重点林产品信息综合服务平台系统将覆盖中林森标公司所有管理业务，森林标志产品体系建设涉及的业务责任单位(部门)如表1所示：

表1 业务责任单位(部门)

部门	数据/材料报送
各省/直辖市、地市、县林业局	原产地原料生产评定申请相关数据上报FPIS
林产品加工企业	林产品加工评定申请及数据上报FPIS
林产品物流企业	林产品物流评定申请及数据上报FPIS
林产品仓储企业	林产品仓储评定申请及数据上报FPIS
林产品销售终端企业	林产品销售评定申请及数据上报
中林森标公司	财务部：评定及相关缴费信息
	业务部：评定及审核信息
	信息部：数据信息发布/会员管理
	各级各地分支(代理)机构：业务数据上报FPIS
社会公众	综合查询及投诉

2.4.2 业务功能需求

结构如图1所示：

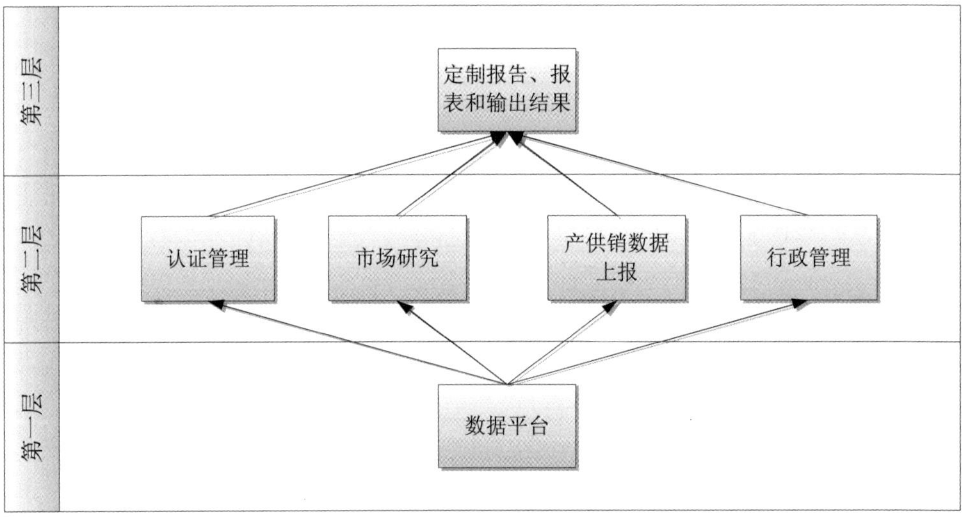

图1 业务结构

功能应满足公司林产品评定主要业务需求：数据平台、市场研究、评定管理、产供销数据采集、行政管理、制定报告、报表和输出结果。

平台功能主要是对林业生产、行业供需、法律法规、行业政策、可研报告、核准文件、决策材料、批复文件等的收集、查阅和管理，同时也为林业产业各专业面的分析、研究工作提供原始数据支持。

研究主要根据林业市场形势，贯彻、落实林业市场改革与建设的相关政策法规，制订公司国家森林标志产品体系的营销策略；对于目标市场的政策与市场波动等突发性变化，应及时提出应对策略建议。主要实现林产品供需形势分析、评定方案拟定、市场规则研究、林产品电子商务。其中林产品电子商务为本项目保留模块，但在系统设计时需要预留出可接入接口。

管理包括重点工作、督办事项、考勤管理、行政业务总结、会员管理等日常工作。

2.4.3 数据平台需求

平台实现结构化和非结构化业务数据的收集与管理。

结构化数据来源有三种：web 页面手动录入的数据、通过 Word/Excel/PDF 模板导入的数据、通过接口从其它系统自动读取的数据(应能实时或定期自动更新)。系统应具备简便准确的结构化数据检索功能。

非结构化数据主要指各种业务分析材料、林业法律法规政策、林业生产业务相关项目资料和业务报告等文档。系统应具备文档资料目录树管理功能，并能方便地进行版本管理和全文检索。

林产品生产经营数据、市场供需数据是林产品指数、决策分析和报表报告展现的基础，数据的及时性和正确性非常重要。必须以严格的录入规范、科学合理的接口设计保证手动录入和自动获取数据的正确性和唯一性。在此对数据录入规范做进一步原则性说明。

1. 从 web 页面录入数据：通过 web 页面手动输入数据是保证数据可用性、筛掉垃圾数据的重要方式，从以下几方面进一步规范数据录入操作：①Web 页面的合理设计和页面数据涉及的数据库表、字段的属性合理设计；②数据冗余性、合理区间、设计；③Web 页面关联数据钩稽关系的合理设计；④输入人员权限的合理控制和管理；⑤通过制定数据录入管理规范来约束和强化数据录入工作。

2. 通过标准格式的 WORD/EXCEL/PDF 模板导入数据：①根据业务需求制定标准 WORD/EXCEL/PDF 模板；②手动导入时如 WORD/EXCEL/PDF 文档与模板字段对应关系不相符合时，应及时报错并提示正确操作步骤；③导入完毕应提示操作结果；④导入后的报表应可以页面方式显示，具有操作权限的人可以调整数据，系统里可追踪操作记录。

3. 从公司其他业务系统自动获取数据：①保证数据接口的设计的标准性；②保证自动获取数据的正确性。

2.4.4 分析平台需求

2.4.4.1 市场分析

市场分析包括林产品指数发布、林业供需形势分析、林业市场规则研究、评定方案研究、林业市场电子商务。

供需形势分析主要根据国民经济发展情况、各级各地区各类林产品产供销情况、林产品消费情况、气象实况，对比不同地区、不同产地林产品原料、加工、储运、销售数据进行构成比例分析，同比环比情况分析以及相关性分析，对未来的林产品供需形势进行预测。

市场规则研究主要以市场规则设定的技术指标为边界条件搭建风险分析模型，数据自动获取FPIS运行数据，分析规则的科学性、合理性和适用性，找出问题的症结，提出规避风险的有效措施；立足我国现行林业市场格局及未来林业市场改革发展趋势，对于不完善的规则提出科学、合理、可行的建议。

2.4.4.2　评定管理

国家森林标志产品体系建设的要求，对林产品从原产地原料生产、加工、储运和销售全产业链实施全面评定可追溯管理。其中，原产地原料的评定信息由各省(自治区、直辖市)地市县各级林业主管部门依据统一要求负责采集并上报至FPIS。加工、储运、销售终端各企业申报登记注册(提交相关政府职能部门颁发的许可证)，经审核后按要求将每批次林产品加工、储运、销售数据上报至FPIS。

2.4.4.3　林产品指数管理

FPIS运行数据的统计和分析，按周、月、季、年，实时发布各级各类林产品生产及价格指数。为主管部门提供有效的决策参考依据，为林业企业经营发展提供趋势分析。

2.4.4.4　行政管理

管理包括重点工作、督办事项、会员管理等日常工作。

2.4.5　处理平台需求

(1)定制报告自动生成，如涉及月报、结算报表等，应具备自动汇总/合并功能，例如中国林业市场月报，同时此类汇总合并报告应可实现用户查看原始细项报告的需求。

(2)系统具备智能报告功能，默认显示输出完整版报告(即非空字段都要显示)，用户可自由选择字段生成组合报告、报表，各项指标可以根据需求实现趋势图、占比图、同比图等多种图示形式。

(3)完善的文档版本管理功能。

(4)对于不固定模式的报表或报告，可根据各分析模型的计算指标和结果指标任意组合形成统计、分析形式，各项结果指标可以根据需求实现趋势图、占比图、同比图等多种图示形式。

(5)输出可选择word、excel或PDF方式打印输出，默认word方式。并可通过点击按钮方便将报告收藏到个人文件夹或发送邮件(可设置定期或手动点击发送)。

(6)文件管理实现的主要功能包括：搜索功能，如文号、关键词、发文时间、发文单位、标题搜索、文件维护人等，支持条件搜索；文件的浏览、添加、删除和移动；文件归类展示，如按照关键词、发文单位等分类；相关文件的互相链接引用等。

(7)数据管理能实现的主要功能包括：数据更新、数据审核、更新留痕和数据查询功能，如林产品名称、数据范围、(林产品所在)区域、(林产品所在)省市、林产品类型搜索，支持条件搜索；价格水平的归类展示，如按照价格水平范围、林产品所在省市、林产品类型分类等。

2.4.6 审批平台需求

重点林产品信息综合服务平台系统由五大步骤组成，即信息报送、执行与控制、分析与研究、建议与报告、考核。

重点林产品信息综合服务平台系统根据数据分类划分到各责任部门(单位)，向各部门(单位)开放一定权限的端口，各部门(单位)需在内部完成填报数据(资料)的审核。

各业务处室利用数据平台完成相关业务的工作，由处室负责人审核之后，报部门负责人审阅，无异后，对外报出相关材料或数据。

流程的执行与控制都需要相关部门(单位)负责人严格把关、网上审批，修改、审批意见留痕，做到记录可查，流程规范、程序可控、责任到人。

3 系统总体方案设计

重点林产品信息综合服务平台系统总体框架如图2所示：

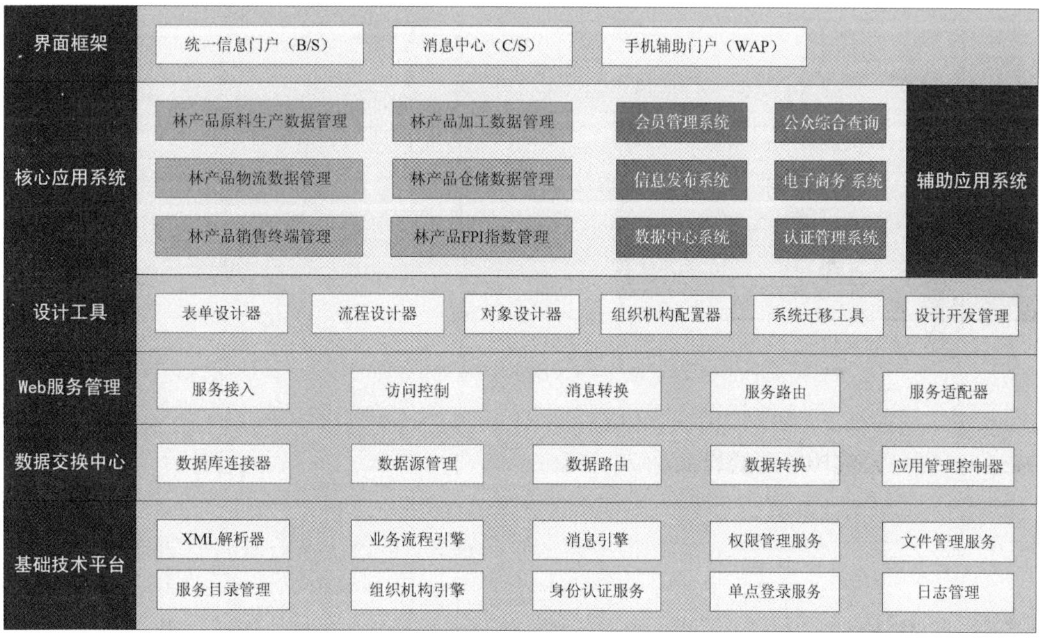

图2 总体框架图

总体框架图主要由基础资源层、通用业务层、业务应用层、展现层等构成。总体框架系统层次清楚，易于维护和扩充。

3.1 基础资源层

基础设施是计算机软、硬件资源运行的基础，主要包括网络资源、硬件资源、软件资源(操作系统等)。

库系统用于数据的存储及调用，全国重点林产品信息综合服务平台系统采用JDBC

的方式进行数据调用，能够支持 oracle、SQL Server、DB2 和 My SQL 等多种关系型数据库。

EE 运行和集成环境是指 FPIS 系统运行所需要各类中间件(如 IBM WAS、Weblogic、Tomcat、IBM Websphere 等)、数据库(如 Oracle、IBM DB2、SqlServer、MySql、Sybase 等)、WEB 服务及其他系统(如 Mail、Ftp、CA、IM、LDAP 等)的支持度。

3.2 业务支撑层

支撑层是通过通用平台技术、统一用户管理平台技术各个组件提供的各种服务功能来构建和实现对系统业务应用的技术支撑。通用平台包括的服务有：组织机构引擎、权限引擎、表单服务、流程服务、展现服务、数据交换服务、资源服务、业务协同、信息服务、日志服务等。所有主要业务应用均通过 EIIS 平台进行搭建，特殊部分通过二次开发来实现，部分分析处理的图表展现由 BIEE 来实现。EIIS 平台采用组件化编程，具有良好的扩展性与易维护性。利用这些服务和统一用户管理系统，结合二次开发，可以构建出全国重点林产品信息综合服务平台系统所需要的多个功能模块。

EIIS 平台技术提供的系统接口适配器和开放的系统架构，可以任意与第三方系统进行无缝集成，特别是与中林森标公司现有的信息系统进行无缝集成，构建全国重点林产品信息综合服务平台系统的综合信息处理展示平台。

支撑层中的快速开发平台可以运行在多种 Java 应用服务器上，例如 Tomcat、Weblogic、Websphere 等，具有很强的适应能力。同时，对数据库操作进行了封装，可以很容易地连接 DB2、Oracle、Sql server 等数据库。

3.3 业务应用层

应用层是在通用业务层基础上搭建的业务功能模块，通过通用业务层提供的支撑，定制实现不同业务功能模块的需求。

业务应用层是利用底层组件服务所生成的全国重点林产品信息综合服务平台系统中的各个功能模块，用户登录以后可以直接访问具有权限的模块，使用全国重点林产品信息综合服务平台系统提供的在线功能，并实现日常业务工作的处理。主要包括 Web 数据录入、文档数据输入、数据抓取、林业市场研究分析、价格分析、产品销售信息分析、报告报表的自动输出、数据审核审批、各种报告文档的领导审批等以及与第三方系统软件集成等。

通过业务应用层提供的各个功能模块，依托 EIIS 基础技术平台及平台提供的权限服务，可以提取和挖掘有价值的信息数据，将这些数据服务于公司领导、部门领导、各相关单位和相关工作人员，为他们提供查询统计、智能分析、决策支持等功能。

3.4 展现层

层主要采用 JSP、Servlet 等技术实现，表现形式灵活，可以通过不同的模板设计灵活地定制网站首页面。本项目中的展现层是全国重点林产品信息综合服务平台系统的页面展现方式，对于 FPIS 系统的各个功能模块，可以通过 portlet 的方式集成展示在

FPIS 系统首页上，方便用户使用 FPIS 系统所提供的各项功能。

展现手段，除了利用传统的计算机外，还可以利用移动办公 IPAD、短信平台、手机等先进、灵活的方式，满足不同工作环境需求下的领导和工作人员。

3.5 其他支撑层

管理机制、标准规范、标准接口始终贯穿于以上这几层，为 FPIS 系统提供全面完备的运行管理和标准规范体系。

企业信息建设的逐步深入和细化，信息化系统逐渐增多，给用户使用和系统管理带来了诸多不便，因此，总体规划框架中还应实现统一用户管理、单点登录和身份评定；两部分分别为安全保障和相关管理制度，形成安全保障，成为整个系统的支撑框架。

重点林产品信息综合服务平台系统整个项目的建设，应科学地完成需求、分析、策划、实现、装配、测试、运行等步骤，囊括了整个项目建设过程。

4 FPIS 系统功能设计

重点林产品信息综合服务平台系统是基于 J2EE 架构的 B/S 应用软件，用于统一中林森标公司及相关单位解决国家森林标志产品体系建设的业务信息管理及业务工作协同，它为中林森标公司相关各单位和部门实现数字化评定、林产品追溯体系以及大数据挖掘等建立提供了完整的应用平台，系统满足用户不同层次的业务处理需求。

重点林产品信息综合服务平台系统提供林业数据平台、市场分析平台、业务处理平台、流程审批平台和系统工具等方面的功能，满足林产品评定所涉各类用户的工作需求(图 3)。

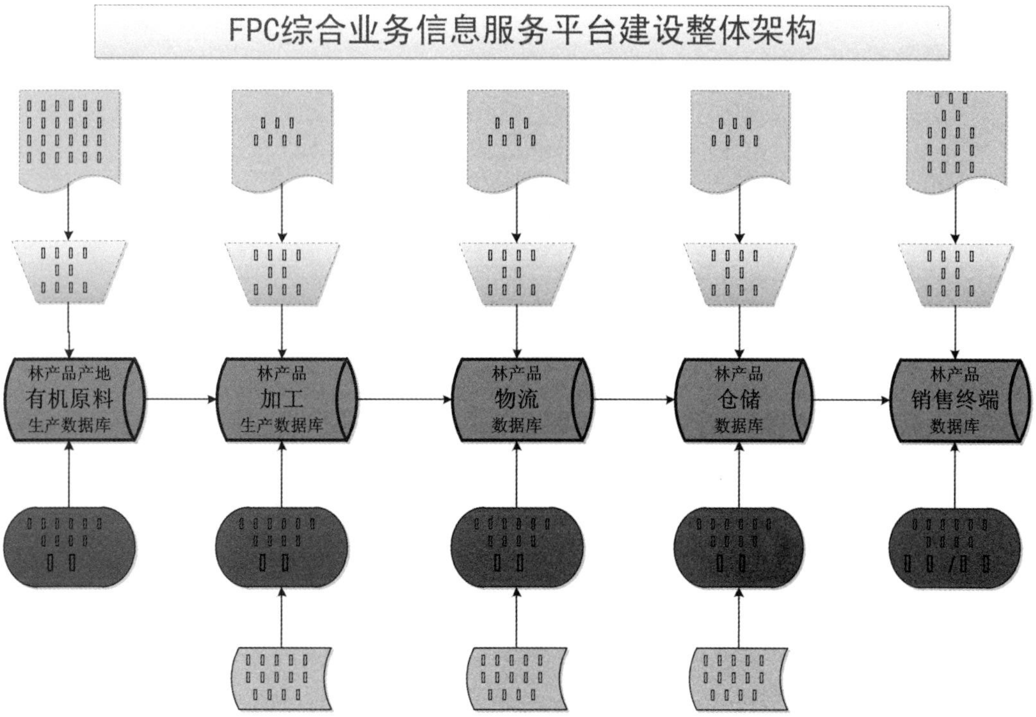

图 3 平台建设整体架构

4.1 系统总体功能框架

系统功能的建设，将实现和解决以下方面的内容，满足业务需求：门户管理、信息发布、指数发布、个人办公管理、社会公众(员工)自助查询、公文管理、评定综合业务管理、企业产品数据中心、移动办公、系统与流程管理、数据迁移管理、公文交换管理、文件归档管理、报表管理、统一消息中心(短信/微信/呼叫中心)、全文检索、电子印章制作管理、安全及身份评定管理等以及其他常用的管理功能。

有关从事信息化建设的理论研究和实践经验的企业建议，FPIS系统基本功能的开发、部署和管理均构建在EIIS平台上、并按工作流模式进行开发建设。把围绕国家森林产品标志体系建设的所有组织和个人虚拟成一个大组织机构，实现“以组织机构为框架，以岗位职能为核心，以工作流程为纽带”的贯穿整个评定综合业务的集成化的协同工作系统。实现信息共享、工作协同和支持业务交叉处理的系统建设目标。通过FPIS系统的建设，提高整个体系各级各类管理部门日常工作过程的准确性、可靠性和及时性，保证信息发布的畅通，为中林森标公司在经营管理方面提供可靠的依据和现代化手段。

《中国林产品信息服务平台建设框架》及相关文件的要求，FPIS综合业务信息服务平台系统可划分为四大系统：门户管理系统、协同办公系统、评定应用系统、辅助应用系统。

4.2 门户管理系统

管理系统主要功能包括如下，还将根据实际需要进行增加。

(1)信息汇聚展示：建立基于IE的企业统一信息门户，此为唯一入口。将各应用系统的信息汇集在信息门户中集中展示。支持Portlet系列标准，提供Web裁减portlet功能。

(2)桌面管理：为各单位、各部门建立具有自己特点的信息门户模板，提供个性化服务。

(3)统一消息中心：建立基于即时通讯的统一消息中心，可开机自启动驻留内存，随时提供相关信息。提供大文件传输、留言、用户状态关注等，是B/S模式门户的有益补充。

(4)移动办公：提供手机办公服务功能，形成手机门户，可支持WAP系列标准。

(5)内容发布管理：对于内外网各网站可以集中发布信息，并可自授权，保证信息安全。

(6)分级展现管理：对于不同级别的单位和用户，提供不同展现方式样式模板的管理。

(7)门户代理功能：用户可以通过门户代理接入，用户身份评定服务实现门户系统的单点登录和资源访问控制，用户的访问控制还可以结合基于令牌的角色访问控制机制进行。

(8)个性化服务功能：通过信息集成应用平台对业务对象的封装，用户可以对获得授权的业务对象以及其它系统资源，通过自定义的方式，将常用的与自身业务关系密切的业务对象和资源定制到自己的桌面，实现个性化服务。

(9)企业论坛：企业论坛提供给各用户一个宽松的工作环境，使其能在系统中自由地发表言论，进行专题讨论。论坛的类别可以任意设置，具有管理权限的用户可以灵活地添加、修改、删除本论坛的各个类别，并且无层级限制；对各个栏目的发布格式(对贴图、超文本链接、UBB代码等)可以进行灵活设置，不同用户可以设置个性化界面，引入用户组方式，进行不同的权限划分。

(10)管理功能：系统管理功能包括系统配置管理、分级授权管理、内容管理和和日志管理等和系统论坛管理等功能。

4.3 协同工作系统

工作系统功能主要包括如下，还将根据实际需求进行增加：

(1)公文管理：实现收文、发文、签报、请示、报告等各类文种从起草、流转、办理到分发、传阅等全过程的管理，实现办文的网络化和协同化。

发文管理：发文拟稿，流程审核和审批，痕迹保留，手写签名，电子签章，网上发文，发文归档，发文统计。

收文管理：收文登记并扫描全文，收文签批和办理，收文督办，收文归档，收文查询，收文统计。

签报管理：签报起草，签报审签，签报办理，归档，查询，统计。

(2)个人办公管理：包括个人文档管理、联系人、日程、工作日志、工作汇报、催办管理等。

(3)公文交换管理：能实现工会上、下级及平级之间的公文传输及数据共享。

(4)流程管理：主要针对企业内部工作、办公过程中的审批流程，通过流程的个性化定制，实现跨部门、跨单位的网上审批、流程和办理等。

(5)报表管理：对各类报表的发布、收集、汇总和统计分析报表进行管理，能提供数据报表功能，可以进行报表的自定义、发布、数据采集、统计汇总等功能，能够将其他系统中的数据与协同办公系统进行接口，实现集中展现和管理。

(6)归档管理：按档案系统的技术要求和规范，实现包括公文、资料、信息等归档功能，能根据要求，直接归到档案系统待整件中，实现文档一体化目标。

(7)综合应用管理：主要是为日常办公事务提供相关的管理功能，包括车辆管理、办公类物品管理、会议管理、低值易耗品等管理。

(8)员工自助查询：实现员工自助查询功能，主要查询个人履历、薪酬、个人财务信息等内容。

(9)集中提示提醒：结合即时通信系统、手机短信、邮件等多种方式进行提示提醒功能，以提示提醒来文、签收情况、签收超时告警等。

4.4 评定管理应用系统

4.4.1 FPIS-原料数据管理

林产品原产地原料生产数据由各省(自治区、直辖市)林业局审核汇总，每周 FPIS

在线上报。

FPIS 系统预留地(市)、县级接口。

上报数据进入 FPIS 数据中心进行分类统计处理，经审核后由信息发布模块发布相关原料生产数据周报。

经授权，不同等级用户可在综合查询模块调阅查询相关统计数据及状态报告。

4.4.2 FPIS-加工数据管理

林产品加工企业通过 FPIS 会员注册登记，同时上传本企业各项加工生产许可证扫描件或照片，经审核程序成为 FPIS 正式会员。

按要求每周 FPIS 在线上报加工产品原料原产地、类别、类型、原料数量、加工产品数量、加工完成时间及包装规格等数据及加工工艺描述。

上报数据进入 FPIS 数据中心进行分类统计处理，经审核后由信息发布模块发布相关产品生产数据周报。

经授权，不同等级用户可在综合查询模块调阅查询相关统计数据及状态报告。

4.4.3 FPIS-物流数据管理

林产品物流企业通过 FPIS 会员注册登记，同时上传本企业各项物流许可证扫描件或照片，经审核程序成为 FPIS 正式会员。

按要求每周 FPIS 在线上报林产品物流完成计划数据，包括运输起止地点，产品产地、类别、类型、数量、运输完成时间等数据。

上报数据进入 FPIS 数据中心进行分类统计处理，经审核后由信息发布模块发布相关产品物流数据周报。

经授权，不同等级用户可在综合查询模块调阅查询相关统计数据及状态报告。

4.4.4 FPIS-仓储数据管理

林产品仓储企业通过 FPIS 会员注册登记，同时上传本企业各项仓储许可证扫描件或照片，经审核程序成为 FPIS 正式会员。

按要求每周 FPIS 在线上报林产品仓储完成计划数据，包括现有库存产品产地、类别、类型、数量、出入库完成时间等数据。

上报数据进入 FPIS 数据中心进行分类统计处理，经审核后由信息发布模块发布相关产品仓储数据周报。

经授权，不同等级用户可在综合查询模块调阅查询相关统计数据及状态报告。

4.4.5 FPIS-销售终端数据管理

FPIS-销售终端包括超市、专卖店、批发交易市场、社区配送、网上交易平台等。

林产品销售企业通过 FPIS 会员注册登记，同时上传本企业各项销售许可证扫描件或照片，经审核程序成为 FPIS 正式会员。

FPIS 正式会员销售终端，按批次申报，通过完成 FPIS 销售产品登记注册审核，取得 FPIS 评定标识。

按要求每周 FPIS 在线上报林产品完成计划销售数据，包括产品产地、类别、类型、数量、完成时间等数据。

上报销售数据进入 FPIS 数据中心进行分类统计处理，经审核后由信息发布模块发布相关 FPIS 评定产品销售数据周报。

经授权，不同等级用户可在综合查询模块调阅查询相关统计数据及状态报告。

4.4.6 FPIS-指数管理

根据 FPIS 数据中心的综合数据统计、处理、分析，结合各地区各企业反馈的信息，经 FPIS 汇总分析形成 FPI 指数公报。

FPI 指数包括林木产品、林副产品、林区农产品、苗木花卉、木制品、木工艺品、竹藤制品、艺术品、森林食品、林化产品等大类计数百小类。逐步完善发布。

FPI 指数将为林业主管部门制定相关政策提供依据。

FPI 指数反应林业经营总体情况及变化趋势，分行业的指数将有助于企业经营者了解本行业发展走势。

后记 AFTERWORD

《中国林业产业重大问题调查研究报告》(2013)正式出版了，作为国家林业局委托中国林业产业联合会组织开展的重点课题，这份报告是由活跃于中国林业产业研究领域的一群专家和学者对我国林业产业发展深入研究的成果总结。报告的内容汇集了我国林业产业现状、林业产业子产业的研究和分析、重点产业和重点行业分析等多个内容。怀着对中国林业产业发展进程强烈的责任心，专家、学者和整个项目组经历了长期的酝酿和实施，付出了巨大的心血，时至今年，本报告已经是连续第六年出版，我们希望这份报告对中国林业产业的发展有所助益，对政策制定者、林业产业从业者、产业研究者等产生积极的影响。

今年的报告在延续前5年部分重点研究课题的基础上，对2013年全国林业厅局长会议的精神进行了认真贯彻，同时重点结合当前林业发展的形势、现状，有针对性地对林业战略性新兴产业、珍贵用材树种资源的培育与我国的木材安全战略、中国林业产业市场化、国家森林标志产品体系建设、木材及林产品国际贸易、中国林产品技术贸易壁垒、林权流转等产业发展中的热点问题进行了分析研究。在结构上我们力求新突破，增加了诚信专题，并单独形成单元。我们热切期待大家能更加注重企业诚信问题，持续维护林业产业良好的发展环境，把生态林业和民生林业推向新的高度，以飨读者。

《中国林业产业重大问题调查研究报告》系列由中国林业产业联合会牵头，每个年度都得到了各个林业产业相关单位的大力支持才得以顺利成集，我们对所有相关方面的智慧和经验都充满敬意和渴望，相关专家学者和部门机构的研究成果与观点成为这份调查报告的重要指引和理论源泉，在此一并表示谢意！

中国林业产业尚在发轫之际，林业产业大发展已经箭在弦上，我们需要更加国际化的视角和实践。本系列报告以后将更加迫近林业产业的主脉，以理性的评价和研究推动林业产业的现实进程，从而促进生态林业、民生林业的大发展。我们始终没有忘记我国林业产业的任何一个细微的进步都是政府、社会、企业和公众的希望和福祉，这是我们一切努力的真正理由。

由于时间仓促，加上水平有限，缺点和谬误之处在所难免，敬请读者能就本书的整体策划、内容编排、编校质量等方面提出宝贵意见和建议，以便我们在下一年度的工作中改正。

编辑部办公室设在中国林业产业联合会秘书处（北京市东城区和平里东街18号国家林业局院内），邮政编码：100714，电话：010－84238687，传真：010－84238372，欢迎各界人士与我们联系、协作。

《中国林业产业重大问题调查研究报告》编辑部

2014年6月28日